世界新平庸，中国新思虑

何伟文◎著

科学出版社

北京

内 容 简 介

本书是笔者 2013~2015 年中跟踪世界经济和中国经济撰写的研究与评论文章汇集，收入本书时做了某些修改。对世界经济复苏乏力，进入新平庸状态的态势，G20 如何推动增长和全球治理以及"一带一路"的伟大倡议的战略作用做了梳理。笔者长期研究美国经济和中美经贸关系。本书对 2013~2015 年美国经济的走势、美联储加息和中美经贸关系发展与前景做了连续、翔实的解析。对中国经济进入新常态的发展和改革开放的若干基本问题，提出了自己的分析和见解。

本书观点明确，数据翔实，论证严谨。读者主要面向从事世界经济、国际关系和对外经贸研究的研究人员、政府官员和大专院校师生，也可供企业管理人员参考。

图书在版编目（CIP）数据

世界新平庸　中国新思虑/何伟文著. —北京：科学出版社，2017.5
ISBN 978-7-03-052787-5

Ⅰ. ①世… Ⅱ. ①何… Ⅲ. ①中国经济–研究 Ⅳ. ①F12

中国版本图书馆 CIP 数据核字（2017）第 102583 号

责任编辑：刘英红 / 责任校对：李　影
责任印制：霍　兵 / 封面设计：零创意文化

科 学 出 版 社 出版
北京东黄城根北街 16 号
邮政编码：100717
http://www.sciencep.com

三河市骏杰印刷有限公司 印刷
科学出版社发行　各地新华书店经销

*

2017 年 5 月第 一 版　　开本：720×1000　1/16
2017 年 5 月第一次印刷　　印张：17 1/4
字数：335 000

定价：52.00 元
（如有印装质量问题，我社负责调换）

前　言

世界经济"新平庸"（new mediocre）的说法，自从国际货币基金组织（International Monetary Fund，IMF）总裁拉加德 2014 年 10 月首次提出以来，已日益被世界经济的持续低迷表现所证实，从而日益成为国际社会的共识。据国际货币基金组织估计，2014 年和 2015 年世界经济增长率分别只有 3.4% 和 3.1%，2016 年也只能勉强加快到 3.2%，2020 年也不会超过 4.0%，大大低于金融危机前 2007 年的 5.7%。发达国家仅英美两国表现尚可，欧元区经历两年负增长后，勉强回升到 1.0%~1.5% 的增速，估计 2020 年前超不过 2.0%。日本人口负增长和老龄化，严重制约了生产率的提高，安倍经济学迄今没有什么功力。"太慢了，太久了！"这是国际货币基金组织《世界经济展望》2016 年 4 月最新版的标题，焦虑之情溢于言表。

世界油价和大宗商品价格连续两年多的惨跌，给许多依赖初级产品出口的新兴和发展中国家造成严重困难。前几年还冉冉升起的巴西、俄罗斯经济在 2014~2015 年连续两年负增长，2016 年也将继续下降。新兴和发展中国家作为一个整体，金融危机发生后几年在全球经济比重上升的势头为之逆转。新兴和发展中国家在全球产业链中的低端位置，并没有根本改变，相反，一旦世界经济风吹草动，它们应对能力极为脆弱。

中国经济进入新常态，虽然保持着世界主要经济体最快的增长率，但相比 2007 年的 14.2% 增速业已减半。

2013 年 5 月以来的三年多中，在基本控制住了商业银行风险后，主要经济体欧洲中央银行（简称欧洲央行）步伐的迥异正在造成新的混乱，并带来全球货币市场的剧烈波动。美国联邦储备系统（简称美联储）从宣布到实际实施推出量宽，接着从预期到第一次加息，然后又是捉摸不定的加息前景，这个完整的链条大大推升了美元的地位。美元的强势和大量国际游资回流美国，以及欧洲（欧洲央行实施超级量宽政策），一方面拉动众多新兴和发展中经济体货币对美元大幅下挫，另一方面加剧了这些经济体的国际收支平衡压力。强势美元是美联储有意为之，弱势欧元则是欧洲央行的政策目标。新兴和发展中经济体则基本是被动的，在世界货币体系中的地位仍然处于明显的劣势。

诞生于 2008 年秋世界金融危机爆发之际的 20 国集团（G20）领导人峰会和定期协商机制，成为协调和治理世界经济与金融的主要平台。2008~2011 年，当世界面临共同的金融危机和经济衰退，G20 峰会为推动世界摆脱危机，恢复增长，确实发挥了积极的历史作用。但此后，随着世界经济这条"共同的船"不会再沉，各国利益的分野日渐明显。G20 的作用也趋于减弱。

2014 年布里斯班峰会提出了五年内将世界经济增长率额外加快 2.1 个百分点的雄心勃勃的目标，各成员方累计上报了 1 000 多条措施。两年过去了，世界经济增长率进一步下降，进一步偏离布里斯班目标。

世界经济增长的动力在哪里？我们需要再思考，需要创新思维，从不同方面实现新的突破。

从 2013 年圣彼得堡，到 2014 年布里斯班，再到 2015 年安塔利亚，G20 为推动世界基础设施投资、贸易自由化和应对气候变暖共同做出了积极贡献，帮助促成了 2013 年世界贸易组织（World Trade Organization，WTO，简称世贸组织）贸易自由化《巴黎协议》和 2015 年 12 月联合国气候大会《巴黎协定》的达成。

但随着时间推移，G20 本身的缺陷日益明显，它不是具有法律地位和固定办公场所的多边机构，其所覆盖的议题几乎全部和现有国际多边机构重叠，而最后决策者又是各国政府，G20 的未来在哪里？

2016 年，中国成为 G20 峰会和系列会议的主办国。杭州峰会将是 G20 历史上一次与众不同的大会，"创新、活力、联动、包容"将标志着 G20 新的活力和历史地位。

与世界经济持续处于新平庸平行的是世界多边贸易体制日益板块化和碎片化。多哈回合进展迟滞，虽然 WTO 2013 年第九次部长级会议（巴厘）和 2015 年第十次部长级会议（内罗毕）分别取得了重大成果，但未能从根本上改变全球体制趋弱的势头。与此相伴随，各种诸边、双边、区域和跨区域自贸安排如雨后春笋。据 WTO 统计，截至 2016 年 1 月，世界这类安排总数已超过 600 个，其中已实施的超过 300 个。2015 年 10 月达成协议的跨太平洋伙伴关系（trans-pacific partnership，TPP）和正在进行的美欧跨大西洋伙伴关系（transatlantic trade and investment partnership，TTIP），标志着美国主导的，以美国为中心，两洋为跨度的超级自贸安排正在或将要形成，从而力图主导 21 世纪世界贸易规则的制定。在亚洲，东盟主导的区域全面经济伙伴关系（regional comprehensive economic partnership，RCEP）和中国主导启动的亚太自由贸易区（Free Trade Area of the Asia-Pacific，FTAAP，简称亚太自贸区）也在积极推进中。

从各大经济板块看，欧洲、北美、拉丁美洲/加勒比、非洲和亚洲（亚欧）这五大板块中，亚洲板块最为零碎，基本上沿着太平洋走，而且无法和连接欧美、东亚、拉丁美洲板块的两洋战略（TPP/TTIP）抗衡。

为了寻求 21 世纪全球经济发展的新动力版图，为了广大新兴和发展中国家重构世界产业链，并从根本上改变亚洲在世界自由贸易板块中的劣势，习近平主席在 2013 年提出了"一带一路"的伟大倡议。在中国的倡导下，成立了亚洲基础设施投资银行，获得区内和区外特别是欧洲国家的踊跃响应和参与。"一带一路"的最终实现，将有力地打通欧亚大市场之间的割断地带，构筑亚欧经济新板块，实现亚欧市场一体化，并连接非洲和拉丁美洲，带来广大地域经济、贸易、投资、产业和金融的共同繁荣。

美国是世界最大经济体，它仍然牢牢掌握着世界贸易规则制定、金融规则制定的领导权和世界货币霸权。美国经济走势，与全球经济和中国经济外部环境关系极大。从 2013~2016 年对美国经济的连续跟踪可看出，美国经济增长实际上是发达国家中最强的。其中基本点是个人消费开支和私人固定资产投资，二者相加大致稳定在使国内生产总值（GDP）增长 2.0%左右。美国经济逐季 GDP 增值率起伏很大，这些并不重要，重要的是以上两个基本点之和。

美国经济最引人注目的是失业率已经降至 5.0%以下，接近金融危机前最低4.4%的水平，但目前的经济增长强劲程度远逊于金融危机前的最低水平，目前的5.0%与 2007 年的 4.4%完全不可比。据美国劳工部统计，2016 年 4 月劳动参与率（即劳动年龄人口总数进入劳动力市场的比重）为 62.5%，而 2007 年 7 月是66.3%，即大致有 3.8%的劳动力人口未去找工作，如按 2007 年统一口径，失业率在 8%以上。

美国经济保持中速增长，但无法强劲的外部原因是世界经济低迷，但内部原因是实体经济相对较弱。2015 年工业生产指数比 2014 年仅上升 0.3%，制造业仅上升 0.8%。2016 年二季度工业设备利用率仅为 75.3%，不仅低于 1972~2015 年44 年平均的 80.0%，甚至低于 1990~1991 年衰退时期的 78.8%。美国经济的金融化和虚拟化很难逆转。奥巴马在 2009 年就提出重振制造业的口号。8 年过去，成果寥寥。

中美分别作为世界最大的发展中国家和发达国家，分别作为新兴大国和守成大国的关系，对世界稳定和发展影响极大。习主席和奥巴马总统从庄园会到瀛台夜话，再到 2015 年 9 月习主席访美，为两国努力建设新型大国关系奠定了良好的基础。但中美之间要建立战略互信非常艰难。美国亚太再平衡战略的实施，特别是在南海问题上一再兴风作浪，再清楚不过地证明美国遏制中国的本质。

发展和巩固良好的双边经贸关系，是稳定整个中美关系的压舱石，也是中国确保经济发展获得安全的外部环境和获得世界先进技术、管理、市场、资金等资源的重要保障。三年多来，中美经贸关系总体平稳发展，同时进入新常态。其特征有二：第一，双边贸易从多年两位数增长变为微增长；第二，中国从双边跨境投资的资本净输入国转为净输出国。2015年，中国超过加拿大，历史上第一次成为美国的全球最大贸易伙伴。2015年，中国对美投资达到创纪录的150亿美元（美国荣鼎集团数字），远远超过美国对华实际投资。2016年以来，中国企业投资美国又以翻番速度继续猛增。

中美双边投资协定谈判是稳定中美经贸关系的重要压舱石。双方已累计进行了24轮谈判，取得很大进展。

中国经济在转型中进入新常态，增长速度从2012年的9.2%逐年下降到2013年的7.7%、2014年的7.4%和2015年的6.9%，2016年上半年则为6.7%。多年来，世界上担忧中国、唱衰中国、做空中国的声音或行动，总是忽高忽低，时起时伏，从未停息。但至今只有一个结果，即所有这些预言或预期目的都没有实现。2016年10月，国际货币基金组织在2016年第四次《世界经济展望》报告中将世界GDP 2016年增长预期比1月的第一次报告下调了0.3个百分点，唯独将中国增长预期上调了0.3个百分点。

但我们应当清醒地认识到，建成世界经济强国，我们还有很长的路要走。

2015年年初，美国哥伦比亚大学诺贝尔奖得主斯蒂格利茨称，按购买力平价计算，中国2014年GDP已超过美国。因而2015年是中国作为世界第一经济大国的元年。但购买力平价仍然属于实验室方法，我们仍然要按汇率法计算。中国GDP仍然只有美国的60%左右。

"十三五"规划预期，2016~2020年年均GDP增长率为6.5%，2020年静态GDP总量将达到92.7万亿元。按现在的汇率，相当于14.2万亿美元。美国2015年GDP是17.9万亿美元，按照2011~2015年增长速度，2020年将在21万亿~22万亿美元。中国届时经济总量为美国三分之二左右。中国经济总量超过美国还需要更长时间。

届时，中国总人口将达到14亿，人均GDP达到1万美元左右，还达不到世界银行规定的高收入国家门槛（12 276美元），2020年中国仍将是中等收入国家，仍将是发展中国家，对此不能有丝毫的盲目乐观。

但同时，中国并不存在中等收入陷阱危险。根据世界银行2013年的门槛标准，人均国民收入达到3 976美元为高中等收入。中国是在2010年达到的（4 130美元）。人均国民收入达到12 276美元是高收入国家门槛标准，即需要增加两倍，加上期间人口增长，跨过这个阶段需要经济总量增加到3.3~3.5倍。如果按年率名义增长8%的速度（已经很快了），需要15年；按照年均7%的增速，需要18年。这是正常的中等收入阶段。也就是说，如果中国在15年内，即2025年达到高收入标准（届时会提高 1.35 万~1.4 万美元），就是正常的。根据现在速度和预期增长，中国将在"十四五"期间进入高收入门槛，走完中等收入阶段。不能把中等收入阶段和中等收入陷阱混为一谈。只有数十年内走不完中等收入阶段，才谈得上陷阱。如果中国到 2030 年还达不到高收入门槛，今后 15 年年均名义增长率必须低于 4.0%。这显然是无稽之谈。

为了顺利实现新常态下保持中高速，迈向中高端，实现中国梦，必须完成深刻的结构调整和改革。在"十三五"期间，中心是通过供给侧结构改革，去产能、去库存、去杠杆、降成本和补短板，从根上构筑并提高可持续发展的内在动能。"互联网+"几乎涉及所有行业，其中极其重要的基石是中国制造 2025。这个战略应当上升到国家战略，不能简单地追求服务业比重大提高，应当现代农业、现代工业和现代服务业三个轮子一起转。任何现代化强国都首先是工业强国。在这方面，我们不仅要全力发展新兴和高技术产业，还要极其重视传统产业的升级，应当新兴产业和传统产业升级，两个轮子一起转。

供给侧结构改革的方向是大大提升消费和内需的持久拉动力，但消费、投资、净出口三大需求对国民经济增长的贡献并不因此取消。6.5%的年均增长，比较适宜的比例是消费、投资和净出口分别贡献 3.5~4.0 个百分点、2.0~2.5 个百分点和 0.5 个百分点，外贸的战略地位丝毫不能削弱。

中国共产党第十八届中央委员会第三次全体会议确定要全面深化体制改革，其经济体制改革的核心是市场在资源配置中起决定性作用。这个市场包括国内、国外两个市场，这种起源包括国内、国外两种资源，合起来是全球市场、全球资源。改革必须在开放环境下实现，建立高水平开放型经济是实现中国梦的必需条件。上海及天津、广东、福建四个自贸区的试验各具特色，应该更加大胆，走得快一点，复制得快一点。我们的资源不够、市场不够、人才不够、技术不够、管理水平不够，要善于充分吸收全人类一切优秀成果，发展和壮大自己。一个坚定不移改革开放的中国，必将克服各种困难，赢得新常态，实现中国梦！

何伟文

2016 年 10 月

目　录

第五章　朝向中美新型大国经贸关系　142

第六章　中国崛起和冷静估量　202

第七章　改革创新没有回头路　238

第一章

全球增长和治理向何处去：G20的当前与未来

为什么说 G20 杭州峰会具有里程碑意义？ ①

G20 杭州峰会的一个突出成就是第一次与联合国 2030 可持续发展议程相结合，通过了《二十国集团落实 2030 可持续发展议程行动计划》，并通过了《二十国集团支持非洲和最不发达国家工业化倡议》。这将是 G20 发展史上的一个里程碑，即不再局限于 G20 内，而是纳入了广大的发展中国家参与全球治理，并把北南合作、南南合作，以及全球广大国家共同包容性发展作为基本方向。

一、G20 原有机制的局限性

笔者两年前在为 G20 布里斯班峰会提供的一篇文章里曾呼吁 G20 给予广大发展中国家应有的关注。笔者认为，G20 部分地忽视了广大发展中国家，特别是小国和最不发达国家。主张实行 G20+的机制，即吸收更多的发展中国家加入，并把与发展中国家的合作和共同发展列入 G20 议程。十分欣慰的是，中国作为最大的发展中国家，作为主席国，充分考虑了广大发展中国家的利益，在中国主导下，发展问题纳入了 G20 全球宏观治理的突出位置，并与 2015 年 9 月联合国大会通过的 2030 可持续发展议程结合起来，第一个通过推动实施的行动计划。这是 G20 机制具有历史意义的进步。杭州峰会将具有里程碑意义。

G20 成员占世界 GDP 90%，占世界贸易额的 85%。因此在全球经济中的地位极其重要。这一点并没有错。但光搞定 G20，世界仍然搞定不了。因为联合国会员国有 193 个，G20 只有 19 个国家以及欧洲联盟（European Union，EU，简称欧盟，欧盟共 28 个国家，除去英国、法国、德国、意大利四国直接属于 G20 外，还有 24 个国家）。换言之，还有 150 个国家没有被覆盖。它们包括较小经济体、还在发展中的经济体，所有的发展中国家、小岛国和最不发达国家。虽然它们合计只占全球 GDP 10%，但往往是世界经济和社会问题的难点和热点，如粮食安全问题、原油和初级产品价格问题、气候变化、就业、教育、基础设施等。很难想象，没有这些国家的稳定增长，G20 能实现全球经济强劲、可持续和平衡增长目标。

---

① 何伟文. 为什么说 G20 杭州峰会具有里程碑意义. 界面新闻. 2016-09-06.

G20 峰会成立之初主要是危机应对机制。主要大国的作用十分关键。随着危机应对机制逐渐弱化，全球经济长期治理的作用日益凸显，仅仅停留在大国俱乐部的设计上就不适应形势发展了。英国脱欧给世界经济带来重大不确定性，但英国 GDP 占全球仅 4%。希腊 GDP 占欧元区不过 2%，但它的债务危机足以撼动欧元区。因此，我们要从全球各国包容性发展、共同发展的高度出发，设计 G20 的机制框架。

二、发展中国家面临的突出问题

国际货币基金组织 2016 年 7 月最新公布的世界经济展望报告把 2016 年全球经济增长率从 4 月报告预测的 3.2% 调低到 3.1%（与 2015 年相同），把 2017 年增长率从 3.5% 调低到 3.4%。但这里主要是发达国家增长率的调低（分别调低 0.1 个百分点和 0.2 个百分点，均为 1.8%）。新兴和发展中国家作为一个整体，2016 年和 2017 年增长率预计分别是 4.1% 和 4.6%，其中老东盟五国增值率没有下调，预计分别增长 4.8% 和 5.1%，远好于世界平均；撒哈拉以南非洲则分别调低 1.4 个百分点和 0.7 个百分点，为 1.6% 和 3.3%，而过去它曾是世界经济增长最快的地区之一，一个重要原因是原油和初级产品价格大幅下跌。

同样据国际货币基金组织估计，世界平均油价在 2014 年、2015 年分别下跌 7.5% 和 47.2% 以后，2016 年将续跌 15.5%（油价目前态势显示，可能好于这一预计），2017 年才有望回升 16.4%。大宗商品平均价格（除燃料），2014 年和 2015 年分别下跌 4.0% 和 17.5%，2016 年预计续跌 3.8%，2017 年还将下跌 0.6%。这给广大资源依赖型发展中国家带来巨大而持续的困难。此外，气候变暖严重威胁到小岛国的生存，世界贸易的低速增长和保护主义勃兴，使内陆发展中国家经济雪上加霜。而基础设施的不足，严重牵制了最不发达国家的增长。

值得注意的是，油价和大宗商品价格如此低落，和过去如此高涨一样，是无法用供求关系变化解释的。影响原油和大宗商品价格走势的基本原因是国际投机资本。这些价格主要是在纽约、伦敦等期货交易所，通过交易形成价格。因此成为金融产品。从事这些交易主要是为了资本的增值，与这些商品的使用价值无关。2007 年夏，纽约原油期货价曾达到每桶 147 美元。在监管方采取严格措施，包括大大提高头寸后，油价立刻大跌。相反的例子是，巴克莱银行 2016 年 8 月 8 日报告称，今年来有超过 500 亿美元流入大宗商品市场。截至 2016 年年中，资金存量为 2 160 亿美元，而 2015 年年底是 1 610 亿美元。这一增量是 2009 年以来同期最多的。该报告认为，它可能意味着大宗商品市场新一轮高涨的来临。这对许多发展中国家无疑是好消息。但它们的经济在如此大程度上受到国际资本的影响，难道不是全球金融治理的一大任务吗？

三、落实行动计划和倡议的两大任务

《二十国集团落实 2030 可持续发展议程行动计划》和《二十国集团支持非洲和最不发达国家工业化倡议》内容丰富，基调令人鼓舞。但接下来的任务是艰巨的。为了有效实施行动计划和倡议，有两方面任务特别值得研究。

第一个任务是稳定世界大宗商品市场。G20 杭州峰会《二十国集团迈向更稳定、更有韧性的国际金融框架的议程》虽然没有直接提及世界大宗商品市场的稳定，但它实际上是金融稳定和治理的一部分。既然大宗商品价格不仅随着供求关系波动，而且尤其随着资本流动而起伏，因此需要共同商定加强期货交易规则的治理，特别是有关交易头寸、衍生品交易的从严管理。

除了金融治理外，G20 机制应逐渐发展国际大宗商品市场稳定机制，增加必要的大宗商品缓冲库存（类似粮食缓冲库存），以期在必要时平抑市场，既压低投机高价，又在有必要时从市场购入，以支持市价。它可以在必要的时候列入议程，并纳入《二十国集团支持非洲和最不发达国家工业化倡议》。这需要相关国际组织、生产国和消费国代表参与，并主要由发达国家提供必要的资金援助。缓冲库存的运作应当设立严格的管理机构和章程。

第二个任务是尽快启动非洲和最不发达国家工业化计划。过去 30 多年来，非洲特别是撒哈拉以南非洲，是世界经济增长最快的地区。非洲正处在大规模工业化的初期。如果进展顺利，非洲将在一代人时间里建立比较完整的工业体系，在两代人时间里成为世界主要工业区。随着工业化的实现，贫困、饥饿问题将有效解决。而非洲的工业化又为全球经济增长提供了有效动力和日益扩大的市场。但现在的增长远远不够。根据联合国 2030 可持续发展议程，最不发达国家经济每年应增加 7% 以上，即每十年翻一番。G20、联合国、非洲联盟、联合国工业发展组织、世界银行、非洲开发银行等需要立即落实行动步骤。首先可以进行综合性战略研究，同时进行资源整合。非洲不同国家发展水平迥异。北非国家如埃及、阿尔及利亚、突尼斯、摩洛哥，撒哈拉以南国家如南非、尼日利亚、肯尼亚等，发展水平相对较高。其他国家许多更落后些。世界最不发达国家大多数也在非洲。因此需要因地制宜，并进一步推动非洲国家间的投资贸易合作。

非洲正在进行中或计划中的基础设施项目和工业项目很多，机会相当多，应当不失时机，有序推进。根据支持非洲基础设施投资融资的《亚的斯亚贝巴行动

议程》，和 11 个多边开发银行 2016 年 3 月 9 日提出的《支持基础设施投资行动的联合愿景声明》，G20 应与非洲和最不发达国家政府合作，把进行中、计划中和规划中投资项目大致梳理一遍，排出轻重缓急顺序，重点落实。同时推动与私人部门合作，在非洲加快建设若干工业园区。如果做得好，非洲和最不发达国家工业化的加快推进有可能是后杭州峰会的一个亮点。

关于 G20 的作用及未来对策的一些看法[①]

2014 年 2 月 23~24 日在悉尼举行的 G20 财长和央行行长会议，实际上为 2014 年 G20 布里斯班峰会初步奠定了基调，即增长和就业仍然是压倒一切的议题。布里斯班峰会是 2013 年圣彼得堡峰会基调的延续和加强。从 2008 年华盛顿峰会到 2014 年布里斯班峰会，G20 的中心议题和作用一直在变化。我们回顾一下历次峰会的焦点和成果的演变，有助于分析 G20 这一平台的历史性作用及其局限性，从而推动这一机制不断完善，确保可持续的未来。

一、G20 历次峰会的焦点和成果演变

G20 最初是 1997 年亚洲金融危机后产生的机制，由这些国家及欧盟财长和央行行长组成的多边协商机制，旨在协调国际社会力量和资源，迅速克服危机。2008 年全球金融危机爆发后升格为领导人峰会。布里斯班峰会将是第八次峰会。前七次峰会大致可分为三个阶段。

第一阶段：2008 年 11 月~2009 年 10 月华盛顿、伦敦、匹兹堡三次峰会。在各国联手应对这一 20 世纪 30 年代以来最严重的金融危机和经济衰退上，发挥了巨大的历史性作用。这一历史性作用第一个表现在集体提供巨量的紧急财政和金融援助，帮助各国渡过难关。其中伦敦峰会成果最为明显，它确定各国共提供 1.1 万亿美元流动性支持，为国际货币基金组织及其特别提款权（special drawing right，SDR）分别增资 5 000 亿美元和 2 500 亿美元，以大大增强应急能力；为贸易融资提供 2 500 亿美元，为多边开发银行提供 1 000 亿美元。所有这些措施，对于金融形势迅速稳定和经济下滑迅速见底，都起到了实质性作用。第二个作用

[①] 2014 年二十国集团智库论坛论文，2014 年 6 月 20 日。

意义更加深远，它确认了西方自认为完美的金融监管体系的不足，必须进行国际金融体制和监管体系的改革。后来峰会通过的巴塞尔协议Ⅲ（准备金要求）、美国通过的新的金融监管法律、拆分投资银行和商业银行，以及对金融衍生品交易的限制等，都与 G20 峰会直接或间接有关。第三个作用意义还要深远，即确认新兴经济体的历史作用。国际货币基金组织份额和投票权改革，增加中国等新兴经济体比重和话语权的决定，就是在这一时期做出的。

第二阶段：2010~2012 年多伦多、戛纳和洛斯卡沃斯三次峰会。随着全球金融危机最坏的阶段过去，各国经济开始复苏，主要西方经济体之间的差异和矛盾逐渐显现。多伦多峰会没有什么新的重大成果。相反，美联储此前不久推出的第二轮量化宽松政策虽然在峰会上遭到欧洲国家和新兴经济体的普遍反对，却丝毫未能影响美联储。2011 年的戛纳峰会恰逢希腊债务危机引起的国内大罢工，希腊和欧元区债务危机压倒了一切话题。而在缓解欧元区债务危机上，主要依靠的是欧洲央行、欧盟和国际货币基金组织三驾马车。美国不愿出钱，新兴经济体也起不到重大作用。洛斯卡沃斯峰会没有太多实质性成果。会议结束时发表的领导人声明虽然承诺注意非常规货币政策的溢出效应，但美联储依然按自己的时间表行事。会议结束半年多后，美联储宣布逐步退出量化宽松，导致十多个新兴和发展中经济体资金外流，货币纷纷贬值。

第三阶段：2013 年 9 月圣彼得堡峰会开始。这次峰会的主基调改为增长与就业，并将气候变化、联合国千年发展目标、反腐等更广泛的议题列入议程，即 G20 出现了横向发展的趋势。峰会基本上是成功的。峰会一个亮点是领导人达成了支持年底 WTO 第九届部长级会议达成多哈回合早期收获协议的政治一致。3 个月后，于印度尼西亚巴厘举行的该届会议达成了协议，突破了多哈回合的长期僵局。

二、简短的概括：G20 和大国政治

综上所述，可以清楚地看出：只有在西方主要大国，特别是美国有需要，或者赞同的情况下，G20 峰会才可能取得实质性成果，这在第一阶段尤其得到证明。第二阶段之所以成果不多，是因为西方大国自己缺乏迫切需要。欧元区债务危机的解决只能主要靠欧元区国家自己，即欧元区国家内部能否就救助条件达成一致。第三阶段之所以以增长与就业作为主题，是因为欧元区以法国和意大利为代表的地中海派增长优先的主张占了上风，并在欧盟峰会上达成一致。至于新兴经济体，虽然在金融危机最严重的时候也出手提供资金，并在 2009 年贡献了全球

60%的增长，并成功地使 G20 推动国际货币基金组织理事会通过修改份额和投票权的决定，但由于美国国会不感兴趣，至今没有通过，仍然是一纸空文。

客观估计，在目前阶段，G20 峰会仍然还是西方发达国家大国政治主导，新兴经济体仍然需要做出长期和艰苦的努力，才能使这一平台更多地体现自己的利益。

三、G20 的其他历史局限性

第一，不是独立的、有法律规章和法律效力的多边组织，仅是非正式的论坛。而它试图覆盖世界经济和金融的一系列根本问题，特别是改革国际货币体系、世界金融治理和世界金融体制这样重大的任务，乃至气候变化、粮食安全、联合国千年发展目标等一系列问题。这些都与现有国际多边体制重叠，却又无法取代它们。

第二，无法对各国政府，特别是西方发达国家政府的国内政策形成有效的制约。

由于以上两点，G20 的成效有下降的趋势。

第三，没有有力地反映和代表绝大多数国家的利益。G20 成员虽然合计占世界经济总量的 80%。但只有 19 个国家，加上欧盟所代表的其他成员国。联合国 193 个成员的绝大多数都被排除在外，而它们包括所有的小国和最不发达国家，是世界经济、金融、粮食安全、气候变化等一系列根本问题中的难点。G20 试图在自己的范围内讨论 100 多个非成员的最不发达国家的利益，显然是不合适的。

四、G20 的未来定位和调整

G20 虽然有以上本质性局限，但这些局限，反过来却是非常重要的特点，可以在建立世界经济新秩序中发挥持久的重大作用。它不是独立的、有法律地位和法律效力的国际组织，正好可以比较超脱地及时商讨世界经济、金融的重大问题和紧急问题。它不能取代国际货币基金组织、WTO、世界银行及各区域性多边开发银行等，但这些现存的多边组织无一不效率低下并具有重大缺陷。处理得当，恰恰可以用领导人聚首的结果来促进，多哈回合早期收获协议即是例子。G20 无法制约各国政府的政策，但恰好是领导人的聚首最容易发现各国的共同利益和利益协调点。

一个很好的例子是世界经济论坛。它虽然是非正式的经济论坛，但由于常常有许多国家领导人出席，他们的非政治聚首，有利于为一些重大国际行动和多边及双边关系的官方正式谈判做出先行启动。例如，巴以和谈、东西德统一、朝鲜和韩国的和平会谈、乌拉圭回合的启动等，都是先在达沃斯酝酿，有关方非正式接触，从而创造了条件。

G20 要有长期生命力，并成为可以借助的最重要平台之一，需要考虑一下战略。

第一，定位独特。不试图重复甚或取代现行多边国际体制，而是超脱它们，高于它们。涉及凡由这些机构完成的使命，G20 不干预具体业务，只聚首商讨共同性的重大问题，力求达成共识，从而便于转化为各国政府的决定，各国政府在相应国际多边机构内积极推动协议的达成和行动的加速。

第二，战略性定位。集中考虑、商讨涉及整个世界经济发展、金融体制、货币体系、气候变化、粮食安全等前瞻性趋势和当前最急迫的全局性问题。通过领导人之间的机制性沟通和会商，大大提高现存多边机制和各国政府的决策能力与执行能力。

第三，核心内容为有限目标。不要试图覆盖所有问题，G20 起源于应对金融危机，本身的优势在金融和经济，可以扩展至贸易与投资。宗旨是最大限度地推动世界经济转变发展方式，实现强劲、可持续和平衡的增长，集中讨论本年度最急迫的问题，或接近解决的问题。

第四，非核心内容为广泛话题，包括气候变化、联合国千年发展目标、粮食安全、初级产品市场、反恐和反腐等。这些问题的讨论需要以"G20 加"（G20 plus）的构架，邀请众多发展中国家，特别是最不发达国家与会。

第五，实现发达经济体和新兴及发展中经济体的区别待遇与板块化格局。随着发达国家经济形势好转和部分新兴经济体经济遇到新困难，一种观点正在抬头，即认为世界经济增长的主要动力将回到发达经济体，这使新兴经济体在 G20 中处于更加不利的地位。但事实很快将证明，世界经济增长的长期动力仍将主要来自新兴经济体。新兴经济体要努力为自己争取更大的利益和话语权，发达经济体也应充分考虑新兴经济体的利益。目前 G20 所有成员无区分的混杂式论坛模式不完全适应不同成员的差异性，可以参照联合国贸易和发展会议（简称贸发会议）的 77 国集团等板块式架构，在 G20 内大体区分发达与新兴两个小板块，而对于后者给予有差异的政策选择。这将有利于打破发达国家的垄断，更多地反映新兴经济体的利益和发展趋势。

创新 G20 机制，以基础设施投资和贸易便利化双轮驱动实现世界经济增长目标[①]

增长与就业是当前世界面临的最大挑战，也是 2014 年 G20 布里斯班峰会的中心议题[②]。2014 年 2 月 G20 财长和央行行长会议上提出了 5 年内 G20 经济增长速度比现行政策实施后能达到的速度提高 2 个百分点，累计增加 2 万亿美元产出和数千万人就业的宏大目标。几个月过去了，情况并不乐观。7 月 19 日在悉尼举行的 G20 贸易部长会议结束后，时任澳大利亚贸易与投资部长安德鲁·罗布警告说，迄今 G20 各国做出的各种举措与改革只能保证多增长 1%。时任澳大利亚总理阿博特也表示，如果 G20 成员不能推出强有力的经济方案，将很难实现 5 年内 GDP 整体多增长 2%的目标[③]。

国际货币基金组织 7 月 24 日发布的 2014 年《世界经济展望》将 2014 年世界经济增长预测从 4 月做出的 3.7%调低到 3.4%。其中美国从 2.8%调低到 2.2%，对欧元区维持原来估计，日本从 1.3%调高到 1.6%。在新兴经济体中，中国从 7.4%调低到 7.2%，俄罗斯从 1.2%调低到 0.3%[④]。虽然对 2015 年的预测维持在 4.0%，但随着时间推移，能否保持尚难预料。要达到 G20 财长和央行行长提出的多增长 2 个百分点的目标，2015 年增长率必须达到 4.5%，以后每年都比现行预计的提高 0.5 个百分点，到 2018 年应当达到 6.0%以上。这的确是非常困难的。

一、靠 G20 财政与货币政策协调无法加快增长 2 个百分点

迄今为止，G20 涉及支持经济增长的宏观政策协调，主要集中在各国财政政策和货币政策，特别是货币政策上。但这本身不可能创造新的增长周期，最多是创造有利的外部环境，如降低研发成本、增加货币供给、减少汇率风险等。而且 G20 中的发达经济体成员政府可以运用的财政货币政策余地不大。美国的经济复苏主要靠零利率和量化宽松吸引，以及由此带来的资产泡沫推动。实现重大技术突破的并不是新能源，而是传统化石燃料页岩气开采。美国并没有形成新的技术

---

① 2014 年二十国集团智库论坛论文，2014 年 7 月 27 日。
② 布里斯班峰会日程. http://www.g20.org.
③ 王龙云. 澳大利亚预警 G20 增长目标恐落空. 经济参考报，2014-07-21.
④ 国际货币基金组织. 世界经济展望，2014.

创新链和生产率大幅提高的局面①。因此，多数经济学家估计，在中期内，美国经济最多只能以略高于 2%的速度增长。欧元区复苏蹒跚的一个重要原因是僵死的财政纪律，把预算赤字压缩到占 GDP 3%以内为第一优先，放在增长与就业之上。只要欧元区经济仍然倚重德国，这种局面就不会改观。在中期内，欧元区的增长率也只能在 1%~2%，最多 2%略高一点。日本安倍经济学是运用超宽松货币手段的典型，它本身不能带来技术的突破和生产率的革命性跳跃，企图主要依靠发达经济体的动力实现 G20 经济增长加快 2 个百分点是不切实际的。

新兴经济体近年的增长滑坡固然与发达经济体市场环境的恶化，特别是美国量化宽松的溢出效应有关，但根本原因仍在内部的结构改革。同样，单纯靠财政和货币刺激，不可能恢复可持续的较快增长。

二、世界性大规模基础设施投资是恢复强劲增长的关键

格林斯潘认为，美国这一轮复苏乏力的一个直接原因是没有大规模基础设施投资。反之，20 世纪发生 10 次衰退后，经济最终强劲反弹的一个主要动力是超大规模的基础设施投资。近代史上的美国和德国，现代史上的中国都证明，除了技术进步的革命性突破外，大规模基础设施投资是经济持续勃兴的基础。德国 19 世纪后期和 20 世纪前期大规模的铁路建设，不仅为大规模采用最新技术和全国统一市场的形成奠定了雄厚基础，而且大大降低了物流成本，为德国产品具有世界一流竞争力提供了不可或缺的条件。美国南北战争后，全国统一市场形成，这时兴起了人类历史上最大规模的铁路建设高潮，仅仅在 1870~1900 年的 31 年内，美国共铺设铁路 23 万千米，年均 7 000 千米！中国改革开放 36 年来，拉动经济长期强劲增长的一个基本因素是超大规模的铁路、公路、民航、电信等全国网络的建设。在这个过程中，中国成功地实现了高铁和核电技术的突破和大规模应用，从而形成了强大的生产力。

历史又证明，基础设施的大规模投资和兴建，往往会带来一系列相关产业的发展和新技术的长足进步。法国 20 世纪 60~70 年代实施国家发展战略，大力发展高速铁路、高速公路和核电，有力地推动高铁技术、铁路机车及车辆制造、汽车制造、核反应堆研发和制造的发展，并在若干领域达到世界领先水平。

当前世界经济增长面临的一个重大而迫切的瓶颈是基础设施建设大量欠账。据经济合作与发展组织（简称经合组织）估计，到 2030 年，世界需要在基础设

---

① Market Watch 撰稿人罗格 2014 年 7 月 26 日采访格林斯潘的报道，转引自新浪财经同日消息。

施领域投资 70 万亿美元,平均每年 4 万亿美元,相当于 2013 年全球 GDP 的 5.3%。这种欠账,包括发达和新兴经济体,更包括广大发展中国家。最大的欠账在美国,美国全国数量庞大的桥梁和高速公路中,相当大部分是 20 世纪中叶甚至 20 世纪初建设的,已经严重老化。曾经辉煌一时的铁路交通,也已陈旧不堪。美国最快的高速铁路阿塞勒（Acelor）时速仅 100 千米。从新泽西梅特罗公园去华盛顿距离约 280 千米,不到上海和南京的距离,正点运行需两个半小时（沪宁高铁仅需 1 小时 7 分钟）。而且一有风吹草动,往往晚点。笔者 2013 年年底乘该列车从新泽西去华盛顿,因为下雪,只有单轨运行,晚点 40 分钟出发,中途遇技术故障停车,到华盛顿晚点 72 分钟。如果美国大规模重建全国基础设施,将有助于加快经济增长。

南非曾是非洲唯一的中等发达国家,一个基本原因是基础设施建设超前。南非的公路和电信与美国水平接近。但近年来,基础设施投资严重滞后,制约了经济发展。巴西经济滑坡固然与美联储量化宽松政策溢出效应相关,但基础设施投资严重不足,高速铁路和公路系统的缺乏,以及电信系统的滞后,也是重要原因。俄罗斯虽然拥有得天独厚的能源和资源,并有世界最长的西伯利亚大铁路,但无论铁路、公路还是通信基础设施都相当老化,信息产业滞后,这些都制约了相关产业的发展。印度曾拥有相当完善的铁路系统和世界领先的软件服务产业,但其铁路系统也逐步老化,制造业相对滞后,也需要基础设施再投资的宏大计划。

三、G20 应创造崭新的世界基础设施投资促进机制

世界基础设施投资的不足,主要原因不在投资资源不足。现有国际多边、区域和国家层面,以及私营领域,从事基础设施投资的机制和机构掌握的资源非常多。经合组织相关报告认为,上述机构拥有的潜在资本资源已经超过了 70 万亿美元。但为什么基础设施投资仍然严重不足呢？这说明现行体制功能的不足,这些资金不能大量转化为有充足回报的基础设施投资。基础设施投资不是简单的项目行为,而是国家和区域发展规划、综合经济发展的复杂工程,需要在国际、区域和国家层面,政府和企业层面进行大量有效的协调。

G20 不能简单地与现有国际多边、区域和国家投资机构重叠。更无法取代国际资本市场资金来源（包括各类基金,如养老基金等）。G20 恰好应当超越现行机制,用机制创新补充现有机制的不足,发挥自己独特的统揽全局的作用,力争在中期内成为推动世界基础设施投资的主要机制。

（1）G20 的错位和定位。G20 不应重复全球多边基础设施投资机制世界银

行的作用，也不应干涉各类区域性基础设施投资机制，如亚洲开发银行、非洲开发银行、美洲开发银行、欧洲复兴开发银行，以及刚刚宣布成立的金砖国家开发银行（诸边机制）和准备建立的亚洲开发银行。G20 的定位应该是超越，即在全球层面紧密跟踪全球和重点国家基础设施投资的迫切需要，帮助制定全球战略，并在集中 19 个最大经济体及联盟领导人的这一平台上商定今后一段时期需要大规模基础设施的重点地区或国家、重点领域，指导各自参加多边、区域、诸边开发银行的政府部门拟订具体计划，推动实施。

（2）G20 可以考虑成立 INFRA20（基础设施 20，即 infrastructure 20），与各类延伸机制如商业 20、青年 20、劳工 20、智库 20 相似，但作用更大。INFRA20 首先是全球基础设施投资权威论坛，可以举办机制性的权威论坛——"全球基础设施 2030"（global infrastructure 2030），定期或不定期发布全球基础设施投资需求和资源报告，鼓励建立不同类型的诸边开发银行机制，类似金砖国家开发银行。其次是面向行动的投资协调机制，负责代表 G20 领导人与世界银行、各类区域性和诸边开发银行协商，补足它们的局限。

（3）在 INFRA20 机制下，成立 G20 范围内的公私伙伴关系（public private partnership，PPP）平台，定期或不定期邀请世界主要私人投资基金或投资银行，就具体地区具体投资机会进行讨论、协商和对接，鼓励它们捕捉机会，加快投资。

（4）在 G20 领导人层面，建立灵活的双边合作促进机制，推动需求方和资金盈余方政府的协商和对接，为以后的双边基础设施投资安排奠定基础。G20 布里斯班峰会应积极讨论这一实际行动方案，并写入领导人声明，争取在近年内成立。

（5）与国际货币基金、金融稳定机制及 G20 成员国政府合作，稳定世界资本市场，推动它们加快去杠杆化，促进资金从泡沫资产领域回到实体经济投资领域，努力创造回报合理的基础设施投资机会。

四、全力推动自由贸易成为经济增长又一个核心动力

2013 年 G20 圣彼得堡峰会曾为年底 WTO 巴厘部长级会议达成多哈回合早期收获特别是贸易便利化协定做出了历史性的贡献，继续强力推进自由贸易，将是经济增长提升 2 个百分点的又一个核心动力。

经合组织、WTO 和世界银行 2014 年 7 月 17 日联合发表的全球产业链报告提出，要尽快建立全球贸易-投资-服务-知识轴心，即通过无障碍的自由贸易，迅速降低国际贸易和投资成本，逐步形成各国经济间有机联系的价值链，推动各国经济的强劲增长[①]。

巴厘会议协定需要各国批准，并需要各国特别是发达国家和新兴大国对最不发达国家提供必要援助，才能逐步落实。报告指出，需要尽快实施并批准 WTO 贸易便利化协定，实施更简化、更快、更可靠的边境程序。报告指出，贸易成本每下降 1%，就可产生 400 亿美元效益，其中 65%流入发展中国家。

报告的研究表明，贸易便利化将显著推动 G20 国家的 GDP 增长和贸易扩大。如果完整实施，可潜在提高经济收益 1 万亿美元，创造 2 000 万个就业岗位，其中 1 800 万个在发展中国家，具体如表 1-1 所示。

表 1-1　G20 国家从贸易便利化的收益估计比 2007 年增长的情况（单位：%）

国家	非油气出口量	非油气进口量	GDP
阿根廷	22	40	8
澳大利亚	5	5	3
巴西	37	99	6
加拿大	7	7	5
中国	53	65	10
法国	10	9	4
德国	2	7	5
印度	90	64	10
印度尼西亚	36	50	8
意大利	34	43	6
日本	12	9	2
韩国	15	17	6
墨西哥	14	32	7
俄罗斯	111	40	8
沙特阿拉伯	30	7	5
南非	22	59	10
土耳其	29	42	8
英国	−9	3	3
美国	23	13	3
欧盟其他成员国	14	15	9

资料来源：http://www.g20.org

表 1-1 显示，G20 所有成员国都将从贸易便利化中获益，而且相当可观。七国集团首脑会议（G-7 Summit，G7）集团国家 GDP 可分别在 2007 年即全球金融

---

① 经合组织、WTO 和世界银行关于贸易便利化的联合报告. http://www.g20.org.

危机前水平上增长 2%~6%，金砖国家增长 6%~10%。其他国家增长 3%~9%。这将非常有助于达到 5 年内加速 GDP 增长 2 个百分点的目标，对贸易的作用更加可观。它可以推动 G7 集团国家非油气出口增加。除英国减少 9% 外，德国和法国分别增加 2% 和 10%，加拿大增加 7%，日本增加 12%，美国增加 23%，意大利增加 34%。在对金砖国家非油气出口中，南非最少，仅增加 22%，巴西、中国、印度和俄罗斯分别增加 37%、53%、90% 和 111%。其他国家除澳大利亚增加 5% 外，都在两位数，最多是印度尼西亚，增加 36%。毫无疑问，贸易便利化将成为加快世界经济增长和就业的又一个"牛鼻子"。2014 年 11 月的 G20 布里斯班峰会应当将此作为优先议题，具体建议如下。

（1）G20 贸易部长会议应在布里斯班峰会前向领导人峰会提交落实 WTO 贸易便利化协定进度报告，并提出需要解决的主要问题。作为峰会成果的领导人声明强调迅速落实并实施该协定的共同政治意志，提出基本完成落实的大致时限，责成本国贸易部长执行。

（2）峰会继续直面各国贸易救济行为上升的不良势头（保护性贸易救济措施，2013 年共出台 407 项，而 2012 年是 308 项），领导人声明中重申反对保护主义，不出台新的贸易壁垒承诺。

（3）高举 WTO 多边自由贸易协定的旗帜，在 G20 政府层面，积极协调、呼应全球数百个区域、诸边和双边自贸协定安排或谈判。努力推动 G20 领导人达成共识和共同政治意愿，即在承认并包容所有这些谈判的同时，始终把 WTO 多边自由贸易协定和机制放在第一位，其余均为次要。

（4）成立贸易 20 行动计划（trade 20 action plan），由 2014 年东道国澳大利亚主持，2015 年东道国土耳其辅助。2015 年转至土耳其主持，2016 年东道国辅助，依次类推。具体任务是：①协助 WTO，跟踪 G20 集团各成员国落实该协定的进度和问题，在 G20 官网上公布，相互监督和促进。②协助 WTO，跟踪 G20 集团各成员国新出台贸易救济措施的情况，并通过领导人协商机制帮助双边协调。③每年举行一次 G20 成员官产学参与的贸易便利化论坛。④跟踪研究主要的区域、诸边和双边自贸协定谈判，特别是 TPP、TTIP、RCEP 和亚太自贸区，寻求包容性、有区别待遇的各类安排，与完善 WTO 多边自贸协定的谈判和机制相向而行。并向 WTO 和各相关国家政府提出建议，为 WTO 多边自贸协定的发展添砖添瓦，而不是使之碎片化。

实现全球经济综合增长目标需要三方面新思路[①]

世界经济增长正远离布里斯班目标。2014 年 11 月 G20 布里斯班峰会通过了雄心勃勃的《布里斯班行动计划》，目标到 2018 年，全球经济增长速度，在国际货币基金组织 2013 年 10 月《世界经济展望》的基数上，较原有政策带来的增长速度额外提高 2.1 个百分点，从而多创造 2 万亿美元产值和数百万人就业。8 个多月过去了，人们迄今并没有看到世界经济的加速。相反，国际货币基金组织和世界银行都在不断下调 2015 年和 2016 年的增长预测，如表 1-2 所示。

表 1-2　国际货币基金组织《世界经济展望》对世界 GDP 增长统计和预测

年份	2011	2012	2013	2014	2015	2016
世界	3.9	3.2	2.9	3.6		
				3.4	3.5	3.8
发达经济体	1.7	1.5	1.2	2.0		
				1.8	2.4	2.4
美国	1.8	2.8	1.6	2.6		
				2.4	3.1	3.1
欧元区	1.5	−0.6	−0.4	1.0		
				0.9	1.5	1.5
新兴/发展中国家	6.2	4.9	4.5	5.1		
				2.8	2.9	3.2
亚洲发展中国家	7.8	6.4	6.3	6.5		
				5.6	5.6	5.5

注：上行为 2013 年 10 月报告数字，下行为 2015 年 4 月报告数字

资料来源：国际货币基金组织. 世界经济展望. 2015

即便对 2015 年增长 3.5% 的预测也过于乐观了。国际货币基金组织 2015 年 7 月发布最新预测时将继续下调。一个重要原因是美国 2015 年增长率估计达不到 3.1%（这已经比 1 月估计的 3.5% 下调了）。欧元区在希腊债务危机临近爆发点的冲击下，无论最后结果如何，经济增长率都可能下调。世界经济增长率，2011 年曾达到 3.9%。原有增长曲线，到 2018 年应该达到 4%，按照综合增长计划额外增加 2 个百分点的要求，应该达到 6%。一年之后，世界离这个目标更远了。2014 年 2 月至今一年多来，G20 各成员国都在紧张上报提高增速的计划措施，总共 1 000 多条。不到一年后回首：这么多措施有用吗？

[①] 2015 年二十国集团智库论坛论文，2015 年 7 月 10 日。

因此，要争取达到 5 年内世界经济增速提高 2 个百分点，仅靠现有 1 000 多条措施是不够的。需要我们重新考虑，变换思路，找到新的强劲推动力。具体而言，需要在三方面有新思路，新办法。

一、提高欧元区增速和解决希腊债务危机要有新思路

国际货币基金组织和 G20 不少高层人士与专家在谈到世界经济增长乏力时，往往指出新兴经济体和中国经济的放缓，却忽视了这一事实，即 2012 年和 2013 年欧元区为全球经济增长分别贡献了–0.1 个百分点和–0.08 个百分点，2014 年也仅贡献了 0.16 个百分点。如果 2012~2014 年这三年欧元区增长率达到 2% 的水平，2012 年和 2013 年这两年世界经济增速可以高出 0.4 个百分点，2014 年可以高出 0.16 个百分点。因此，提高欧元区增速是实现综合增长目标的重要方面。

欧元区经济增长迟缓固然有结构性原因，但与政策相关的直接原因有两个：一是希腊债务危机的处理方式脱离实际；二是过时的、僵死的"财政纪律"压抑了增长潜力。

希腊债务危机已经达到几度濒临破裂，最后又不得不妥协的地步。但无论最后勉强达成什么饮鸩止渴的协议，希腊和欧元区已经双输了。希腊经济总量虽然只占欧元区 2%，但 2008 年美国次贷无法归还的数额占美国经济总量也不足 2%，却足以把全球拖入衰退。希腊债务危机如果不能得到有效解决，很可能给世界经济增长和欧元区带来重大冲击，从而威胁到综合增长方案的实现。

希腊债务危机迟迟得不到根本性稳定的原因固然应从希腊高福利制度上找，但这并不是决定因素。如果希腊是好吃懒做的民族，不可能存活到今天。国际货币基金组织、欧盟和欧洲央行三驾马车同样有重大责任。它们处理希腊债务危机的方式，以及欧元体制本身，都有重大缺陷。这决定了希腊债务危机不能很好解决，并将拖累欧元地位和欧元区经济。它们为希腊纾困的强硬条件是让希腊不断削减开支、工资、养老金，又提高税收。结果使希腊陷入连续 6 年的衰退，经济总量萎缩了 25%，失业率达到 25%，其中青年人失业率达到 50%。在经济不增长，就业的人越来越少，靠吃救济的人越来越多的情况下，还要削减社会保障，增加企业税收，岂非南辕北辙？债权人新的解困方案要求 2015 年和 2016 年财政开支再压缩到分别实现占 GDP1.0% 和 1.5% 的盈余，并把养老金减少 1.5%。这根本不把希腊的经济生存和民众的饭碗当回事，实质是让希腊陷入长期萧条。希腊公投之所以拒绝这一方案，足以表明它是失败的。但如果希腊不还债，退出欧元区，经济可能萎缩三分之二；债权人借出去的 3 127 亿欧元则很可能相当大部分收不

回来，引起欧盟内部政治动荡和欧元地位的动摇。这两方面的危害都超过了希腊萧条，所以又不得不妥协。因此，希腊债务危机的处理结果只能是双输。

希腊固然有责任，三驾马车固然也有责任，但根本的问题不在它们，而在欧元区各成员国的动态基本面的巨大差异不足以支撑同一个货币。

由于欧盟的财政纪律，对公共债务超标的意大利和西班牙也是同一政策，结果意大利和西班牙两国连年衰退，意大利过去 4 年经济总量减少了 10%。对于经济预算赤字超标（高于 GDP 3%）的法国，欧盟的要求也是紧缩。结果造成法国经济连续 3 年基本零增长。欧盟僵死的财政纪律，它不以增长和就业为第一目标，而以财政纪律为标准，不惜牺牲增长，失业高企。其主要推手是德国，应该说，德国和欧盟的财政纪律是拖累欧元区乃至世界增长的重要因素。这个财政纪律的基本依据《马斯特里赫特条约》仅在法国公投以 51.1% 的极微弱优势多数通过，在丹麦首次公投被否决，仅在爱尔兰得到较大支持，此外再无国家进行公投。《欧盟宪法》在法国和荷兰公投均被否决。《里斯本条约》也仅在爱尔兰举行公投，且第一次被否决。所以，欧盟的财政纪律不代表欧盟大多数民众的意见，也未必反映欧盟特别是欧元区多数国家的根本经济利益。而 G20 对此没有办法，G20 布里斯班峰会领导人宣言中，只是小心翼翼地隔靴搔痒，非常委婉地提出货币和财政政策的"灵活性"，考虑到近期经济状况，以支持增长和就业。可见 G20 的地位是何等之低！

希腊如果没有欧元的约束，完全可以自己发行债券，及时对外还债。2014 年，希腊公共债务占 GDP 比重达到 177.1%，远低于日本（245%）。为什么日本没有危机呢？因为它有自己的货币，有发行国债的自主权。希腊两者都没有。债务高企固然是希腊的问题，但机制的僵死则是欧元区的问题。

希腊债务危机发展到今天的地步，全球金融治理不彻底也是个重要原因。首先，高盛集团做的金融衍生品掩盖了希腊公共债务的真相。第二，以营利为目的的三大评级机构直接导致了希腊融资成本的飙升。

在希腊债务危机问题上，G20 迄今可以说是毫无用处。完全是国际货币基金组织、欧盟、欧洲央行和德国在那里说了算。可以解释说，G20 考虑的是全球问题，希腊毕竟太小了。但 G20 机制的产生恰恰来自美国次贷危机。难道那也是全球问题？结论是，G20 全球治理能力已远不如昔。

欧盟和欧元区已经无法从根本上解决希腊债务危机，也未能实现欧元的有力复苏。为了避免今后还可能发生的希腊债务危机对世界金融市场的冲击，避免欧元区对全球经济增长出现新的拖累，G20 应当有所作为。帮助欧盟和欧元区考虑新的思路。

（一）解决希腊债务危机的新思路

第一，明确原则，解决债务问题的前提是经济增长，而不是萎缩。希腊宣布国家暂时破产保护，G20 和三驾马车债权人予以承认，实行债务重组和展期。

第二，以增长为基本保障。推动 G20 官方和私人对希腊投资，以恢复增长。

第三，希腊在保障基本民生的前提下，主动还债。为此可以发行主权债，欧盟予以认可或授权，并确定数额。

（二）推动欧元区经济强劲增长的新思路

暂时冻结欧盟财政纪律。把增长放在第一优先，在增长中逐步实现财政平衡。美国是一个成功例子。2010 财政年度，联邦财政赤字曾超过 GDP10%。奥巴马政府并没有削减民生和社保开支，也没有增税，而是着力推动经济增长。结果，2014 财政年度财政赤字占 GDP 比重降到了 3% 以下。德国自己也不例外，2004年、2005 年和 2009 年财政赤字占 GDP 比重分别达到 3.7%、3.3% 和 4.1%。那是因为那几年人均 GDP 增长率分别只有 1.2%、0.8% 和 -5.4%。2010 年经济强劲增长 4.2%，财政赤字比重则相应地下降到 0.9%。

西班牙在 2004~2007 年，即全球金融危机爆发前，财政连年盈余，原因是经济稳定增长。2008 年和 2009 年 GDP 分别下降了 0.5% 和 4.4%，赤字比骤然升至9.4%。

欧元区占全球经济总量约六分之一。G20 应该要求欧盟，作为其一个成员，并要求欧元区成员国（德国、法国、意大利及永久嘉宾国西班牙）把 2016 年增长率提高到 2% 以上，力争 2018 年达到 2.8%，作为对全球增长率提高 2 个百分点应承担的量化责任。如果增长率达到 2.8%，可为全球增长贡献 0.45 个百分点。

二、联手推动全球投资高潮的到来

世界经济复苏乏力的基本原因，是相当大推动因素仍然来自宽松的货币政策，而不是强劲的、大规模的固定资产投资。

据联合国贸发会议《2015 年世界投资报告》统计，2014 年，全球固定资本形成额仅比 2013 年微增 2.9%，2015 年和 2016 年估计也分别仅增 3.0% 和 4.7%。据欧盟统计局数字，欧元区 2014 年公共投资占 GDP 比重仅为 3.3%，比全球金融危机前的 2007 年低 0.7 个百分点。又据《2015 年世界投资报告》，2014 年全球跨境投资为 1.23 万亿美元，虽比 2013 年增加 400 亿美元，但仍然大大低于金融危机爆发的 2008 年的 1.49 万亿美元。其中流入发达国家的投资剧降 28%，流入发展中国家则微增 2%。

根据历史经验，固定资本形成额的增值率应当不低于同期 GDP 增值率的两倍，才能使经济保持较强劲增长。目前投资增值水平远不足推动经济走向高涨。因此，大规模投资是确保全面增长目标实现的一个主要引擎。

基础设施是固定资产投资极为重要的一方面。G20 对此已有共识。布里斯班峰会确定成立基础设施投资中心（infrastructure investment hub），设在悉尼。但在 G20 多数国家大规模基础设施投资尚未到来。

推动大规模基础设施投资需要非常广泛的国际协调和联合中国的"一带一路"倡议与设立的丝路基金、中国主导成立的亚洲基础设施投资银行及金砖国家成立的新开发银行，它们将有力地推动亚洲和"一带一路"沿线国家的基础设施投资。G20 应充分肯定这一首创实践，并推动在拉丁美洲、非洲、欧洲和北美同步推进形式灵活的各类区域、次区域和双边基础设施投资合作。

G20 应同各成员国政府协商并达成共识，即成员国政府有责任，也允许拿出相当于 GDP 0.25%~0.5% 的基础设施投资专项基金，直接用于扩大基础设施投资，作为 PPP 的种子资金，或用于基础设施投资所需要的就业。这一比例不应计入预算赤字不得超过 GDP3% 的限度。

在基础设施投资中心建设的同时，还应建立基础设施投资全球网络，在信息沟通的基础上，重点协调相关国家和区域的基础设施投资项目，帮助寻找合适投资人，并协调跨国投资项目的体制连通。

设备更新和新技术投资是固定资产投资的另一个极其重要的方面，并且是经济从复苏走向高涨的起点。G20 应成立创新与投资行动小组，为全球工业、技术发展趋势，全球价值链的变化提供分析、预测和行动建议，并为各成员国政府制定生产与技术投资提供咨询，介绍潜在战略投资伙伴。中国的"一带一路"倡议着眼于在沿线的 65 个国家和地区逐步建立跨境产业园，包括相互在对方国家投资建立产业园，如马来西亚关丹和中国防城港的姊妹产业园。欧盟也设立了 3 150 亿欧元的投资基金。G20 应与联合国工业发展组织（简称工发组织）等机构合作，成立世界投资促进平台，为各类跨境投资提供信息、咨询和融资帮助。

G20 应积极倡导相互投资，即互建产业园。还应积极倡导第三方市场的投资合作，即拥有资金的国家和拥有技术的国家，联合在需要投资的第三国投资。

G20 各国力争在两年内，把投资占 GDP 比重提高 2 个百分点，以支撑综合增长战略。

三、双轨推进贸易便利化

全面增长战略的另一个主要引擎是贸易便利化。2013 年 12 月 WTO 第九次部长级会议达成了贸易便利化的巴厘一揽子协定。但迄今尚未得到三分之二成员议会的批准，因此尚未启动。

贸易便利化实现与否，对世界经济增长关系极大。据联合国贸发会议研究表明，海关清关涉及 20~30 个不同方面的大约 40 个文件，200 项数据，其中 30 项数据至少重复 30 次。如果贸易商品流途径的海关单证和程序实现和谐一致，海关程序透明简便（货物抵达前清关），进口成本可以降低 1%~2%。WTO 关于全球价值链的报告显示，物流成本降低 5%，贸易额可以增加 25%~30%；出口耽误一天，出口额减少 1%。亚洲太平洋经济合作组织（Asia-Pacific Economic Cooperation，APEC，简称亚太经合组织）的研究报告表明，其成员间跨境物流效率如提高 10%，可额外增加 GDP210 亿美元。WTO 的报告则显示，如果巴厘一揽子协定全部实施，可以额外增加收益 1 万亿美元，相当于全球 GDP 增加 1.3%。

因此，20 国领导人在 2015 年土耳其峰会上必须再一次做出一致的政治决定，促使批准数迅速达标，从而立刻启动巴厘一揽子协定。

在全力推动巴厘一揽子协定启动的同时，还应当用第二轨，即 G20 成员之间及成员与 G20 以外经济体之间，主动推进和实施各类贸易便利措施。中国倡议的"一带一路"，已经着手通过双边或次区域协商，实现通关和其他方面的贸易便利化。

全球各类区域、次区域和双边自贸协定安排（自由贸易协定 Free Trade Agreements，FTAs；区域贸易协定，Regional Trade Agreements，RTAs）如雨后春笋。WTO 公布，截至 2015 年 1 月 12 日，向其通报的各类 FTAs 和 RTAs 共604 个，其中 298 个已经实施。在贸易体制碎片化的过程中，G20 应努力达成共识，即涉及贸易便利化，各类 FTAs 和 RTAs 成员方应当部分地相互适用，从而最大限度地打通全球范围的贸易便利化。

2015 年 G20 土耳其峰会应当把尽快完成巴厘一揽子协定批准程序和主动实施与协调贸易便利化写入领导人宣言。并应当通过《贸易便利化行动计划》，成立专门的贸易 20（Trade 20，T20），支持和配合 WTO，全面推进贸易便利化进程，为综合增长计划的实现提供又一个强大而持久的引擎。

关于中国在未来 G20 机制内作用的几点建议[①]

一、G20 在未来中国参与全球治理整个战略中的定位

G20 无疑将是中国参与全球治理，提升中国国际地位和影响力的重要平台。但由于它仍然基本上被发达大国掌控，并与其他多边体制的重叠等基本局限性，G20 只是中国参与全球治理的重要平台之一。在积极参与 G20 机制的同时，仍然必须把基点放在联合国、国际货币基金组织、WTO、APEC 等多边、区域机制内，并以双边外交和双边经贸关系为基础。

二、中国应积极在 G20 框架内提升自己的地位和影响力

（一）力争 2016 年主办 G20 峰会，主导议题和重点，并力求启动若干行动计划

主办这次峰会，中国将不仅代表新兴经济体的利益，而且代表 G20 的整体利益，主导处理世界经济全局的大问题。

（二）在现有 G20 各大议题范围内，中国可侧重发挥增长与就业这一优势

这将是 2014 年布里斯班（澳大利亚）峰会主题的延续，也是 2014 年 2 月 23 日 G20 财长和央行行长会议关于力争 5 年内把世界经济增长率提高 2 个百分点，创造 2 万亿美元新增产值和大量就业这一期望下，中国有所作为的重大机遇。中国经济在 2020 年前将保持 7% 以上的年度增速，2013 年中国 GDP 已折合 9 万亿美元以上，占世界总量约 12%。2014 年可能超过 10 万亿美元，到 2016 年如果中国主办 G20 峰会，中国届时经济总量将占世界七分之一左右，即中国增长 7%，为整个世界经济增长贡献 1 个百分点。且中国商品进口每年按 7% 增长，为世界贡献 1 500 亿美元新增市场。境外投资届时可以达到 1 000 亿美元，为东道国创造数万个就业岗位和可观的税收。

主办 2016 年 G20 峰会及系列会议，中国应当针对当前世界经济复苏乏力的基本脉络，汇集世界各国专家，缜密研究恢复世界经济强劲、可持续与平衡增长的基本路径和国际合作的主要可行方案。在此伞形主张下，提出金融、投资、创

[①] 人大重阳系列建议报告之一，2014 年 6 月 20 日。

新、国际合作、发展援助等一系列子方案和行动计划（action plan）。为了实现这些行动计划，设立若干行动中心（action center）。为此，中国应主动多做贡献，力争顺其自然地把若干中心常设在中国。

（三）侧重贸易与投资自由化这一议题

中国着重主导维护 WTO 机制和多哈回合谈判，倡导现行各类区域性自贸安排相互包容和整合。这样既符合广大发展中国家利益，也可以争取参与规则制定的过程。

三、在 G20 框架内进一步凝聚新兴经济体的力量和诉求

目前西方七国仍然在相关多边场合协调内部立场，形成一个更大的拳头。金砖国家虽然也形成了 G20 机制内的相对组合，但力度不如 G7。比较可行的是迅速推进金砖国家开发银行和外汇储备安排，同时适当扩大到包括墨西哥、土耳其和印度尼西亚三国，形成另一种 G8。

四、G20 的直接作用在推动国际金融体制改革、国际货币体系的改革和金融监管改革

在国际金融体制改革、国际货币体系的改革和金融监管改革这三方面，中国没有处于有利地位，话语权仍然被发达经济体控制。国际货币基金组织的份额改革和投票权改革应当继续支持和推动，但不应是重点。因为中国等新兴经济体虽然增加了份额，美国却毫发未损，仍然掌握着实际上的否决权。所让渡的是欧洲的份额和权重，而欧洲国家特别是法德的主张与中国更加接近。需要认真研究的是，由于 G20 和美国政府无法有效监控华尔街，新的金融危机爆发的可能性无法排除，而且有一些专家预测可能在 21 世纪 20 年代晚些时候发生。为了应对这一可能性，更强有力地推进改革，今后宜适当调整为多与欧盟协商改革方案，重点放在推动储备货币多极化、人民币国际化和人民币进入国际货币基金特别提款权。同时如前所述，建立新兴 8 国的外汇储备安排。

提高中国在国际金融体制改革中的话语权和主导权的重点不在国际货币基金组织投票权的改革，而在于主动参与制定规制金融市场、防止金融衍生品泛滥和杠杆化重新上升。中国应认真总结全球金融危机以来，乃至过去 20 年来危机

走势的带有规律性的轨迹，在 2016 年峰会前主动提出既有水平又符合各国包括发达国家和发展中国家基本利益的长效治理主张和实施方案，即主动参与规则的制定。

五、努力推动 G20 减少集中议题，其重点应是应对气候变化和绿色经济

中国在这方面有很大的成就和话语权。在这一问题上，应邀请大量发展中国家和岛国参加。

六、体制性安排

如前所述，争取在中国建立 G20 若干行动中心，侧重取得实效。根据中国优势，可以考虑投资促进中心、绿色经济创业中心等。从而把 G20 机制落地，取得实实在在的成果。

G20 杭州峰会能否维护布里斯班目标？ ①

G20 是在世界经济即将结束金融危机后表现最差一年的背景下进入杭州时间的。

一、世界经济正在进一步偏离布里斯班目标

2014 年 11 月举行的布里斯班峰会确定了雄心勃勃的增长战略和行动计划，通称布里斯班目标，即到 2018 年的五年内把世界 GDP 增长率提高 2.1 个百分点。实际上，这个倡议是 2014 年 2 月 20~21 日，即差不多两年前在悉尼举行的 G20 财长和央行行长会议上发出的。为此，G20 成员国政府总共提交了差不多 1 000 项措施。

而后 2013 年，世界 GDP 增长率只有 3.3%，而 2007 年即金融危机前是 5.7%。要达到布里斯班目标，增长率应在 5% 以上。

---

① G20 杭州峰会智库 20 启动论坛，2015 年 12 月 14 日。

根据多伦多大学 G7 和 G20 研究中心的估计，布里斯班峰会承诺的执行率高于以前的峰会，但 2014 年世界经济增长率仍然是 3.3%，同 2013 年没有变化。

2014 年，当 G20 审议布里斯班目标时，世界经济实际上在进一步放慢。

根据国际货币基金组织 2015 年 10 月发布的最新《世界经济展望》报告，2015 年世界 GDP 增长率将只有 3.1%，比 2014 年低 0.2 个百分点。虽然安塔利亚峰会重申了布里斯班目标，但世界经济实际上却在进一步偏离它。

国际货币基金组织的最新《世界经济展望》报告预计 2016 年前景改善，估计增长率可达 3.6%，比 2015 年提高 0.5 个百分点。然而，它在 2015 年 1 月的《世界经济展望》报告中也曾预测 2015 年增长率可达 3.8%，然后在 4 月、7 月和 10 月发布每次最新版报告中不断下调。过去四年来，国际货币基金组织对世界 GDP 增长率的每年最初预测，都比后来实际增长率平均高 1 个百分点。

国际货币基金组织 2015 年 10 月的《世界经济展望》报告为今后五年世界经济增值描绘了一个冷峻的图景。

表 1-3 中数据显示，到 2020 年，世界经济增长率才能提高 0.4 个百分点，只比 2013 年即布里斯班目标的基数高 0.7 个百分点，大大低于金融危机前 2007 年的水平（5.7%）。

表 1-3　世界 GDP 增长率

年份	2013	2014	2015	2016	2020	2007	1997~2006 年平均增长率
世界	3.3	3.3	3.1	3.6	4.0	5.7	4.0
发达经济体			1.8	2.0	1.9	3.1	2.8
美国		2.4	2.6	2.8	2.0	2.5	3.3
欧元区		0.9	1.5	1.6	1.6	2.0	2.3
德国		1.6	1.5	1.6	1.3	3.4	1.5
法国		0.2	1.2	1.5	1.9	2.4	2.4
意大利		−0.4	0.8	1.3	1.0	1.5	1.5
西班牙		1.4	3.1	2.5	1.8	3.8	3.9
新兴/发展中经济体		4.6	4.0	4.5	5.3	7.5	5.4
亚洲发展中国家			6.5	6.4	6.5	11.2	7.1
中国			6.8	6.3	6.3	14.2	9.4
印度			7.3	7.5	7.7	9.8	7.7
俄罗斯		0.6	−3.8	−0.6	1.5	8.5	5.0
拉丁美洲/加勒比		−0.3	0.8	2.8	5.7	3.1	
燃料出口国			0.1	2.2	3.5		
其他初级产品出口国			2.2	2.1	3.3		

资料来源：国际货币基金组织. 世界经济展望，2015

2016 年以后，发达经济体增长不会加速，2020 年只能达到 1.9%，比 2016 年还低 0.1 个百分点。美国经济增长率也将从 2016 年的 2.8% 降至 2.0%。欧元区到 2020 年只能把增长率保持在 1.6%，比 2014 年高 0.7 个百分点。美欧均将低于金融危机前水平（2007 年分别是 2.5% 和 2.0%）。

新兴和发展中经济体尚可加速增长。2015 年将是最困难的一年，特别是原油和大宗商品出口国受到重创。明年增长率将勉强同 2014 年持平，到 2020 年略加快到 5.7%。

迄今为止，没有任何前景表明可以到 2018 年把增长率提高 2.1 个百分点，达到 5.0% 以上。

2016 年 9 月 G20 杭州峰会举行时，将恰好是达到布里斯班目标五年期限的一半。如果届时世界经济实际增长率无法超过 4.0%，G20 领导人怎么办？放弃这一目标？看来不可能。维持这一目标？当然应该。但问题是：能做到吗？如果能，如何做到？

二、包容性增长行动刻不容缓

为了维护加快增长 2.1 个百分点的目标，G20 应当马上开始更新增长战略和行动。在 G20 财长和央行行长会议前，智库 20 应当不失时机地拟定切实的建议。

增长战略的更新应基于世界经济各个组别的不同具体问题。美国缺乏可持续增长的潜力，原因在于实体经济偏弱。关注点应放在基础设施和技术创新投资。欧元区的增长主要靠超宽松货币政策、油价低廉和欧元下跌拉动，而不是强劲的实际市场需求。欧元区国家普遍受到公共赤字和财政不平衡困扰，唯德国是例外。然而，这些政府支持经济增长的努力受到过时的财政纪律的限制，德国经济则在很大程度上依赖出口。关注点应放在支持增长的政策和财政灵活性上。

新兴和发展中经济体各自差异甚大。中国需要实行经济结构调整和升级。原油和大宗商品出口国则需要一个稳定的市场。巴西是个特例，需要对经济结构、政府治理和劳动力市场进行大刀阔斧的改革。其他大多数经济体需要进行大规模的基础设施投资和工业化投资，但对美元升值和反复无常的跨境资本流动的承受力也十分脆弱。

因此，增长战略和行动的更新应当基于包容性增长，即所有经济体的增长，但路径各异。

（一）包容性创新—投资驱动

当前世界经济复苏乏力可以归因于大规模投资的不足，包括基础设施投资和设备投资，以及应对气候变化的投资。G20 在推动全球基础设施投资上是部分成功的，但在推动后两者上远远不足。建议 G20 财长和多边机构共同发起能够立即推动经济增长的若干重大基础设施项目，并建议为此成立专门班子，动员一切可以动员的资源。这个专门班子应当在广泛研究和与 G20 政府广泛商讨的基础上，确定重大基础设施项目，并帮助寻找资源，进行可行性研究和拟订财务计划。

G20 政府和商业 20 应当合作，刺激创新和设备投资。由于大规模设备投资通常标志着新的经济高涨的起点，应当努力鼓励各国投资各类工业投资和建设产业园，并鼓励在这方面进行双边或区域性合作。

发展替代能源和环境友好型技术及产业，应是 G20 所有成员的最优先政策，同时是在有力地实施巴黎联合国气候大会的成果。

（二）世界货币金融市场的稳定对推动世界增长至关重要

由于美国和欧元区、日本奉行完全不同的货币政策，美联储已确定要加息，欧洲央行则在加码量宽，并进一步减息，美元的强势和资本流动已经并将继续导致新兴和发展中国家货币贬值和大规模资本外流。近来事态表明，美联储举动对世界经济的最大溢出效应是它的不确定性。建议美联储，一旦开始加息，就清晰地宣布它的时间表，行动透明、可预测、可测算。这样，新兴和发展中经济体政府将有时间采取相关政策，资本市场反应和资本流动则不会那样剧烈。最终这些货币可以设法对美元保持某种程度的稳定。

（三）G20 领导人应共同努力稳定世界原油市场

纽约期货市场油价和布伦特油价均已跌至 30 美元区间，且无止跌迹象。美国、沙特阿拉伯和俄罗斯这些世界最大的油气生产国都是 G20 成员。它们应当坐到一起，共同制订一个适度的减产和补偿计划，并争取到 G20 所有成员的支持，G20 还应同石油输出国组织协商，采取协同行动。

世界原油市场的稳定还有赖于另外两个关键因素。

第一个因素是美元的稳定。由于世界原油是以美元计价，G20 应努力帮助稳定世界货币市场和美元汇价，这必将有助于原油市场的稳定。

第二个因素是遏制原油期货投机。世界原油价格主要由期货交易确定。最近对冲基金和其他投资者大规模做空，助长了世界油价的自由落体式下跌，期货交易的管理必须强化。G20 领导人和财长应鼓励期货交易管理当局采取新的规章，通过大大提高头寸，抑或必要时禁止做空，来抑制投机。

（四）G20 领导人和部长们应同大宗商品出口国，尤其是其中的低收入国家商谈，如何采取共同行动稳定市场主要大宗商品价格

G20 应考虑必要的缓冲库存建设，还应增加对严重依赖大宗商品出口的国家的投资，帮助其国内加工和工业化，降低对世界市场波动反应的脆弱性，并促进其经济增长。

三、中国应关注关键行动

为了维护布里斯班目标，中国应在澳大利亚和土耳其所做的出色工作基础上，采取一种不同的方式。

没有必要再要求 G20 各成员国政府追加上报促进增长的措施，因为 G20 不缺措施，缺的是关键行动。

首先，二十国财长和央行行长在 2016 年 2 月的会议上应回顾 2015 年下半年各自经济表现，并聚焦到能够促进增长的最有效的那些措施上。G20 所有成员政府均应一致赞同对紧缩措施采取克制，并对 2016 年增长前景做出预测。

其次，同一会议还应制定一个日程表，共同努力稳定世界货币和原油市场。

最后，成立专门班子，或实行专项磋商，处理阻碍增长的关键问题。中国作为 G20 2016 年的东道国，应当同国际货币基金组织、世界银行和经合组织定期就经济形势评估举行定期头脑风暴，提出当下行动建议。智库 20 和商业 20 在其中也应起到关键作用。

欧债危机形势和对中国经济的影响[1]

6 月 28~29 日欧盟峰会朝向缓和欧债危机迈出了一大步。希腊、西班牙债务违约暂时可以避免，欧元区的威胁也暂时消退。但最近坏消息又接连传来，国际货币基金组织不满意希腊的改革力度，扬言停止救援，德国议会迟迟不批准欧洲稳定机制直接救援银行的计划。穆迪 24 日将德荷卢信用评级展望降为负面，引

---

① 在中国国际贸易学会欧债危机问题专家研讨会上的发言，2012 年 7 月 25 日。

起当日西班牙、意大利债券利率疯长，10 年期分别达到 7.436% 和 6.41% 高点。欧洲三大股票价格指数应声大跌，尤其银行股票深受打击。受此影响，5 月初以来欧元对美元、日元、人民币汇率大跌，世界经济前景蒙上新的阴影。

一、欧元区经济负增长难以避免

作为经济运行重要指标的采购经理人指数，欧元区已连续 11 个月下降。6 月降到 45.0（50.0 以下为收缩）。经济最好的德国，6 月该指数也降到三年来新低。国际货币基金组织于 7 月 16 日发布的《世界经济展望》报告预测，2012 年欧元区经济将负增长 0.3%，2013 年勉强增长 0.7%（比 4 月发布的预测调低了 0.1 个百分点）。其中德国增长 1.0%，法国增长 0.3%，意大利、西班牙分别下降 1.9% 和 1.5%。最近这次欧盟峰会通过了 1 200 亿欧元的经济刺激计划，与压缩财政赤字的紧缩计划并行。但其效果至少要到四季度才能体现。

欧债危机拖累了美国。6 月美国工业生产出现 2009 年 7 月以来首次收缩（采购经理人指数跌至 50.0 以下，为 49.7），出口订单出现"9·11"事件以来最大降幅。

二、欧债危机和欧元区经济的症结和前景

欧债危机还会出现反复，但总体被夸大了。即便根据目前欧元区主权债务危机的所有坏消息，欧元区也不足以解体。

欧债危机的根源不能简单地归结为希腊、西班牙、意大利等国的过度福利。它的主要根源是美国次贷危机引起的全球金融危机。实际上，金融危机前 8 年，希腊和西班牙经济增长率平均都超过 3%，最高达到 5% 以上，远远超过德国和法国。希腊财政赤字达到 6%，而西班牙则连年盈余。问题恶化完全始于 2008 年美国次贷危机。而希腊在财政赤字连年超标的情况下加入欧元区，乃至"污染"整个欧元区，高盛集团不负责任的报告起了很大作用。

人为恶化欧债危机的是三大信用评级机构。这些机构在美国次贷危机前扮演了"乌鸦嘴"角色，并从中捞取好处。2011 年 8 月 5 日下调美国主权信用评级，被嘲讽为"比雷曼兄弟的信用还差"，在欧债危机期间屡屡火上浇油。但凡将南欧国家主权信用降级，他们的政府债券利率必然上涨，超过 7% 则必须要求欧元区救助，于是缺口越滚越大。

欧债危机迟迟得不到缓解的一个重要原因则是德国片面的紧缩要求。它把财政赤字迅速恢复到占 GDP 3%以下作为主权债务是否脱离危机的主要指标，不惜要求希腊、西班牙等国牺牲经济增长和人民福利达到这一目标，并要求整个欧元区实行集中的财政纪律权力，这种做法不适合南欧国家。实际上，赤字的减少与经济增长的因果关系中，增长是主要的。德国自己在 2002~2005 年和 2009~2010 年财政赤字都超标，原因是经济不景。2010~2011 年经济较快增长后，赤字下降到 GDP 1.0%。所以，债务危机的有效解决只能靠经济增长。美国财政赤字占 GDP 比重，2009 年超过 10%，2013 年也将超过 8%，都比西班牙、意大利高。公共债务占 GDP 比重已经超过 100%，日本更超过 200%，它们都没有实行紧缩政策，相反，是通过经济增长来解决。这次欧盟峰会推出刺激增长方案后，希腊估计，GDP 每增长 1 个百分点，财政赤字就可减少 10 亿欧元。欧盟峰会决定用欧洲稳定机制直接注资银行，部分减轻了政府财政救助银行的负担。所以，欧盟峰会的上述两大计划能否得到有效落实，至关重要。如果顺利落实，欧元区经济有望在 2012 年年底或 2013 年年初恢复增长，欧债危机大势也可以基本稳住。如果这种增长能够持续，欧债危机大体到 2015 年可以基本改观。

三、对中国经济的影响和对策

欧债危机直接拖累了中国。2012 年上半年对欧盟出口负增长 0.8%，至少使出口总额少增长 2 个百分点，影响 GDP 增长约 0.2 个百分点。欧盟自 2004 年以来一直是中国最大出口市场，2012 年上半年已被美国取代。5 月对欧盟出口有所反弹，但 6 月复降，估计下半年勉强正增长。全年微增，总体不乐观。

但也要具体分析，发现亮点。与 2009 年金融危机不同的是，2009 年中国对全球和对欧盟出口基本同步减少，分别下降 16.0%和 19.4%。其中对德国、法国两国出口减幅低于对全球出口减幅，分别为减少 15.7%和 7.9%。这次则相反，对全球出口增长 9.2%，对欧盟出口负增长。其中德国、法国两国市场尤其不好，对德国出口同比下降 3.9%，对法国下降 5.3%。而上次表现不好的英国、荷兰两国则反过来，对英国出口同比增长 11.8%，对荷兰增长 7.8%。英国、荷兰两国市场合计 496.02 亿美元，超过了德国、法国合计的 475.33 亿美元。因此，对英国、荷兰两国出口应尽量争取保持增长势头，并努力改善对德国、法国出口。

欧债危机对中国利用外资的影响则略轻。2012 年上半年，中国实际利用外资合计 590.89 亿美元，同比减少 3%。但来自欧盟的投资则略增 1.56%（金额 35.18 亿美元），这与出口的对比恰好相反。

29

根据这一形势，中国下半年除了积极争取稳定对欧盟出口和吸引欧盟投资外，还应进一步抓好两个重点。

一是积极从欧盟引进中国需要的先进适用技术和品牌设计师。欧盟不仅在可替代能源、汽车、电子、柔性加工、医疗机械、精细化工、环境、现代农业和生物技术上居于世界领先地位，而且拥有一大批杰出的品牌设计师。在当前经济不景气和欧洲本土市场需求不振的环境下，以较低成本引进的机会较多，而这些非常适合中国需要。要克服欧洲经济已经衰落，正沦为"主题公园"，从而重美日、轻欧洲的片面认识。恰好相反的是，欧洲在第三次工业革命中走在美国前面，科学地利用这一机会，对中国转变发展方式，抓住第三次工业革命历史机遇有重大意义。

二是积极推动对欧洲实体经济投资。在当前经济环境下，欧盟很多有优秀技术的中小企业缺乏资金。中国应当广泛收集这些信息，抓住适合中国企业的机会。近年来，中国对欧盟的直接投资出现"井喷"势头。2010年，中国企业对欧洲非金融类直接投资达到67.6亿美元，比2009年翻了一番。2011年初步估计在67亿~80亿美元。2012年很可能创造新纪录。早在2012年2月2日，三一重工宣布收购德国混凝土搅拌机领域领先的企业普茨迈斯特，斥资5亿欧元。中投入股英国泰晤士水务。山东重工收购意大利豪华邮轮费雷蒂70%股份。三峡集团出资27亿欧元，收购葡萄牙能源公司21.35%的股份。最近在德国巴特洪堡举行的中德企业对接会上，中德企业达成了收购德国AT纺织品公司、参股建设游船码头等项目意向。应当注意的是，中国的主要方向应是实体经济，进行产业运营，不提倡"抄底"的资本运营甚至投机。这里有几个关键：第一，一定能够确保符合中国企业自身发展需要，而不是为投资而投资。第二，需要对当地市场、投资对象和企业进行彻底、详尽的调查，请专业机构进行市场可行性和技术可行性分析。第三，要同当地政府紧密合作。项目的投资和今后的运营，一定要符合当地需要，特别是能够保住甚至增加就业的税收。第四，一定确保不侵犯知识产权。只要中国冷静而科学地分析形势，科学应对，就有可能在欧债危机的不利环境下争取新的机遇，实现新的、更高水平的发展。

第二章

自由贸易体制碎片化：中国做什么？

APEC 北京峰会应努力主导亚太自贸区进程①

APEC 2014 年峰会于 11 月在北京举行。作为 2014 年东道国，中国已经并将继续承办 APEC 所有相关会议，包括贸易、能源、工业部长会议，高官会议，类别纷繁的相关各类专家会、研讨会。这是 2001 年上海承办 APEC 峰会 13 年后中国再次承办。2014 年 APEC 峰会是在全球经济复苏艰难脆弱，G20 财长会议提出 5 年内将经济增长速度提高 2 个百分点这一宏大而困难的形势下召开的，它将承续过去 20 年来 APEC 各成员经济体合力推进区域经济一体化的所有努力成果，力争为如期建成亚太自贸区和实现茂物目标做出显著贡献，并成为一个历史节点。

APEC 的 21 个经济体（西太平洋的中国、中国香港、中国台北、俄罗斯、日本、韩国、菲律宾、新加坡、马来西亚、泰国、越南、印度尼西亚、文莱、巴布亚新几内亚，东太平洋的美国、加拿大、墨西哥、智利、秘鲁，南太平洋的澳大利亚、新西兰）在世界经济贸易中占有极其重要的地位。2013 年，其 GDP 合计 42.5 万亿美元，占全球 GDP74.9 万亿美元的 56.8%。2013 年，中国与其他 20 个经济体贸易总额合计 2.5 万亿美元，占中国全球贸易的 60%；对其直接投资占同年中国对外直接投资流量的 68%。中国最大 10 个贸易伙伴中，8 个在 APEC。中国目前进行的主要自贸协定谈判包括 RCEP，中国-东盟，中日韩、中韩、中澳、中美，对方均属 APEC 成员。因此，中国承办 APEC 峰会及相关系列会议，是中国开展对 APEC 其他成员经济体外交和经贸合作，并从而开展对全球经济合作的极其重要的舞台。但承办的意义超越了东道国对外合作的范畴，是代表整个 APEC 的利益，尽一切努力推动 APEC 事业。这是中国作为负责任的大国，推动跨太平洋和全球经济贸易合作的重要历史机遇。

一、对 2014 年 APEC 峰会的主要期待

2014 年 APEC 峰会的优先议题包括：第一，增长和就业，即确保其成员经济强劲、可持续和平衡的增长，创造更多就业，并为世界经济复苏和增长做出重大

---

① 何伟文. 亚太自贸区的挑战. 中国投资，2014，（11）：38-44.

贡献。第二，推动 APEC 区域经济一体化（regional economic integration，REI）和互联互通（connectivity）。这里又包括物质（physical）、体制（institutional）和人文（people-to-people）。在物质方面，提出了基础设施互联互通的多年计划。第三，与前两者并行，继续大力推动贸易与投资自由化和便利化，朝向建成涵盖所有 21 个成员经济体的亚太自贸区进行不懈努力，确保到 2020 年实现区内贸易与投资自由化的茂物目标。所有这三点，特别是第二点、第三点，在 2013 年巴厘峰会的领导人声明都做出了非常清晰的表述，提出了十分具体的要求。2014年峰会前的各类部长会议和高官会议，都是落实 2013 年峰会的成果。接着在 2014年 11 月峰会上审议这些成果，并提出进一步推进的具体方向和任务。2014 年峰会前能否拿出一系列有实际意义的行动计划，峰会能否达成更高水平的一致，将对今后 APEC 事业产生重大影响。

（一）增长和就业

APEC2014 年峰会面临严峻的世界经济环境。2014 年 2 月 23 日，在悉尼举行的 G20 财长和央行行长会议提出了 5 年内使世界经济增长比现行政策显示的增速提高 2 个百分点，即多增长 2 万亿美元的目标，并要求各成员方在 11 月 15 日布里斯班峰会前提交自己的计划。但就在这次会议后不久，世界经济整体继续放慢。7 月 24 日，国际货币基金组织发布的《世界经济展望》将 2014 年世界 GDP增速比 4 月展望下调了 0.3 个百分点，为 3.4%，仅略高于 2013 年的 3.2%（金融危机后增长最慢的一年）。其中 APEC 不少成员也不乐观，如表 2-1 所示。

表 2-1　2012~2015 年 APEC 成员 GDP 增长情况（单位：%）

年份	2012	2013	2014	2015
世界	3.5	3.2	3.4	4.0
发达经济体	1.4	1.3	1.8	2.4
美国	2.8	1.9	1.7	3.0
欧元区	−0.7	−0.4	1.1	1.5
德国	0.9	0.5	1.9	1.7
法国	0.3	0.3	0.7	1.4
日本	1.4	1.5	1.6	1.1
其他发达经济体	2.0	2.3	3.0	3.2
俄罗斯	3.2	1.3	0.2	1.0
中国	7.7	7.7	7.4	7.1
印度	4.7	5.0	5.4	6.4
东盟五国	6.2	5.2	4.6	5.6
墨西哥	4.0	1.1	2.4	3.5

资料来源：国际货币基金组织. 世界经济展望，2014

报告发表后不久的 2014 年 8 月中旬，欧元区公布的第二季度数字大大低于预期。德国、意大利负增长，法国零增长。有专家估计，不排除德国第三季度继续负增长，从而出现衰退的可能。法国则除消费外，其他动力全部熄火，因此表2-1中对 2014 年的估计恐难达到。欧元区经济低迷将严重拖累世界经济，包括 APEC 经济，而且这一情况目前看不到好转的迹象。一个重大痼疾是欧元区本身过时的财政纪律，在经济极为困难的情况下，还要求紧缩，确保财政赤字不超过 GDP 3%。8 月 26 日，时任法国经济部长蒙特布主张推动增长而不是紧缩，立刻被解职。内阁改组后是清一色的紧缩派，专家估计法国就业状况在今后几个月内将全面恶化。欧元区这一财政纪律是僵硬的，其根源在于德国不愿用自己纳税人的钱帮助那些赤字国。因此，在法国、意大利、西班牙等欧元区主要经济体自身"病去如抽丝"前，经济较快增长基本上没有多大希望。APEC 的发达经济体成员中，美国经济情况是比较好的。加拿大、澳大利亚也可以，日本情况不明朗。第二季度出现巨大下降，固然与增加消费税有关，但安倍经济学本身的作用难以持续。

在 APEC 新兴和发展中经济体成员中，中国增速适度放慢，但仍然最高；印度和老东盟保持稳健增长。但俄罗斯由于乌克兰危机面临欧美制裁，经济将严重滑坡。

在这样困难的环境下，2014 年峰会需要关注协调 21 个成员宏观经济政策，努力协同确保经济的稳定和增长。这不仅因为增长和就业是各国政府的首要责任，而且因为 APEC 雄心勃勃的区域经济一体化和投资贸易自由化的工程，只能在经济增长的环境下才能实现。同时，由于 APEC 21 个成员经济体 GDP 总量占全球 56.8%，APEC 经济的稳定增长，将对全球经济恢复强劲、可持续和平衡增长提供有力支持。

围绕经济增长，APEC 部长会、高官会和咨询会已经讨论了涵盖投资、中小企业、能源等多方面合作议题。峰会将会认可所有这些成果，并在更高层次上推进今后的合作。

（二）大规模基础设施投资和互联互通

如同世界其他地区一样，APEC 及成员经济体经济增长率要提高 2 个百分点，靠现有的财政货币政策不足以带来这点，需要另寻路径。这就是靠政府与私人部门合作，进行大规模基础设施投资，即带动产业投资，又大大降低 APEC 范围内全球供应链的通行能力和运营成本。可以说，这是推动 APEC 经济强劲、可持续和平衡增长的一个主要发动机。2013 年巴厘 APEC 峰会领导人声明通过了关于基础设施开发与投资的多年计划，并确定在印度尼西亚设立公共-私人伙伴关系的示范区。并要求加紧努力，到 2015 年实现亚太地区供应链效率提升 10% 的目标。

亚太基础设施投资，即物质方面的互联互通计划十分宏伟，包括更新亚洲、泛太平洋、跨太平洋的铁路、公路、港口网，亚太地区通信系统的现代化。一年时间很快过去了，虽然取得了一定进展，但更多还在计划和基础机制建立上。2014年峰会将回顾一年来的进展，并提出更加宏大和迫切的要求。这方面能否取得更多实质性成果，关系到对2014年峰会的历史评价。

18世纪英国工业革命，以及后来美国、德国的工业革命一再证明，大规模基础设施投资是经济持续强劲增长的基础。美国南北战争结束，全国统一市场形成后，19世纪最后30年中，美国出现了人类历史上前所未有的铁路建设高潮。30年内共建成铁路30万千米，包括若干条横贯东西大陆，联结大西洋和太平洋的铁路大动脉，有力地推动了后起的美国采用世界最新技术，并利用庞大的国内资源，迅速发展为世界头号经济大国。过去35年来中国改革开放的历史，也是大规模基础设施投资推动经济持续快速增长的历史。大规模基础设施投资往往带来一系列前沿技术的开发、应用和产业化。日本和法国60年代至70年代初快速增长的历史证明了这一点。美联储前主席格林斯潘不久前接受美国 Market Watch 采访时认为，美国经济在全球金融危机发生后迟迟未能出现强劲复苏的一个基本原因是缺乏大规模基础设施投资，而前10次衰退后都是由于大规模基础设施投资推动了强劲复苏的出现。

世界银行估计，基础设施投资每增加10%，GDP增长率可以提高1个百分点。又估计，从2011年到2030年，全球基础设施投资需要量是70万亿美元，平均每年4万亿美元，相当于2013年全球GDP（74.9万亿美元）的5.3%。APEC成员按其占世界经济总量的比重，大致匡算为每年需要投资2.3万亿美元。这么大的资金需要，从哪里找呢？亚太地区幅员辽阔，21个成员经济体发展水平和物质环境差异极大。如何满足不同地区的不同需要，又适应跨国别、跨地区的基础设施项目的共同需要呢？2014年峰会需要在这方面取得重大进展。

APEC不应重复世界现有各类多边、区域、跨区域、次区域及双边基础设施投资机制。不但不应与世界银行，或亚洲开发银行、泛美银行重叠，也不应该撇开金砖国家成立的新开发银行及拟议中的亚洲基础设施投资银行另搞一个APEC开发银行。如果那样，不仅效率极低，而且所有这些银行的金融资源加在一起，也远远不够每年2.3万亿美元。另外，世界资本市场、各类私人银行和投资银行、各类基金等机构投资者拥有的资金来源远远超过此数。因此，2014年APEC峰会的一个重要议题，是探寻一种独特的机制和平台，整合现有所有公共与私人投资资源，暂且称为"INFRA APEC Action Plan"（APEC基础设施行动计划）。它的职责主要包括以下几方面。

第一，建立APEC范围内各经济体及跨国基础设施项目、计划，甚或规划信息总库，以及从事基础设施投资的各类投资者资源总库。

第二，不定期举办形式灵活的 PPP 项目对接平台。

第三，还可以考虑建立若干特别小组（ad hoc task force），对于有代表性或有影响力的若干基础设施项目参与规划咨询、技术可行性和经济可行性分析，在此基础上帮助整合投资资源。这样的示范总量不会很大，但示范效果非常大。同时参与规划跨国投资项目的咨询。

第四，及时总结交流亚太地区区域性、双边和国内重大基础设施投资信息和经验，如中国与泰国的高铁合作项目。

我们期望，2014 年 APEC 北京峰会能够在 2013 年峰会领导人声明的基础上再前进一大步，提出并启动更多切合实际、可行的体制性安排。

（三）全力推进下一代贸易与投资体制和亚太自贸区建设进程

1994 年在印度尼西亚茂物举行的第二届 APEC 峰会制定了到 2020 年实现 APEC 范围内贸易与投资自由化的总体目标，又称茂物目标。这是 APEC 历史上一个里程碑式的成果。20 多年来，APEC 逐渐将其发展为"无缝隙区域经济一体化"和亚太自贸区。2014 年峰会适逢茂物目标提出 20 周年，强有力地进一步凝聚共识，批准与时俱进并切实可行的行动路线图，将是本次峰会的一大亮点。

20 多年来，APEC 体制内朝向茂物目标前进，不断推进贸易与投资自由化的进程取得了很大成果。成员经济体的平均关税从 1989 年的 17% 降到 2011 年的 5.7%。2007~2010 年成功地使成员经济体之间的交易成本降低了 5%。这些，为 APEC 各成员经济体低于全球金融危机，并成为全球经济增长最快的地区做出了贡献。

2013 年巴厘 APEC 峰会通过的领导人声明重申对实现 APEC 地区亚太自贸区的承诺，并具体要求：第一，支持多哈回合，尤其是支持年底 WTO 第九届部长级会议达成贸易便利化一揽子协定。第二，承诺采取一系列行动，包括提前到 2015 年将环境产品关税降至 5% 以下，加强实施 2011 年和 2012 年峰会确定的有关下一代贸易与投资规则的若干具体实践，如创新与贸易。

2013 年 12 月 5~7 日在巴厘举行的 WTO 部长级会议成功地达成贸易便利化一揽子协定。此前的 APEC 峰会为此做出了贡献。据经合组织、WTO 和世界银行联合研究估计，如果这些措施全部实施，世界经济可增加 1 万亿美元收益，APEC 各成员经济可比 2007 年即金融危机前高点增长 2%~10%。因此，贸易自由化可称为世界经济增长的又一个主要发动机。但截至 2014 年 7 月 31 日这一最后期限，由于若干 WTO 成员政府未能批准这一协议，协议无法生效。人们极为期待的是，2014 年 APEC 峰会将继续做出坚定承诺，促成剩余批准手续的尽快完成，从而启动世界经济增长的第二个发动机。人们还期待，2014 年峰会将做出更多行动承诺，加快亚太自贸区的建设进程。

APEC 建设亚太自贸区的主要挑战来自能否包容和整合各成员经济体参与的各种碎片化的区域、诸边、双边自贸协定。其中最大的是美国主导的 TPP 和没有美国参与、东盟主导的 RCEP。亚太自贸区的基本路径是包容和整合，即首先承认所有这些谈判，并认为它们都是通向亚太自贸区的路径（pathways），其次求取其中的最大公约数。2008 年 APEC 贸易与投资委员会（Committee for Trade and Investment，CTI）草拟了亚太自贸区协定的标准式章节，把所有现行各类区域、诸边和双边协定条款反复过滤，确定这些条款的聚合点和不同点（convergence and divergence），从而提出亚太自贸区协定框架，内容包括三大方面，即贸易自由化、贸易与投资便利化，以及经济与其他相关领域的技术合作。其原则是各成员经济体自愿协商、开放渐进。近年来，APEC 及若干成员经济体为推动亚太自贸区进行了大量基础工作。2009 年，韩国提出了一份详尽的研究报告，分析和测算了亚太自贸区对所有 21 个成员经济体的利弊，并建议与经合组织、国际开发银行、联合国贸发会议、联合国亚洲及太平洋社会委员会（简称亚太经社会 U. N. Economic and Social Commission for Asia and the Pacific，ESCAP）、WTO 和亚洲开发银行进行合作。

建设亚太自贸区的呼声正在加强。2014 年 5 月初，APEC 工商咨询委员会（APEC Business Advisory Council，ABAC）在智利首都圣地亚哥举行的会议强烈呼吁如期实现茂物目标。称正是 10 年前该委员会在同一个地方举行的会议上倡导了如期实现茂物目标的行动。5 月 17~18 日在青岛举行的 APEC 贸易部长会议聚焦了这一目标，并启动了路线图研究。

但推进亚太自贸区建设不会一帆风顺，因为亚太自贸区的建设将会改变世界各地区域性、诸边和双边自贸协定谈判的格局与面貌，也会改变相应的利益格局。2014 年 APEC 北京峰会将面临复杂的局面，一方面，所有 21 个成员都会在言论上重申这一承诺，并在前期实践上有所推动，但仅限于前期。如果要再实质性地向前迈进，将会遇到较多分歧或难题。作为 APEC 中的最大经济体美国，亚太自贸区不在总统 2013 年和 2014 年贸易政策议程内。2014 年贸易政策议程优先次序依次是：完成 TPP 谈判，TTIP 谈判取得重大进展，在 WTO 贸易便利化框架下推进服务贸易谈判和信息技术谈判，推动出口，强化知识产权保护，加强贸易执法和成立贸易政策咨询委员会。可以相信，2015 年贸易政策议程仍将大同小异。美国的利益焦点是推进自己的 TPP，以此替世界制定 21 世纪国际贸易规则。另一方面，发展程度较低的成员经济体则更多地出于关税削减等早期阶段，实施下一代贸易与投资规则尚有难度。如何承认包容性、差异性，又力求整合普遍适用的亚太自贸区规则，的确是一个艰难的重大工程。我们期望 2014 年 APEC 北京峰会能在这方面体现新的智慧和协调能力，取得实质性进展。

二、东道主的大国责任和历史机遇

中国时隔十三年后再次成为 APEC 峰会及系列会议东道主，肩负着极大的历史责任，同时是一次难得的机遇。一方面，作为东道主，我们不是简单的接待站，而是站在 APEC 整体及 21 个成员的总体利益角度，力求主导 2014 年 APEC 事业的议程，使之符合 APEC 的总体利益并能够为绝大多数成员所接受；另一方面，我们应努力在上述三方面尽中国的大国责任，做出实质性的贡献。

（一）增长与就业

（1）在整个 APEC 层面，大力主张、积极推动把增长与就业作为优先议程。APEC21 个成员占全球 GDP 的 56.8%。APEC 各成员经济的稳定增长，是全球经济的最大稳定器。倡导各成员经济体加强宏观经济政策协调，增强各经济体政策透明度，注意财政货币政策的溢出效应。也可以提出，APEC 作为一个整体，力求 5 年内将 GDP 增值率在现有政策显示的速度基础上再提高 2 个百分点。

（2）在本国层面，努力保证中国经济的稳增长，为 APEC 地区和全球做出重大贡献。这里包括：第一，GDP 增长率在 2014 年达到 7.5%后，2015 年不低于 7.0%。2013 年中国 GDP 占全球 12.2%，2014 年和 2015 年可能超过八分之一，即中国经济增长 7%，将为世界经济增长贡献 0.9 个百分点。第二，努力实现 2014 年进口正增长，2015 年增长 5%以上，即为世界各国提供 1 000 亿美元以上的新增市场。第三，扩大海外投资，力争在两年内海外投资流量超过 1 000 亿美元，为东道国创造约 30 万人就业。

（二）基础设施投资

（1）在 APEC 层面，努力推动 "INFRA APEC Action Plan"。除了建立项目需求和资源总库外，更重要的是体制创新，特别是要努力探索如何建立灵活的咨询办法，帮助形成一系列能够盈利的基础设施项目，吸引私人投资。同时要推动跨境基础设施项目所涉不同经济体的法律规制协调。

（2）区分不同成员经济体的不同发展水平，有针对性地大规模开展中国对外基础设施投资合作。

APEC 21 个成员经济体基础设施发展水平差异极大。根据世界经济论坛

《2013—2014年全球竞争力报告》，除文莱和巴布亚新几内亚因规模小暂不研究外，其余19个经济体的基础设施评分由高到低依次是：中国香港6.74、新加坡6.41、日本6.03、韩国5.85、加拿大5.80、美国5.77、中国台北5.77、澳大利亚5.60、新西兰5.21、马来西亚5.19、俄罗斯4.61、智利4.54、泰国4.53、中国4.51、印度尼西亚4.17、墨西哥4.14、越南3.69、秘鲁3.50、菲律宾3.40。

从布局和现实看，我们投资的重点应该是亚洲，特别是东盟国家。大力推动中国-东盟高铁网及相关的公路、港口通道建设。同时扩大到印度，大力参与对印度基础设施投资和建设。对于太平洋东岸国家，也可以力争有所作为，探讨参与对墨西哥、秘鲁这两个国家的铁路、港口和电信基础设施投资。并积极推动参与美国的PPP，参与投资美国高铁项目。

在亚洲层面，积极推动亚洲基础设施投资银行的建立，支持APEC部分板块。这样，中国可以为APEC基础设施投资，进而促进物质互联互通发挥重大作用。

（三）亚太自贸区建设

中国力主以更大的视野推进整个亚太自贸区的建设。作为东道主，中国应当给予决定性的推动，使之不可逆转。这里有四个基本抓手。

1. 维护全球多边贸易体制，全力促成贸易便利化落地

2013年年底第九届WTO贸易部长会议达成的贸易便利化历史性的协定，虽然是多哈回合的首次胜利，但仍然未能付诸实施。由于到2014年7月31日这一最后时限前仍然有少数成员未完成批准程序，协定无法生效。APEC北京峰会上，东道主中国的一项重大责任是全力做工作，使最终发布的领导人重申对支持多哈回合和贸易便利化的承诺，以历史的责任感、紧迫感和必要的灵活性，做出政治决定，确保到2015年7月31日完成审批程序，从而启动这一协定。启动后，中国还要为WTO中最不发达成员提供必要的援助。在此过程中，中国始终引领整个APEC舆论，即在全球各类区域性、诸边和双边自贸区谈判中，以WTO代表的全球多边贸易体制仍然是第一位。

2. 在整个亚太区域，相对于TPP和RCEP这两大诸边（同时跨区域）自贸协定谈判，以及众多其他自贸协定谈判而言，亚太自贸区是第一位的

当然，我们仍然要积极遵循自己的自贸区谈判路线图，积极推进RCEP，中国-东盟自贸区升级版，中日韩、中韩、中澳、上海合作组织（The Shanghai Cooperation Organization，SCO，简称上合组织）、丝绸之路经济带的自贸协定谈判，推进中美双边投资协定谈判，这都是通往亚太自贸区的必要路径。但除了上合组织及丝绸之路的一部分外，前面那些谈判的对象全部属于APEC成员，因

此最终着眼点仍是整个亚太自贸区。对于美国主导的 TPP 谈判，也应采取包容态度，视之为通往亚太自贸区的另一种路径。

需要重视并研究的是，相当一段时期以来，国内对于是否参加 TPP 谈判给予很大注意，而对亚太自贸区不够注意。但 TPP 并不是科学意义上的自由贸易协定，更多是地缘政治的产品。目前参与同美国 TPP 谈判的 11 个国家的贸易关系和贸易总量中，仍以 20 年前已经与美国组成北美自由贸易区（North American Free Trade Agreement，NAFTA，简称北美自贸区）的加拿大和墨西哥为主。其他 9 个参加方（智利、秘鲁、日本、新加坡、马来西亚、越南、澳大利亚、新西兰和文莱）不是美国的主要贸易伙伴。2008~2012 年美国对全球出口净增 2 582.67 亿美元。其中来自加拿大、墨西哥两国为 961.01 亿美元，贡献度为 37.2%；来自其他 9 国合计净增 279.54 亿美元，贡献度为 10.8%，尚不及对墨西哥一国出口净增 647.11 亿美元的一半，也不及此期间对华出口净增额 407.51 亿美元。

重要的是，TPP 谈判的 12 个参加方都是 APEC 成员，他们都有责任推动亚太自贸区的建设。因此，我们在尊重、包容 TPP 谈判的同时，一定要以亚太自贸区为中心，视之为下一步的目标。

3. 为亚太自贸区的顺利推进贡献智慧

2008 年以来，无论 APEC 商业咨询委员会还是韩国研究机构，都对亚太自贸区模拟范本或经济分析做了大量工作。中国尚无这样细致的基础贡献，今后需要分两步推进。第一步，在 2014 年峰会上，提出包容性的亚太自贸区策略，在不同成员不同兴趣中进行多种灵活磋商，力争所有成员在实质上认为亚太自贸区可接受。第二步，会后组织力量，或支持民间力量，对亚太自贸区与现有各类自贸协定谈判的契合点和不同点进行新一轮分析，并提出能够适合各方利益的可行性报告。

4. 做好自己的功课

进一步坚定不移地贯彻三中全会全面深化改革的部署和建设高水平开放性经济的方针。全力保障上海自贸试验区取得成果，并不失时机地推出第二批自贸试验区（如广东、天津）。有步骤地扩大制造业、金融保险、信息技术、环保及其他服务业的开放，进一步贯彻合规管理，严防出台违背 WTO 规则的政策措施。合理引导，媒体应避免带有民族主义和保护主义观点的不适当宣传。使中国成为整个 APEC 成员中推进贸易与投资自由化的骨干，成为制定下一代贸易与投资规则的主导力量。

中国是世界第二大经济体，与世界第一大经济体美国同属 APEC 成员，并隔太平洋相望。中国又是世界经济增长的主要火车头之一。全球金融危机爆发以来，中国对世界经济增长的累积贡献度达到 37.6%，超过美国，在可预见的未来将继续超过美国。中国又是世界最大的商品贸易国，对全球贸易发展具有举足轻重的影响。以 APEC 东道国地位，不仅在 2014 年，而且在今后相当长一段时间，中国都可以，也应该有一番大的作为，为 APEC 合作与发展做出较大贡献。

亚太自贸区和亚太经济一体化[①]

APEC 北京峰会在结束时发表的领导人宣言宣布："我们决定启动并全面、系统地推进亚太自贸区进程。我们批准《亚太经合组织推动实现亚太自贸区北京路线图》。"[②]这是整个亚太地区贸易自由化进程的里程碑事件。APEC 21 个成员经济体占全球 GDP 的 56.8%，贸易额的 48%。如果最终建成，将是有史以来最大的自由贸易区。

亚太自贸区最早是 2006 年 APEC 河内峰会提出的，旨在整合 APEC 范围内众多的次区域、诸边和双边自贸协定，为 2020 年实现区域经济一体化，即茂物目标奠定最重要的基础。多年来，APEC 贸易与投资委员会、工商咨询委员会和一些成员经济体做了大量基础工作。但由于部分成员经济体意见不尽一致，这一宏大目标始终停留在愿景上。北京峰会的历史功绩在于将其从口头化为行动，迈出了决定性的一步。虽然还没有开始正式谈判，要经过两年的战略研究，但整个亚太自贸区进程的前期工作已经开始。在这个意义上，亚太自贸区的启动可以在一定程度上与乌拉圭回合启动、多哈回合启动相比，北京路线图也将像茂物目标那样，载入 APEC 史册。

亚太自贸区不是另起炉灶，而是在亚太地区现有繁多的区域、诸边和双边自贸协定的基础上，寻求其各类条款的相同点，即"最大公约数"，并就不同点进行谈判和融合。也就是以现有各类协定为路径，最后形成一个伞形的涵盖整个 APEC 地区的自贸协定。因此，我国一方面要积极推动亚太自贸区的进程，另一方面应积极按照我国自己的自贸协定谈判日程，实行双轨并进。而无论推进哪一轨，都必须认真研究亚太地区各类自贸安排和区域经济趋势，确保我国的利益最大化，并为整个亚太自贸区的历史进程做出最大贡献。

---

① 中国国际问题研究基金会. 国际问题纵论文集 2014/2015. 北京：世界知识出版社，2015.

② APEC 第二十二次领导人非正式会议宣言，http://www.xinhuanet.com。

一、亚太地区各类区域、诸边、双边自贸协定概况

亚太地区是全球各类区域、诸边自贸区和双边自贸协定最多的地区。据 APEC 统计，仅 RTAs 就有 56 个。据亚洲开发银行统计，亚太地区已经签署的各类 RTAs 和 FTAs 有 109 个，正在谈判中的有 148 个，合计 257 个，占全球这类自贸安排总数 70%。

亚太自贸区主要有三类：双边、区域或诸边，以及一国与一个区域性或诸边性自贸区的安排。

（一）主要双边安排

由于表 2-2 是 APEC 贸易与投资委员会 2008 年梳理各类 RTAs 和 FTAs 时编制的，2009 年以后的自贸安排没有列出，因此已经过时，只能作为参考。亚太自贸区 2014 年 11 月 11 日 APEC 北京峰会期间，中国和韩国宣布结束双边自贸协定实质性谈判。11 月 17 日，G20 布里斯班峰会期间，中国和澳大利亚宣布结束双边自贸协定实质性谈判。

表 2-2　APEC 地区主要双边自贸协定

年份	协定双方	年份	协定双方
1976	澳大利亚-巴布亚新几内亚	2005	中国-智利
1982	澳大利亚-新西兰	2005	秘鲁-泰国
1987	秘鲁-墨西哥	2006	秘鲁-美国
1996	加拿大-智利	2006	日本-菲律宾
1998	智利-墨西哥	2006	智利-秘鲁
2000	新西兰-新加坡	2007	智利-日本
2002	日本-新加坡	2007	韩国-美国
2003	新加坡-澳大利亚	2007	文莱-日本
2003	美国-智利、美国-新加坡	2007	印度尼西亚-日本
2003	智利-韩国	2007	日本-泰国
2003	中国内地-中国香港	2008	加拿大-秘鲁
2004	澳大利亚-美国、澳大利亚-泰国	2008	中国-新西兰
2004	日本-墨西哥	2008	日本-越南
2005	日本-马来西亚	2008	秘鲁-新加坡
2005	韩国-新加坡	2008	中国-新加坡
2005	新西兰-泰国	2008	澳大利亚-智利

资料来源：http://www.apec.org/topics

这些双边安排有两个特点。一是主要发生在进入 21 世纪以后，二是一般不发生在邻国之间。

（二）区域性或诸边自贸区

按时间顺序，区域性或诸边自贸区主要有以下几个。

（1）1975 年，亚太贸易协定（Asia Pacific Trade Agreement，APTA），又称曼谷协定。它是早在 1975 年，由 ESCAP 主导，由中国、孟加拉国、印度、老挝、韩国和斯里兰卡六方签订的优惠贸易协定。

（2）1992 年，北美自贸协定（North America Free Trade Agreement，NAFTA）签署，成员为美国、加拿大、墨西哥三国。这是继欧盟之后世界最大的自由贸易区。

（3）1992 年，东盟 10 国成立自由贸易区，标志着东盟 10 国共同大市场的启动。

（4）2005 年，TPP 启动。在澳大利亚倡议下，澳大利亚、新加坡、智利和文莱四国于该年 7 月签订了跨太平洋战略经济伙伴关系协定（Trans-Pacificstrategic Economic Partnership Agreement，TPSEP）。由于协议参加国只有 4 个，所以简称"P4 协议"（英文是 pacific 4）。2006 年美国决定参加，并改为现名。此后参加方逐渐增加。2011 年日本决定参加。目前共 12 个参加方，即美国、加拿大、墨西哥、智利、秘鲁、日本、越南、新加坡、马来西亚、文莱、澳大利亚、新西兰。这 12 个国家跨越太平洋两岸，环至大洋洲。2013 年 12 国 GDP 总量为 27.81 万亿美元，占全球 37.1%[①]。其宗旨是建立高标准的自贸协定，为 21 世纪贸易制定新的规则。TPP 不仅涉及传统的边境上措施如关税减让、非关税壁垒的拆除，更多地涉及边境后措施，涵盖投资、政府采购、竞争政策、技术性贸易障碍、知识产权、国有企业、电子商务、劳动标准、环境标准等。奥巴马政府将其连续列为 2013 年和 2014 年总统贸易日程的重点。原打算 2013 年年底达成协议，后延至 2014 年年底。但因美国和日本两国就农产品关税（日方）和汽车零部件关税（美方）等迄今未达成妥协，估计年内难以达成协议。

（5）2010 年，中国、日本、韩国启动三边自贸协定谈判（China-Japan-South Korea，CJK）。2013 年，三国 GDP 合计 15.45 万亿美元，占全球 20.6%[①]，贸易总量占全球也超过 20%，这是东北亚最大的自贸区。

（6）2014 年 11 月 14 日东盟内比都峰会决定从经济、政治安全和社会文化三个方面推进区域一体化建设。其中经济方面建成东盟经济共同体（ASEAN Economic Community，AEC），参照 1957 年 3 月 25 日成立的欧洲经济共同体

---

① 根据世界银行公布的 2013 年各国 GDP 数据相加，参见 http://www.worldbank.org。

（European Economic Community，EEC），至迟 2015 年年底完成。东盟作为一个经济区域，经济总量较小。2013 年东盟 10 国 GDP 合计为 24 081 亿美元，占全球 3.2%[①]。其中印度尼西亚一国（8 683 亿美元）占这 10 国总量 36.0%。泰国、马来西亚、新加坡、菲律宾在 2 700 亿~38 00 亿美元。

（7）"一带一路"丝绸之路经济带，包括海上和陆上两个丝绸之路。前者通过东盟，连接南亚印度、巴基斯坦、孟加拉国和斯里兰卡，主要是南向；后者横穿中亚、亚欧，最后抵达荷兰和德国，是连接欧亚大板块的重大通道，主要是西向。丝绸之路经济带的建设将有力促进欧亚互联互通，并最终促进欧亚大自贸区的形成。但它的内涵远远不止自贸安排，而是朝向以大规模基础设施投资带动的物质性互联互通（高铁、公路、水路、港口、机场等）、体制上自贸协定和人文上大幅度提升往来这三轨并进的紧密型亚欧经济合作。

（三）区域、诸边和双边协定

（1）2002 年，中国-东盟自贸协定。

（2）2002 年，韩国-东盟自贸协定。

（3）2008 年，日本-东盟自贸协定。

（4）2009 年，澳大利亚-东盟-新西兰自贸协定。

（5）2013 年，中国-东盟决定启动自贸协定升级版，并力争 2015 年年底前完成谈判。与这一自贸协定并进，启动大规模基础设施投资建设，其核心是以三纵为骨干的中国-东盟高铁网，并建设一系列配套的高速公路、机场、港口等。中国与东盟合计，经济总量达到 11.65 万亿美元（2013 年），占全球比重也达到 15.6%[②]。

（6）2013 年，东盟决定启动东盟 10 国分别加上中国、日本、韩国、印度、澳大利亚、新西兰，即 10+6 谈判，建设区域紧密经济伙伴关系。RCEP 涵盖的 16 个国家经济总量达到 21.48 万亿美元（2013 年），占全球 28.7%[②]，仅略小于 TPP（主要原因在美国）。但与 TPP 地缘分散不同，RCEP 基本上是东盟区域板块基础加上邻国（中国、印度、澳大利亚、新西兰），或邻近国家（日本、韩国），呈现出较强的区域一体化特点。

[①] 根据世界银行公布的 2013 年各国 GDP 数据相加，参见 http://www.worldbank.org；缅甸数字未列入世界银行统计，使用缅甸财政部公布的 2012~2013 年财年 GDP 数据，引自我国驻缅甸使馆经商处网站. http://www.mofcom.gov.cn。

[②] 根据世界银行公布的各国 GDP 数据相加，参见 http://www.worldbank.org。

二、现有各类自贸安排与经济板块分析

亚太各类自贸安排的格局和经济区域化格局是不同的概念。大量的双边自贸协定不构成经济区域化，一般性区域自贸安排也不构成经济区域化。只有领土相邻或相近，除贸易自由化即商品自由流动外，更重要的是实现基础设施的互联互通，资本、技术和人员的自由流动，形成以大量相互投资为基础的紧密型经济联合。

比较重要的区域经济板块或区域内紧密联系板块如下。

（1）东北亚：中国、日本、韩国，自贸协定有利于经济合作的深化，但在可预见的未来不会成为一个区域经济体。

（2）东南亚+东北亚+南亚+大洋洲：东盟经济一体化、中国与东盟的自贸协定升级版、东盟 10+6 即 RCEP，但其标准低于 TPP。东盟经济共同体如果建成，其经济总量是 2.4 万亿美元，将是新的区域经济体。在此外围加上中国、日本、韩国、印度、澳大利亚、新西兰六国，即属于紧密型区域经济合作。但总量巨大，2013 年 16 国 GDP 之和达到 21.48 万亿美元，占全球 28.7%。随着中国经济总量持续较快增大，其比重也将在不远的将来超过 30%，从而将对世界贸易和经济格局产生重大影响。

（3）亚欧："一带一路"超越了亚太，是更大范围的亚欧区域经济一体化方向。但因规模宏大，将是长远目标。

（4）北美：美国、加拿大、墨西哥三国构成的北美自贸区。目前除贸易自由化（互免关税）外，美国对加拿大居民入境无限制，但对墨西哥居民在美国停留和就业有相当限制。美国境内有大量墨西哥籍非法移民，奥巴马最近发布总统令，允许在美国生活 5 年以上并育有子女的非法移民享有合法居留权。这说明美国、墨西哥两国没有人员自由流动的一体化安排。虽然北美自贸区也在寻求升级版，但在可预见的未来，这三国不会构成区域化经济，虽然经济联系较之与亚洲国家间更加紧密，但美国的经济联系是全球性的。

（5）安第斯共同体：由南美太平洋沿岸国家组成，包括哥伦比亚、玻利维亚、厄瓜多尔和秘鲁。其中秘鲁参加了 APEC。它们之间仍属市场相邻的关税同盟，以及贸易与投资密切合作关系，也难成区域经济。

上述板块均各分布在太平洋两岸，能够跨洋连接的只有 TPP，但 TPP 的方向和性质均不属于区域经济。

三、对 TPP 的再探讨

美国主导的 TPP 是亚太地区最受重视的自贸安排，我国将其视为主导亚太地区贸易格局和贸易规则的最大挑战。

（一）TPP 并不是传统的自贸安排，而是美国对各国政府经济治理标准的规则安排和亚太再平衡的地缘政治战略

2012 年，美国对该地区商品出口 9 420 亿美元，占对全球出口的 61%。但这是整个亚太，并不是 TPP 其他谈判方。据美国商务部统计，美国该年对参加 TPP 谈判的其他 11 个国家的出口额为 6 880.63 亿美元，占对全球出口的 44.5%。其中四分之三是对加拿大和墨西哥出口，合计 5 084.71 亿美元，占比 32.9%；而美国与加拿大、墨西哥早在 20 年前已经组成北美自贸区。对其他 9 国智利、秘鲁、日本、新加坡、马来西亚、越南、文莱、澳大利亚、新西兰出口合计只有 1 795.92 亿美元，占比 11.6%。

因此，美国在北美自贸区基础上大力推进的 TPP，新增的 9 个贸易伙伴并没有很大贸易分量。更多的是地缘政治考虑，即美国太平洋论坛总裁拉尔夫·科萨（Ralph Cossa）说的："表明美国亚洲再平衡的努力是在真正进行亚洲资源再分配。"

美国一再宣称 TPP 为未来世界贸易制定规则，但 TPP 的主要内容不是贸易，而是投资和经济体制治理，如国有企业、环境、劳工、知识产权、政府采购等，尚难以证明它可以扩大贸易。

（二）美国对亚太自贸区和 TPP 的态度

美国虽然不反对亚太自贸区，但在实际行动上，把主要精力投入 TPP 谈判。美国 2013 年和 2014 年总统贸易议程中，完成 TPP 谈判均处于优先地位。并隐含着以 TPP 作为亚太自贸区的战略意图。2011 年 APEC 夏威夷峰会上，美国用大量时间加入 TPP 谈判内容，既然 TPP 仅覆盖 APEC21 个成员的 12 个，怎么能把它作为 APEC 的重要议程呢？

在美国的坚持下，原来设想启动亚太自贸区"可行性研究"改成"战略性研究"。美国担心一旦提可行性研究，就不可逆转，必须建立。而提战略性研究，最后也可以不建。同样在美国坚持下，2025 年建成亚太自贸区的这一具体时限被取消。这里隐含的意思是无限期拖下去，在此过程中 TPP 达成协议并不断扩容，最后成为事实上的亚太自贸区，或以其为标准建设亚太自贸区。其战略目标是美国主导亚太地区的 21 世纪经济治理和贸易投资规则，作为维持亚太地区主导地位

的经济基础。

四、我国的战略选项

亚太自贸区的实施路径是，不另起炉灶，而是"在完成现有路径基础上建成亚太自贸区"[①]。因此，我国既要努力推动亚太自贸区进程，又要努力有选择性地参与并推动现有各类路径。

根据三中全会的决定，我国自贸区的总战略是："坚持世界贸易体制规则，坚持双边、多边、区域、次区域开放合作，扩大同各国各地区利益汇合点，以周边为基础加快实施自由贸易区战略。"[②]我国应考虑双轨并进的大战略：一方面，在整个亚太层面，积极推动亚太自贸区的建设，以此超越、整合 TPP 和各类自贸安排，争取最高层面的主导权。另一方面，在近期内，积极推进自己的自贸区日程表，同时包容并蓄，尽可能缩小矛盾点。这两轨中，前一轨尚在前期阶段，带有长远性；后一轨则正在谈判或准备谈判，带有当前性和现实性。

（一）积极推进亚太自贸区进程

2008 年，APEC 贸易与投资委员会编制了亚太所有自贸安排的条款梳理，按各大类领域梳理共同点（convergence）和不同点（divergence），不仅供长远建设亚太自贸区考虑，也供谈判各类区域、诸边和双边自贸安排参考。

2009 年，韩国牵头提出了一份智库研究报告，详细测算了亚太自贸区对 APEC 每个成员经济体的具体利益和挑战。

2014 年 APEC 峰会决定启动为期两年的集体战略研究。将有 APEC 机制内 50 多家智库集体努力。

中国应投入必要力量，积极推进这一研究，超越但参考现有区域、诸边和双边自贸安排，站在整个亚太高度，尽可能多地贡献智慧和方案。在此过程中努力协同 APEC 所有各方资源和思想，避免单独进行。

（二）科学选择自己的自贸路径，同时包容其他路径

中国总的自贸日程大致是：对周边侧重区域性安排，对跨洋侧重双边安排，包容 TPP。

---

① APEC 第二十二次领导人非正式会议宣言，http://www.xinhuanet.com。
② 中共中央关于全面深化体制改革若干问题的决定，http://www.xinhuanet.com，2013 年 11 月 15 日。

1. 对周边侧重区域性安排

在中国、韩国达成自贸协定基础上，积极推进中国、日本、韩国（东北亚）自贸协定谈判；大力推进中国-东盟自贸区升级版，并超越贸易安排，加快中国-东盟的高铁、基础设施互联互通建设，加大与东盟的相互投资。2013 年，中国-东盟双边贸易额已经为 4 436 亿美元，东盟成为我国第三大贸易伙伴，仅次于欧盟和美国。李克强总理已提出打造中国-东盟"钻石 10 年"，到 2020 年双边贸易额争取达到 1 万亿美元。如果达到，东盟可能超越美国，成为我国第二大贸易伙伴。2013 年，中国与东盟、日韩、印度，以及中国台北、中国香港，贸易额总额合计达到 16 941.71 亿美元，远远超过同美国、欧盟贸易额之和（10 080.65 亿美元）。因此，同周边推进区域性贸易安排，并尽可能向区域经济一体化深化，应当始终是我国的战略选择。

东盟主导的 RCEP，在此基础上又增加了印度、澳大利亚和新西兰。这将形成"亚洲半球"的巨大市场，其规模将远远超过太平洋东岸 APEC 成员的贸易额之和，也远远超过美国同东盟 10+6 的贸易规模。

任何主要经济体的主要贸易伙伴和经济合作伙伴都是周边国家或地区。美国最大的贸易伙伴是加拿大，日本的最大贸易伙伴是中国，德国的最大贸易伙伴是法国、荷兰。欧盟区内贸易占欧盟成员国贸易总额的 56%，中国的对外贸易和经济合作，也自然应以周边为首。

周边区域安排的更大一个板块是"一带一路"。如前所述，它已超越 APEC 范畴，不属于本书探讨范围。但同时考虑到"一带一路"，可以更清晰地看到我国自贸战略的总思路。

2. 对跨洋侧重双边安排

中国早在 2005 年就同智利签署了双边自贸协定。当前最重要的跨洋双边谈判是中美双边投资协定（Bilateral Investment Treaty，BIT）谈判。接下来可以考虑同加拿大、墨西哥谈判双边自贸协定。

3. 包容 TPP

如前所述，TPP 的贸易意义有限，更多属于经济治理和地缘政治范畴。

从贸易意义看，中国没有必要急于考虑参加 TPP。这是因为，中国自贸区谈判已经覆盖了 TPP 大部分成员；且在涉及 TPP 成员的地缘贸易上，中国对美国具有明显优势。

但由于美国的巨大影响力，更由于 TPP 许多内容与中国深化改革和建设高水平开放型经济有同向之处，中国应当积极包容。且在建设亚太自贸区中积极吸收其积极的内核。

在亚太自贸区建设的整个过程中，博弈的焦点将是：由美国主导的 TPP 为基础建立亚太自贸区，还是超越 TPP 的亚太自贸区，但充分包容 TPP、RCEP 等的一切积极成果。中国应当以大国的责任感，以整个亚太的共同利益，充分关注第一种前途，努力争取第二种前途。

中国可继续观察 TPP 谈判，适时考虑介入①

一、TPP 谈判难以在短期内结束并生效

TPP 谈判 12 个参加方贸易部长会议于 2014 年 2 月 20~25 日在新加坡举行，会议未能达成任何协议。会议结束时发表的声明称，"朝向最后协议""取得了新的进展"。虽有一些问题，但勾画了路径。会议在市场准入方面也取得了进展。

日本共同社 2 月 26 日称，由于美日谈判的僵局阻碍了任何协议的达成，"挫折感正在上升"。并称，马来西亚则被国内问题所困扰。

美国驻华使馆公使衔经济参赞史墨客（Hanscom Smith）25 日晚在其住所举行的小型私人晚宴上，对我表示，他认为这很正常，因为 TPP 要达成的是高水平的协议，不可能这么快。同样重要的是国会能否通过总统贸易快轨授权（Trade Promotion Authority, TPA），否则即使达成协议，国会迟迟不批，也没有用。但国会讨论快轨授权要在 2014 年秋中期选举之后。

2013 年 12 月 10 日在新加坡结束的 TPP12 个参加方部长级会议后，美国曾传出乐观基调。12 月 12 日，美国太平洋论坛主席拉尔夫·科萨在纽约哈佛俱乐部举行的美国外交政策全国委员会报告会上称，各方已就尚待解决的问题确定了 21 个着陆区（landing zones），拟分割逐项解决。科萨认为有信心在下一轮即 2014 年 2 月部长级会议上进行"冲刺"。科萨特别提到，日本虽然参加较晚，但表示不会拖后腿。

事实证明，科萨的估计过于乐观。日本和美国在涉及各自经济利益（日本对于农产品关税和美国对于汽车关税）上不会做实质性让步。

估计 TPP 谈判完成并生效，还要有一段时间。这是由于以下几方面原因。

第一，关税问题实际上是 TPP 整个大盘子中层次很低的部分。它尚且如此，

---

① 在中国国际贸易学会专家会上的发言，2014 年 2 月 27 日。

更高层次的问题谈判困难可想而知。因此，如果要达成有意义的、实质性的协议，还有相当长的路要走。最后必须是各国领导人出面，做出政治决定。如果顺利，2014年年底前有可能达成协议，否则还会延至2015年。

第二，更关键的是美国国会能否通过总统贸易谈判快轨授权，否则国会批准将极其耗时。美国和韩国自由贸易协定从双方政府签署到美国国会批准，花了6年时间。

二、从贸易角度看，没有必要急于参加 TPP 谈判

（一）TPP 的贸易意义有限，主要性质应是地缘政治和规则制定主导权

美国贸易代表署官网解释 TPP 经济依据时说：广义的亚太地区是美国最重要的市场。2012年，美国对该地区商品出口9 420亿美元，占对全球出口的61%。据美国商务部统计，美国该年对参加 TPP 谈判的其他11个国家的出口额为6 880.63亿美元，占对全球出口的44.5%。其中四分之三是对加拿大和墨西哥出口，合计5 084.71亿美元，占比32.9%；对其他9国智利、秘鲁、日本、新加坡、马来西亚、越南、文莱、澳大利亚、新西兰出口合计只有1 805.92亿美元，占比11.68%。而美国与加拿大、墨西哥早在20年前已经组成北美自贸区。

2008~2012年，这9国合计，不是美国出口增长的重要市场。五年间美国对全球出口净增2 582.67亿美元。其中来自加拿大、墨西哥两国为961.01亿美元，贡献度为37.21%；来自其他9国合计净增289.54亿美元，贡献度为10.82%。尚不及对墨西哥一国出口净增647.11亿美元的一半，也不及此期间对华出口净增额407.51亿美元，如表2-3所示。

表 2-3　2008~2012 年美国与 TPP 伙伴国商品贸易统计

美国出口	2008 年/亿美元	2012 年/亿美元	增长/%	净增额/亿美元	贡献度/%
全球	12 874.42	15 457.09	20.1	2 582.67	100.00
加拿大	2 611.50	2 925.40	12.0		
墨西哥	1 512.20	2 159.31	42.8		
加拿大、墨西哥小计	4 123.70	5 084.71	23.3	961.01	37.21
占美国出口	32.03%	32.90%			
智利	118.57	187.66			
秘鲁	61.83	93.45			
日本	651.42	699.55			
新加坡	278.54	305.25			

续表

美国出口	2008 年/亿美元	2012 年/亿美元	增长/%	净增额/亿美元	贡献度/%
马来西亚	129.49	128.41			
越南	27.89	46.24			
文莱	1.11	1.58			
澳大利亚	222.19	311.51			
新西兰	25.34	32.27			
9 国小计	1 516.38	1 805.92	19.1	289.54	10.82
占美国出口	11.78%	11.68%			
中国	697.33	1 104.84	58.4	407.51	15.78

资料来源：美国商务部国际贸易署，http://www.trade.gov

因此，美国在北美自贸区基础上大力推进的 TPP，新增的 9 个贸易伙伴并没有很大贸易分量。更多的是地缘政治考虑，即美国太平洋论坛总裁拉尔夫·科萨说的："表明美国亚洲再平衡的努力是在真正进行亚洲资源再分配。"

美国一再宣称 TPP 为未来世界贸易制定规则，但 TPP 的主要内容不是贸易，而是投资和经济体制治理，如国有企业、环境、劳工、知识产权、政府采购等。尚难以证明它可以扩大贸易。

（二）中国自贸区谈判已经覆盖了 TPP 大部分成员；且在涉及 TPP 成员的地缘贸易上，中国对美国具有明显优势

TPP 除美国、加拿大、墨西哥以外的 9 个参加方中，中国同新西兰、东盟（包括新加坡、马来西亚、越南）业已有双边或区域自贸协定，同韩国、日本、澳大利亚正进行区域或双边自贸协定谈判，同东盟则正进行更高水平的 RCEP 谈判，同美国也在进行双边投资协定谈判，未覆盖的只有加拿大、墨西哥、秘鲁和文莱。在目前全球有 546 个双边、区域或多边自贸安排的大环境下，中国并没有被边缘化。

那对于日本、韩国、东盟、澳大利亚这主要地缘贸易伙伴的关系看，在贸易规模和增长态势上，中国比美国具有明显的优势如表 2-4～表 2-6 所示。

表 2-4　2008～2013 年中美对日韩澳东盟贸易比较

项目			日本	韩国	东盟	澳大利亚	合计
出口额	美国	2008 年/亿美元	651.42	346.69	668.93	222.19	1 889.23
		2013 年/亿美元	651.45	415.55	790.27	353.19	2 210.46
		增长率/%					17.0

续表

项目			日本	韩国	东盟	澳大利亚	合计
出口额	中国	2008 年/亿美元	1 161.34	739.51	1 141.42	223.38	3 265.65
		2013 年/亿美元	1 502.75	911.76	2 440.70	375.60'	5 230.81
		增长率/%					60.2
进口额	美国	2008 年/亿美元	1 392.62	480.69	1 101.41	105.89	3 080.61
		2013 年/亿美元	1 385.34	622.28	1 269.24	92.75	3 369.58
		增长率/%					9.4
		净增额/亿美元	−7.28	141.59	167.83	−13.17	288.97
	中国	2008 年/亿美元	1 506.51	1 121.62	1 169.74	374.19	4 172.06
		2013 年/亿美元	1 622.78	1 830.73	1 995.40	988.18	6 437.09
		增长率/%					54.3
		净增额/亿美元	116.27	709.11	825.66	613.99	2 265.03

资料来源：中国海关总署，http：//www.customs.gov.cn；美国商务部国际贸易署，http：//www.trade.gov

表 2-5　中美对日韩澳东盟贸易总额和增长比较

项目	2008 年/亿美元	2013 年/亿美元	累计增长	年均增长
美国	4 969.84	5 580.04	12.3%	2.4%
中国	7 437.71	11 667.74	56.9%	9.4%
中国/美国	149.7%	209.1%	4.44 倍	3.92 倍

资料来源：根据表 2-4 计算

表 2-6　中美对日韩澳东盟贸易进口额和增长比较

项目	2008 年/亿美元	2013 年/亿美元	累计增长/%	净增额/亿美元
美国进口	3 080.61	3 369.58	9.4	288.97
中国进口	4 172.06	6 437.09	54.3	2 265.03
中国/美国				783.83%

资料来源：根据表 2-4 计算

1. 贸易规模

分别据中国海关和美国商务部统计，2008 年，中国对日本、韩国、澳大利亚和东盟贸易总额为 7 437.71 亿美元，美国为 4 946.84 亿美元，中国为美国的 150.35%。2013 年，中国与上述国家和地区贸易总额为 11 667.74 亿美元，美国为 5 580.04 亿美元，中国为美国的 209.1%。五年间从一倍半的优势扩大到双倍优势。此期间中国与之贸易额年均增长 9.4%，美国只增长 2.4%；中国比美国快 2.92 倍。中国已经取代美国，成为日本和韩国最大贸易伙伴。中国又是澳大利亚最大贸易伙伴，2013 年中澳贸易额达到 1 363.78 亿美元，是美澳贸易额 445.94 亿美元的 3.06 倍。

2. 贸易利益：中国给日韩澳及东盟提供的进口增长利益比美国提供的大得多

2008~2013 年，中国和美国两国比较，从韩国进口分别净增 709.11 亿美元和 141.59 亿美元，中国是美国的 5.01 倍。从东盟进口分别净增 825.66 亿美元和 167.83 亿美元，中国是美国的 4.92 倍。从日本进口，虽然中国和日本关系紧张影响 2013 年中国从日本进口减少，但 6 年累计仍然净增 116.27 亿美元；美国则累计减少 7.28 亿美元。从澳大利亚进口，中国净增了 613.99 亿美元，美国则减少了 13.17 亿美元。因此，从贸易互惠和双赢的角度看，中国比美国具有巨大优势。

（三）自贸区的贸易溢出效应不是决定性的

对 TPP 的一种普遍担心是，区域自由贸易安排对外构成相对壁垒，对区外经济体不利，即所谓溢出效应。这在总体上是成立的，但需要具体分析。

美国、加拿大、墨西哥三国组成的北美自贸区 1993 年 1 月成立时，普遍的分析也是认为将对区外经济体构成相对壁垒。但 20 多年来的事实证明，美国从中国的进口增速远远超过了墨西哥。中国大大超过墨西哥，又取代加拿大，成为美国最大商品进口来源，如表 2-7 所示。

表 2-7　美国从北美自贸区国家和中国进口增长比较

进口来源	1992 年/亿美元	2012 年/亿美元	累计增长/%
全球	5 326.65	22 753.20	327.2
加拿大	986.30	3 239.36	228.4
墨西哥	352.11	2 775.70	688.3
中国	257.28	4 255.79	1 554.1
中国占墨西哥的百分比/%	73.1	153.3	

资料来源：根据美国商务部国际贸易署数据计算

北美自贸区成立 20 多年来，美国从加拿大进口的增幅低于从全球进口的平均增速。从墨西哥进口虽然增长了 688.3%，比从全球进口的增长速度高一倍，但不及从中国进口增速的一半。结果，中国虽然未从北美自贸区的安排中得到优势，且面临相对壁垒，却从世界产业分工中得到了更大的优势。

欧盟情况也类似。虽然 1992 年马斯特里赫特条约生效也已 20 多年，欧盟成员方之间实行商品贸易零关税，且实行资本、人员自由流动，欧元区国家间还没有汇兑成本，但从中国的进口增速却明显高于成员方之间的进口增速。以德国为例，其最大贸易伙伴原先是法国，后来是荷兰，但现在均被中国超过，中国成为其最大贸易伙伴。这也说明，中国虽然未从欧盟内部自由贸易安排中得益，且面临相对壁垒，却从世界产业分工中获得了更大的利益。

因此，我们衡量 TPP 可能给中国带来的溢出效应，也应从全球产业分工、全球价值链的角度分析。不应单纯局限在成员方之间的优惠和对外相对壁垒这一狭小范围。

（四）对于美国来说，中国的贸易规模重要性超过了日本、韩国、东盟、澳大利亚的总和

按照美国商务部统计，美国对日本、韩国、东盟、澳大利亚四方双边贸易额合计为 4 946.84 亿美元，中国和美国双边贸易额为 4 075.06 亿美元，前者超过后者 871.78 亿美元。5 年后情况反了过来。2013 年美国与这四方双边贸易额合计为 5 580.04 亿美元；对华双边贸易额为 5 624.49 亿美元，超过前者 44.45 亿美元。换言之，在美国大力推进 TPP，且中国不在其内的过程中，它与 TPP 东亚部分的贸易总额却被对华贸易额超过。从贸易规模的角度看，美国不可能排除中国构建东亚有意义的贸易协定，即美国迟早一定要找中国。

三、需要从战略上考虑，认真研究并适时介入 TPP 谈判

但从战略上看，意义就不一样了。我国很有必要研究着手介入 TPP 谈判。

（一）基本根据

1. 地缘政治

TPP 是美国亚洲战略的地缘政治体现，通过经济联合体的方式，巩固美国的领导地位和势力格局。如果我国完全置身于 TPP 之外，在地缘政治上则处于其边缘以外。无论从我国在亚洲地缘政治安全角度，还是建立中美新型大国关系角度考虑，都应当在适当时候介入 TPP。

2. 贸易规则制定

按照美国太平洋论坛主席拉尔夫·科萨的说法，TPP 是为世界贸易建立金本位，即确定 21 世纪贸易规则。美国战略经济研究所创始人兼所长、里根和老布什时代美国商务部副部长克莱德·普雷斯托维茨认为，当前世界经济格局同 20

世纪 30 年代十分类似，即金本位崩溃，各国分成若干贸易集团，对内实行优惠，对外构成壁垒，货币竞相贬值。后来是在美国主导下建立世界银行、国际货币基金组织和关税贸易总协定。这一历史有可能在某种程度上重演，至少美国有这样的战略。我国不能等到这些规则和体制都建立后再以申请者身份去参加，而是必须早日介入，成为主导者之一。

3. 推动我国改革开放

TPP 的许多基本要求和指向，同三中全会决定的全面深化改革有不少一致之处，都要求不同所有制企业在市场上公平、公开竞争；要求实行负面清单；要求最大限度减少政府对经济和竞争的不适当干预，消除市场扭曲；要求最大限度消除部门保护；要求保护环境，保护劳工利益；等等。介入 TPP，早日熟悉并试行这些规则，并吸收那些符合改革总体蓝图的成分，有利于推动我国全面深化改革，有利于以开放倒逼改革。

（二）不宜立即参与的理由

（1）政治理由：奥巴马不顾中国的强烈反对会见达赖，我国不宜表示参与美国主导的地缘政治动作。

（2）经济理由：我国目前接受 TPP 基本条款尚不具备条件，美国也不希望中国现在参加。

（3）国际理由：需要与金砖国家特别是印度协商一致，先集中精力搞好金砖国家银行、金砖国家外汇准备基金，并积极推进与东盟国家的 RCEP 谈判，再考虑参与 TPP 谈判活动较适宜。

TPP 谈判的预期进度，给了我国一定的缓冲时间，要努力用好这一缓冲期。

四、具体对策建议

（一）三条战线并进

（1）按照既定路线图，积极推进中韩、中日韩、东盟 10+6 RCEP、中澳等区域和双边自贸谈判。在谈判内容上，尽可能吸收 TPP 中合理并可行的内容。

（2）积极推进改革开放，特别是以上海自贸区为代表的各项开放措施，是我国经济管理体制逐步增加与 TPP 的共同点。

（3）努力推进中美双边投资协定谈判，作为多边谈判的内容的某种过渡。

（二）三小步介入

（1）目前：研究跟踪，不宜马上提出参加。

（2）1~2 年后，视 TPP 谈判和上述我国各方面的进展，提出以观察员身份参加谈判。如果 TPP 谈判已结束，则提出以观察员身份参加其某些活动。

（3）正式参加谈判。谈判内容可以是参加 TPP，也可以是整合 TPP 和 RCEP 等。

（三）战略目标

不是简单的参加方，而是最终参与整合 TPP、RCEP 等主要重叠的自贸安排，形成更高水平的自贸区。短期选择是区域性整合，长远选择是全部整合到 WTO 中。这也是美国的长远目标。我国也应当有此长远战略，力争在制定 21 世纪全球贸易规则中发挥主导作用。

在当前，应当突出两个机遇：第一，在实施 WTO 巴厘部长级会议达成的早期收获协议，以及 WTO 谈判议程上发挥主导作用；第二，抓住 2014 年中国主办 APEC 峰会的历史机遇，高屋建瓴地提出并力争主导在整个 APEC 范围内推进贸易和投资自由化并协调域内各类区域和双边自贸区的主张和大纲。

亚太自贸区与 TPP 不对立①

2014 年 APEC 北京会议的一个中心议题，就是启动亚太自贸区建设并公布路线图。不过，近来有媒体将亚太自贸区简单地归结为中国在争夺对亚太经济的主导权，更有美国媒体说，美国"阻挠"中国主导亚太自贸区的进程，而力推自己主导的 TPP 谈判。这种将亚太自贸区与 TPP 对立起来的说法非常不妥，我们需要有清楚认识。

首先强调的是，亚太自贸区是包括美国在内的 APEC 21 个成员经济体一致同意的计划。自 1989 年成立伊始，APEC 就致力于内部自由贸易安排的推进。到 2008 年即全球金融危机爆发前的 20 年中，APEC 内部平均关税从 16.9%削减到 5.5%，内部贸易额增加了两倍。根据相关研究，全球贸易便利化如果实现，可以增加 1 万亿美元额外收益，创造 2 000 万人就业。APEC 21 个成员占全球 GDP

---

① 原载《环球时报》，2014 年 11 月 7 日。

的 57%，贸易额的 60%。如此算来，大部分增益将产生在亚太地区。因此，亚太自贸区是整个 APEC 的共同利益所在，也是其共同诉求。

说中国想利用北京会议争夺对亚太自贸安排的主导权，这话说对了一半。中国作为东道主，当然有责任主导推动亚太自贸区，何况亚太自贸区也符合中国利益。但中国这样做，并不针对美国，也不是为了一己之利，而是为了整个 APEC 大家庭的共同利益。

美国没必要阻挠亚太自贸区，因为它自身也将是重大受益者。APEC 21 个成员涵盖了参加 TPP 谈判的所有 12 个成员，而且在美国全球贸易中的分量远超 TPP 伙伴。2008~2013 年，APEC 其他成员合计占美国全球贸易比重从 60.0%上升到 63.7%。这六年中，美国全球贸易净增额的 91.7%来自 APEC，其中 37.1%来自中国。这样好的事，为什么要阻挠呢？

其实，美国最初就曾参与推动亚太自贸区进程，但后来兴趣和主要精力放到 TPP 上了，反觉得亚太自贸区会分散精力。一个关键原因是，美国认为 TPP 将为世界制定 21 世纪贸易规则，这套规则应该由它主导制定。但真正的世界贸易规则应是由全世界所有经济体共同制定的。亚太自贸区也将是未来世界贸易规则的组成部分，同样，它只能由这 21 个经济体通过平等谈判来制定。

目前在亚太范围内已经生效、正在谈判或计划启动谈判的各类区域、多边和双边自贸安排有 50 多个，TPP 和 RCEP 是其中最重要的两个。怎么处理这套复杂的关系呢？亚太自贸区并不排斥这些安排或谈判，相反认为 TPP 和 RCEP 都是自己的构成路径，因为亚太自贸区不可能凭空产生。但亚太自贸区也不是这 50 多个协定的简单混合物，而是以现有各类相关安排为基础或参照，对它们进行融合和整合，首先吸取所有这些安排的共同点，其次添加有价值的新内容，使其成为尽可能最高标准的共同准则。

因此，对于美国推进 TPP，亚太自贸区和中国都采取包容态度。中国也是一样，既努力推进亚太自贸区，也努力推进自己的自贸区路线图，如 RCEP 等。

需要科学研究 TPP 的影响和对策选项[①]

由美国主导的 TPP 已于 2015 年 10 月达成协议，一时成为国内关注焦点。它

---

① 2016 年 1 月 21 日在对外经济贸易大学"Regional Integration & Responsible Governance"讨论会上的发言，整理时有补充。

对世界贸易规则版图，特别是对亚太经济一体化的版图会有什么影响，对我国外部经济环境有什么影响，需要进行深入研究。

第一，对 TPP 需要详细研究，避免一知半解就大发议论。现在关于 TPP 的解读文章很多，解读的书也有了。但 TPP 具体条款和附件文字量极大，共 2 000 页。我们在这短短的两三个月内哪里来得及详细看完和消化，所以商务部正在翻译全文，交给数十个相关部委，结合自身情况去评估。我们作为研究人员，更应该进行深入细致的科学研究，然后才能具体判断。

第二，对 TPP、RCEP 和通向亚太自贸区的其他路径，各自影响如何也需要进行科学的量化分析。美国彼得森国际经济研究所 2012 年 11 月发表的《TPP 与亚太一体化的量化分析》（ *The Trans-Pacific Partnership*：*A Quantitative Assessment* ）计算的结果如下。

通向亚太自贸区，如果用 TPP 路径，可以给 TPP 成员额外增加 4 917 亿美元收益，给 RCEP 成员带来 10 825 亿美元收益；如果用 RCEP 路径，则分别带来 2 459 亿美元和 6 286 亿美元收益，可见 TPP 具有明显优势。进而，通过 TPP 路径，可以给整个 APEC 带来 25 171 亿美元额外收益，而通过 RCEP 只能带来 14 107 亿美元收益，给整个世界则分别带来 23 585 亿美元和 13 151 亿美元收益。该报告表明，TPP 是通往 APEC 亚太自贸区目标的最佳路径，也将给世界带来最大收益。

但另有报告表明，TPP 只能给成员国带来 2 300 亿美元的额外收益，RCEP 则可带来 6 420 亿美元收益，差不多是前者的 3 倍。

所以我们需要进一步深入研究，并有自己的量化分析，才能把决策建立在科学基础上。

第三，对 TPP 扩容的前景和影响需要充分估计。APEC 成员中尚未加入 TPP 的，很可能纷纷加入，包括韩国、泰国、印度尼西亚、菲律宾、中国台北和中国香港。从而 TPP 成员扩容到 18 个，只剩中国、俄罗斯和巴布亚新几内亚在外面。在构建亚太自贸区中，TPP 占据主导地位。

但即便如此，TPP 也没有涵盖亚洲其他地区，包括南亚、中亚和西亚。因为在美国看来，只有东亚（包括东北亚、中国和东南亚）与太平洋有关，这是它的地缘政治与地缘经济的大洋特点，它并不是亚洲国家。但中国是，且地缘政治与经济的首要范围是亚洲。"一带一路"恰好涵盖了亚洲全部。

第四，没有中国参与，TPP 恐怕难以成功。据美国官方统计，2014 年，美国与 TPP 其他 11 个参加方商品贸易额为 16 100 亿美元，占其全球贸易的 40.6%。其中与加拿大、墨西哥两国贸易额为 11 945.42 亿美元，占差不多四分之三，与其他 9 国（亚洲和拉丁美洲）的贸易额为 4 154.96 亿美元，占四分之一。所以主体还是 20 年前的北美自贸区。而中国与这 9 国贸易额为 7 792.96 亿美元，为美国与它们的 1.88 倍。且中国是亚洲产业链的中心，美国不是。中国同这 9 个国家都已经或正在洽谈自贸协定。从另一个角度看，2014 年，美国与中国贸易额为 5 904 亿美元，超过与上述 9 国之和。即便在北美自贸区地盘，2015 年前 10 个月，中国取代了加拿大，成为美国第一大贸易伙伴。

第五，加入 TPP 只是中国的选项之一，不是必然选项。如前所说，要建立在详尽分析的科学基础上。中国要按自己的路线图走：短期内，与亚洲邻居建自贸区；中期内，与"一带一路"沿线国家建立不同形成的自贸安排；长期内，与世界主要国家和地区建立自贸区。

第六，无论 TPP 如何扩容，通往亚太自贸区的路径必然是多个，不是一个。其中 RCEP 无法被取代。这是因为东盟本身是个完整的整体，业已宣布成立东盟经济共同体，接着要成立东盟政治共同体和文化共同体。东盟国家和中国、日本、韩国、印度、澳大利亚、新西兰六国有不同于美国的产业链。RCEP 的内容与 TPP 也有很多差别。

第七，将来如果 TTIP 也达成协议，美国和欧盟是否联手以 TPP/TTIP 为基础，在 WTO 发动新一轮全球多边贸易谈判，以此为基础构建 21 世纪贸易规则，可能性存在，但成功希望很小，看看多哈回合就知道了，根本原因在于世界的多样性和巨大的差异性。能够获得最大多数国家和地区支持的经济贸易规则必须是包容的，而不是单纯高标准的。

美欧跨大西洋贸易投资协定谈判的影响[①]

2013 年 2 月 12 日，奥巴马在第二任期首次国情咨文演说中宣布启动美欧跨大西洋贸易与投资协定谈判，2 月 13 日又同欧盟理事会主席范龙佩、欧盟委员会主席巴罗佐联合宣布了这一点。

3 月 7 日下午，美国驻华使馆经济处官员安浩博（Christopher Allison）和经济专家贾丽文拜访中国国际贸易学会，会见学会中美欧研究中心共同主任何伟文、李永，就美欧启动跨大西洋贸易与投资伙伴关系谈判介绍了一些情况。

3 月 21 日上午，欧盟驻华代表团贸易与投资参赞司徒皎（Joao Santos）邀请何伟文和商务部国际贸易经济合作研究院欧洲研究部副主任姚铃，在其使团介绍

---

① 2013 年 4 月 21 日给中国国际贸易学会的建议。

了 TTIP 相关情况并谈了使团的看法。

现将二人谈话主要内容、欧盟使团提供的背景文件部分要点，以及初步看法与建议综述如下。

一、美欧驻华使馆官员的主要看法

（一）美国驻华使馆经济处官员安浩博的看法

1. 美欧第二次世界大战后推动制定世界经济贸易规则符合中国利益

安浩博说，美欧启动 TTIP 谈判，加上几年前参与的 TPP，如果最后日本也参加，发达国家就基本都包括了。但他对有些人说的经济北约很不理解，为何把它看成威胁，对局外国家构成挑战。实际上，1944 年美国主导布雷顿森林体系的建立，就是为了第二次世界大战后确立世界经济、金融、贸易的规则体系。后来建立的关贸总协定，以及 WTO，一直运作得很好，这是全球共识。中国加入世贸后，发现世贸规则对中国也是很好的。

2. TPP 不针对中国，最后会包括中国

安浩博说，美国在 TPP 谈判中已经遇到许多问题，主要是太复杂。将来各方都会参加，符合各方利益，问题在于如何使谈判更有效。目前中美两国还没有自贸协定，如果中国现在参加 TPP 谈判，会很缓慢。将来美国再同中国接触，如何能够整合起来（fit together）。安浩博不认为 TPP 针对中国，最后会包括中国，只是步骤问题。否则太复杂，像多哈回合一样。

3. TTIP 的细节还在讨论

安浩博说，至于 TTIP 达成协议后，北美自贸协定是否自动适用所有欧盟国家，欧盟现有内部自由化协定是否自动适用美国，都还没有定，都是谈判内容。目前是在高层工作组讨论，更多的是基础方面，肯定要包括劳工条款，欧洲在这方面不是问题，墨西哥是问题。

4. 启动 TTIP 的主要原因在国内经济

安浩博说，启动 TTIP 的最大原因在国内经济，在于需要解决就业，需要扩大海外市场，推动五年出口倍增和增加在美国投资。目前奥巴马政府的财政政策和货币政策可以维持经济稳定，但无法恢复到过去的状态。因此，政府的能力有限，要恢复到过去，创造更多就业，出口贸易是一个工具。所以，推动自由贸易

谈判是因为国内需要，需要它来减少赤字，增加就业。

并且说，民主党历史上对自由贸易比较忧虑。但奥巴马已经明确，美国需要这个东西。我们是根据美国利益行事，但对很多利益集团来说很痛苦。奥巴马清楚地说明，自由贸易是美国要达到的目标，要做出牺牲，以达到最后的利益。

5. 两点关键

（1）TTIP 和 TPP 对中国都不是威胁，而是机会，是想预先设计 21 世纪贸易体制。20 世纪美国所做的事，包括主导创建 WTO，是成功的，对大多数国家有利。并不构成歧视，而是想符合世界贸易绝大多数方面的需要。这两个协定都不是封闭的俱乐部，也并非在 WTO 之外另搞一套，仍然是推动多哈回合和全球贸易体制。

（2）TTIP 的主要成果将是欧盟和美国经济的增强。美国和欧盟分别是中国第一大市场和第二大市场。美国和欧洲经济好了，中国也将受益。

（二）欧盟驻华使团参赞司徒皎的主要看法

1. TTIP 并非针对中国而谈，本身经历了一个长过程

欧盟希望同中国保持良好关系。

2. 欧盟仍然努力推动全球多边自由贸易谈判和多哈回合

司徒皎说，欧洲主张多边贸易自由化，并说服各方参与。但多哈回合至今很令人失望。希望 2013 年年底在印度尼西亚巴厘岛举行的 WTO 第九届部长级会议在一些关键议题上有所突破，包括贸易便利化、最不发达国家、农业补贴等。这个想法与中国相似。欧盟希望同中国合作，商谈世界贸易一些新领域的协定，如信息产品贸易协定。信息产品已占世界贸易 20%，需要讨论延长产品清单和参与国清单。在这方面，中国都是欧盟最好的朋友之一。

3. TTIP 是为了最终推动全球贸易自由化进程

司徒皎说，单靠全世界多边贸易谈判，进展很慢。欧盟通过与美国的自由贸易谈判，将给世界一个展示，即两个最大的经济体之间都可以达成协议。其他国家为什么不可以呢？当然对发展中国家要有特殊待遇。是否可以把 TTIP 成果转过来推广到全球，或者部分地推广到全球。欧盟仍在全力推动 WTO 谈判，与此同时推进区域性自贸协定谈判。

4. 选择美国是出于经济原因

司徒皎表示，欧洲正深陷危机，美国情况要好得多。它们实行量化宽松，经

济在缓慢增长。欧洲经济的第一驾马车投资，问题是没有投资，政府无资金。葡萄牙（司徒皎系葡萄牙人）公共债务占 GDP 的 130%。所以今后几年几乎不可能有大的突破。第二驾马车消费，需求很差。由于失业率高，在职的不少又降低工资，所以消费能力很弱。第三驾马车出口不错。2012 年顺差很高，部分抵消了国内投资消费的不足。如果我们同最大贸易伙伴美国达成自贸协定，提高市场准入，刺激经济，可以增加欧洲和美国双方的 GDP 和就业，而不需要花财政的钱。欧盟理事会除了高级专家组有专门报告外，还邀请了英国一家独立研究机构提供了详细的分析报告。报告的结论是，TTIP 影响的三分之二是正面的，三分之一是负面的。正面大于负面。主要原因有以下三方面。

第一，通过双方贸易规则和标准的统一，大大增加贸易便利化，这一规定同时适合第三国。

第二，促进经济和消费增长。报告估计，到 2027 年，可使欧盟 GDP 提高 0.5 个百分点，美国 GDP 提高 0.4 个百分点。

第三，中国经济日益全球化，中国和其他国家也将受益；这些国家在欧洲的企业也将受益。

5. 关于 TTIP 是为了遏制中国的报道是误解

司徒皎说，关于 TTIP 有很多报道，不少都说美国遏制中国，欧洲也一样。其实不是这样。美国有全球战略，欧洲无此理念，绝对不想遏制中国。中国加入 WTO 后的 11 年，欧洲对中国的出口没有一年下降。欧洲的汽车企业在欧洲销售不好，但在中国很成功。它们之所以能够存活是因为中国。因此，欧洲不会做影响与中国战略合作的事，否则很愚蠢。相反，欧洲的高层都表示希望增强与中国的战略关系。

6. 欧洲不与中国谈 FTAs 的原因

司徒皎表示，为何欧洲现在不同中国谈 FTAs 呢？首先，欧洲愿意谈，因为符合欧洲利益。欧盟曾经非正式地向中国提出过，但截至 2012 年 9 月，中国都没有明显兴趣。我们分析原因是，欧洲现在关税只有 3%，中国是 10%~12%。如果谈 FTAs，则中国要做出更大让步。双边投资方面，欧洲很多企业都希望到中国拓展市场，但中国在若干领域都有限制。2012 年 9 月温总理向欧盟提出一揽子合作计划中，包括启动中欧 FTAs 可行性研究。欧盟感到很突然，中国没有事先打招呼。欧盟不知道中国是真想谈还是做姿态。2012 年中国对欧盟投资增值很快，中国国家电网收购葡萄牙电网，金额 40 亿欧元。但总体说来，与欧盟在中国的投资规模很不相称，而且规章上也不同。欧洲人问，为什么中国可以收购我们的电网，我们却不能收购或参股中国国家电网？

司徒皎主张中欧先谈 BIT，如果能谈好，表明中国确实在进一步开放市场准入，愿谈 FTAs，那么再开始 FTAs 谈判，一步步来。中国对 TTIP 的担心是合理合法的，但欧盟并不想孤立中国。

7. 欧美统一规则和标准对中国有利

司徒皎认为，欧盟与中国在体制和标准上的类似性大大高于欧盟与美国之间。在体制上，欧盟许多国家实行社会市场经济，中国实行社会主义市场经济，其差异比与美国的自由市场经济要小。中国实行的汽车和汽油标准，很多环境标准，度量衡标准，都是欧洲标准，而汽车产业占中国整个经济的 11%。所以 TTIP 的一个实质是把美国纳入欧洲的标准体系，这对中国有利。当然在信息通信领域，美国的标准占优势。欧美之间统一规则和标准很不容易。

8. TTIP 涉及的几个有关问题

（1）国有企业问题。欧盟本身有很多国有企业，特别是在法国。国有企业的存在没有问题。问题是不应增加不公平竞争，不应扭曲市场运作，应实行竞争性中立原则。不理解的是像中远这样的国有企业去搞房地产，把房价拉高了，增加了老百姓的负担。而中远本身是国有企业，即全体公民所有。它赚的钱不拿来给老百姓用，反而自己发财，增加公民负担，这是无法理解的。

（2）保护幼稚产业问题。幼稚产业仍然可以受到保护，但要合法。中国已经是世界电器最大出口国，不能说电器工业还是幼稚产业。中国汽车工业已经迅速发展了 30 多年，已经是世界最大的汽车生产国，没有理由再保护。

（3）服务业开放。中国加入 WTO 后，这几年没有什么大的改革。中国服务业仍然落后，原因是很多领域没有竞争。应当允许外国服务业公司受到和中国公司一样的待遇。例如，规定外国保险公司每年只能新增一家分支机构。大的保险公司一般有几百家分支才能实行规模经营，按现在规定要几百年。通信领域，中国电信已经是世界最大，为何不让沃达丰也来经营？

二、关于 TTIP 基本轮廓的一些背景文件

（一）2013 年 2 月 13 日欧盟委员会备忘录

该备忘录宣布启动 TTIP，概述了它的宗旨和主要领域。

1. 背景

欧盟和美国合计占世界 GDP 的 47%。每天相互贸易（商品与服务）额超过

20 亿欧元，相互投资存量超过 2 万亿欧元。达成 TTIP，到 2027 年欧盟每年 GDP 可增加 0.5%，美国增加 0.4%。收入分别增加 860 亿欧元和 650 亿欧元。

2. 协定涵盖的范围

（1）市场准入：消除关税，开放服务业，投资自由化，公共采购自由化。

（2）规章兼容。

（3）与全球贸易相关的规则为：①知识产权；②可持续贸易；③其他。

（二）2013 年 2 月 11 日美欧关于就业与增长高级工作组的最终报告

关于 TTIP 协定的结构与内容如下。

1. 市场准入

（1）关税：目标是全部零关税。实施时削减，分期逐步至零，对敏感产品研究替代办法。

（2）服务业：最高水平的自由化和透明度。

（3）投资：自由化，有关保护条款基于最高水平的自由化和最高保护标准。

（4）采购：大大提高基于国民待遇的进入各级政府采购的机会。

2. 规章问题和非关税壁垒

（1）雄心勃勃的"SPS 加"：卫生和植物检疫，以 WTO 有关协议为基础。

（2）雄心勃勃的"TBT 加"：基于 WTO 平行的非关税壁垒规则和纪律，改进对华合作机制。

（3）相互规则的一致性和透明度。

（4）附加承诺：在具体的商品和服务贸易部门，商定规则的兼容性。

（5）确定未来规章合作的框架。

3. 应对共同的全球贸易挑战与机遇

研究制定若干领域的规则，不限于双边，而且有助于加强全球贸易体系，制定规则的领域如下所示。

（1）知识产权。

（2）环境与劳工：以现有有关协定为基础，即欧盟现有协定中有关可持续发展章节和美国现有协定中有关环境与劳工章节。

（3）海关与贸易便利化。

（4）竞争政策。

（5）国有企业及获得政府特许的其他企业。

（6）对贸易的当地壁垒：保护和提供优惠于本地工业和本地支持产权，牺牲进口产品和外国公司知识产权。

（7）能源。

（8）中小企业。

（9）透明度。

（三）独立研究报告：伦敦经济政策研究中心《降低跨大西洋贸易与投资壁垒：最终经济评估报告》

报告的主要结论如下。

（1）这样做的利益：欧盟每年可增加收入 1 190 亿欧元，美国增加 950 亿欧元；欧盟每个四口之家每年可增加可支配收入 545 欧元，美国增加 655 欧元。

（2）不会使世界其他地区付出代价，相反可使全球收入每年增加 1 000 亿欧元。

（3）欧盟对美国出口可增长 28%，即每年增加 1 870 亿欧元；欧盟全部出口增加 6%，美国全部出口增加 8%。

（4）80%的收入增加来自减少官僚成本和规章成本，以及服务业和投资的自由化。

（5）对二氧化碳排放和自然资源可持续使用的影响可以忽略不计。

三、我方观点表达

交流当中，我方做了如下观点表达。

（1）美国和欧盟是世界最大的两个经济体，在 WTO 多边贸易自由化面临挑战的情况下，开展双边自贸安排，将使 WTO 的前景更加复杂。

（2）美国、欧盟是传统战略伙伴，占世界经济总量近 50%和贸易总量的 40%，通过 TTIP 达成经济联盟，似乎是在建立一个"经济北约"（economic NATO），将导致世界经济发展出现新的两极分化和不对称格局。

（3）美欧在 WTO 允许的条件下形成更自由的贸易安排，事实上对发展中国家形成新的歧视和排除，发展中国家将失去美欧市场支持的动力。

（4）TTIP 将使经济全球化条件下的供应链格局被重新布局，利益向美欧这两个经济体倾斜，发展中国家在这个进程中被进一步边缘化。

（5）欧盟是中国最大的贸易伙伴，美国是中国最大的出口市场。欧美之间一旦实行零关税，中国产品将相应增加成本 3.5%~5.2%。中国当然对此表示关切。

四、初步分析

（一）对 TTIP 背景的看法

1. TTIP 启动的直接原因是经济

在世界经济复苏艰难，欧债危机继续延续的环境下，美欧都需要通过这一宏大的双边贸易与投资自由化促进出口、投资和就业。美欧启动 TTIP 谈判所基于的独立研究报告认为，TTIP 可使欧盟和美国的 GDP 到 2027 年分别年增 1 192 亿欧元和 949 亿欧元，即分别增加 0.4% 和 0.5%，或使欧盟每个四口之家每年增加可支配收入 545 欧元，美国四口之家增加 655 欧元。可使欧盟全部出口增加 5%，美国全部出口增加 8%。这点毫无疑问得到美欧政府一致支持。

2. TTIP 的启动不仅限于美欧自身经济，还在于它们巩固在世界经济中的主导地位的战略需要

金融危机以来，美欧经济增长艰难。而中国等金砖国家增长迅速，分量明显上升。世界银行统计，美国、加拿大、欧盟和日本合计，2006 年 GDP 为 337 873 亿美元，占全球总量约 67.4%，2011 年为 401 928 亿美元，6 年内累计增长 19.0%，净增 64 055 亿美元。同期全球 GDP 总量则从 50 万亿美元增至 70.02 万亿美元，增长 40.0%，净增约 20 万亿美元。结果，美国、加拿大、欧盟和日本占全球总量比重在这 6 年内整整下降了 10 个百分点，2011 年为 57.4%。同一期间，金砖 5 国 GDP 合计从 60 019 亿美元增至 139 338 亿美元，占世界 GDP 总量的比重从 12.0% 上升到 19.9%，累计增长 132.2%，净增 79 319 亿美元，贡献了 39.7%，即差不多四成的全球增长量。而美国、加拿大、欧盟和日本合计只贡献了 32.0%，即世界经济的增长总量的主体第一次不来自发达国家，其中特别突出的是中国。2006~2011 这 6 年，中国 GDP 从 27 130 亿美元增长到 73 184 亿美元，占世界总量比重从 5.4% 上升到 10.5%（2012 年世界银行数字还没有出来，估计中国达到 82 040 亿美元，占全球比重超过 11%）。中国一家的净增量就达到 46 054 亿美元，相当于美国、加拿大、欧盟、日本增量合计的 71.9%。

在贸易上，美欧各自的全球贸易中，中国均是增长更快的对手。我国国家统计局和美国商务部国际贸易署数字，2007~2012 年，中国对欧盟出口从 2 451.92 亿美元增长到 3 339.88 亿美元，增长 887.96 亿美元，增幅 36.2%。同期美国对欧盟出口从 2 441.66 亿美元增至 2 651.32 亿美元，仅增 8.6%，净增 209.66 亿美元。2007 年美国对欧盟出口额和中国只差 10.26 亿美元，2012 年则相差 688.56 亿美元。同期欧盟对美国的出口额从 3 544.09 亿美元增至 3 808.48 亿美元，仅增 7.5%，净增 264.39 亿美元。而中国对美国的出口则从 629.37 亿美元增至 1 105.90 亿美

元，增长 75.7%，是欧盟增速的 10 倍，净增 476.53 亿美元。

《经济参考报》2013 年 3 月 14 日报道，德国德意志银行近日发表的研究报告称，TTIP 谈判"显示欧美将联手应对中国产品在国际市场上的挑战"。报告直截了当地指出，"TTIP 将创造全球重量级经济体之间最自由的商业关系。此举是应对中国实力提升而采取的防御性策略。官方宣称的 TTIP 将有助于促进多边体系的作用仅是大胆的设想和声明"。

同样据《经济参考报》报道，新加坡《联合早报》也于近日载文称，"欧美目前只有相互抱团，才能夺回正在日益失去和稳固在全球的领导地位。经济全球化加速了全球经济中心从大西洋向太平洋的转移，也许正是这种危机使他们走在一起。其中不仅美国需要欧洲，欧洲也需要美国"。

面临"东升西降"的局面，发达国家需要通过区域自贸协定来重建西方（欧盟称之为经济版北约）。因此在美国加紧推动 TPP 不久，美欧又同时启动跨大西洋贸易与投资伙伴关系谈判。差不多与此同时，日本宣布参加 TPP 谈判，欧日则宣布启动自贸协定谈判。

3. 美欧加紧重新制定世贸规则，主导 21 世纪世贸规则的制定

现行 WTO 规则是 20 多年前制定的。其核心是商品自由贸易的边境措施（关税等）。20 多年来，发达国家通过产业升级，重点和强项逐渐转到高端制造业和服务业。一般商品制造的优势转到新兴国家。发达国家认为现行世贸体制有利于发展中国家，多哈回合反而制约了发达国家（多哈回合又称发展回合）。因此需要另起炉灶，把重点放在边境后即各国国内措施上，放在与其产业优势相关的知识产权、环境、劳工、国有企业、标准等领域。

（二）对 TTIP 框架内容关键特点的看法

（1）以"最高水平"的贸易与投资自由化为目标，涵盖了商品、服务贸易和投资的几乎所有领域，其重点是非关税壁垒。伦敦经济政策研究所提供的独立报告指出，TTIP 的重点内容是非关税壁垒，其中核心又是减少规章成本、服务贸易自由化和开放政府采购。报告估算 TTIP 潜在收益的 80% 来自非关税壁垒。

如果仅限于零关税，欧盟 GDP 到 2027 年只能年增 237.35 亿欧元；如果实现"最高水平"自由化，则可增加 1 192.12 亿欧元，为前者的 5.02 倍。美国则分别增加 94.4 亿欧元和 949.04 亿欧元，后者是前者的 10.05 倍。从出口增长效果看，仅限于零关税可使欧盟对域外全部出口增加 437.40 亿欧元；如果实现"最高水平"自由化，则可增加 2 199.70 亿欧元，为前者的 5.03 倍。美国则分别增加 573.30 亿欧元和 2 395.43 亿欧元，后者为前者的 4.18 倍。显然，美欧都要选择"最高水

平"的自由化。其效果则略有差别，对美国 GDP 增长的效果更大，对欧盟出口增长的作用则更大。

（2）以规则为中心，主要是美欧规则的整合。

（3）跨越美欧双边，着眼 21 世纪新的世界贸易规则的前沿性制定。

（三）TTIP 本身没有针对中国，但与中国关系极大

（1）近期内，TTIP 对中国产品输欧美带来正面碰头影响，尚不会很大。美欧相互间的商品贸易主要是水平分工产生的商品流。欧盟和美国相互出口的前六大类完全相同，即化工、计算机及电子、机械、运输设备、杂项制成品、石油及煤炭产品。这六类分别占欧盟对美国出口 71.8%和美国对欧盟出口的 71.4%。而中国与美国和欧盟的产品大类有很大不同，主要是垂直分工的反映。对美国出口上述六大类中，运输设备、化工和石油及煤炭产品未进入前六位，遥遥领先的是计算机及电子，占美国从中国进口总额 37.2%，但这也是典型的加工组装的垂直分工。因此目前正面竞争比重并非很高，何况该协定的谈判和达成尚需时日。但中国对美欧出口结构也在升级，假以时日，正面相撞的可能性会增加，需要密切跟踪研究。

（2）美欧相互间贸易与投资的进一步自由化和便利化，提高了各自在对方市场对中国产品的竞争力。但具体行业的影响需要逐个分析和测算。

（3）最大的影响是规则方面，既有直接影响，更有长远影响。

第一，直接影响。TTIP 涉及的问题和规则制定，几乎涉及了当前美国和欧盟对中国的主要诉求。它们将直接沿用到对华贸易关系中，并将纳入同中国双边BIT 谈判中，欧美规则统一对中国的利弊均有，需要精细分析。

第二，长远影响。TTIP 主导未来世界贸易规则的制定。一旦"经济版北约"达成协议，它们必然沿用到 WTO 多边谈判中，并作为 WTO 的基础。中国要么接受，要么被边缘化，实质性修改的可能性很小，将使中国乃至新兴经济体处于被动地位。

（四）对 TTIP 谈判前景和对多哈回合谈判影响的估计

1. TTIP 的谈判将是费时冗长的

（1）欧美体制和规则有相当大差异。就体制而言，美国行政部门必须得到国会快轨授权，否则达成协议后再经国会批准，将费时冗长，且不一定成功。欧盟则实行 27 个成员国一致的原则，一国不同意则通不过。

（2）货物贸易关税的谈判难度估计不大，非关税壁垒和服务贸易的谈判可能会面临更多的难题。主要难点包括烟草、汽车、农产品、医药、金融、视听产品、政府采购等。

（3）大约70%的规则需要通过谈判实现并轨。美欧虽然法制环境总体一致，但法律体系有异，美英遵循盎格鲁-撒克逊法，欧盟主体实行大陆法。其间将有很多扯皮、争吵、停顿和妥协。

普遍观点认为，美欧期望到2014年年中完成全部谈判的可能性很小。

2. 美欧均认为 TTIP 不排斥 WTO，相反是对 WTO 的支持和促进

TTIP 的影响可能表现在两方面：一方面，TTIP 及 TPP，无疑将分散美欧相当部分精力和资源，影响多哈回合的努力；另一方面，WTO 今后的进程和议程，很可能受到 TTIP 的影响。

五、应当认真研究 TPP

（1）不应简单地将 TTIP 政治化，简单地认为是美欧联手压制中国、遏制中国。首先应从经济根源进行深入和彻底的分析了解。但也不能简单地停留在经济层面，要从战略层面进一步分析 TTIP 启动后中国面临的战略环境。

（2）商务部会同有关部门成立 FTAs 研究中心组，并进行课题立项，组织有关力量，对 TTIP，结合 TPP 和日本参加 TPP 谈判、日欧自贸协定谈判进行深入、透彻的研究。研究需分解为两方面，即战略方面和技术方面。战略方面应研究 TTIP 对整个世界经济和世界贸易格局、未来规则的影响以及对中国经济环境安全的影响。技术方面则应按主要行业细致分析主要行业可能受到的影响，中国产业政策、国有企业、保护知识产权、劳工、环境、服务业开放等可能面临的压力，需要进行具体的量化分析，进行测算比较，避免简单化、概念化。可参考伦敦经济政策研究中心的研究方法，在深入研究的基础上提出应对建议。

（3）充分关注 TTIP 和 TPP 的一切动态，同时集中力量，按自己的时间表推进中国、日本、韩国和 RCEP 谈判。TTIP 和 TPP 的有关思路和具体条款，可以适当参照。

（4）通过对 TTIP 的动态跟踪研究，不断加深美欧对贸易与投资自由化的一系列最新诉求研究，更好地推进对美欧经贸合作，并在合作过程中不断解决或缓解存在的主要问题。

（5）需要进一步提高对世界贸易与投资自由化大趋势的认识和紧迫感，变压力为动力，主动提高对外开放水平，加快改革开放，积极转变政府职能，加快市场经济建设，推动国有企业、民营企业、外商投资企业公平竞争，与时俱进，认真研究服务业开放的深化和投资体制的改革，成熟的领域可以主动开放。

第三章
"一带一路"伟大倡议和中国布局

2015 年来国际形势和对"一带一路"伟大倡议的再认识①

一、2015 年来国际形势的基本特点

2015 年来国际形势的基本特点概述如下。

1. 经济形势的基本特点

（1）世界经济复苏比 2015 年年初预期差很多，新兴经济体总体情况更差。

（2）多边贸易体制举步维艰，碎片化继续演进，美国力图主导，各大洲板块自贸安排都在推进。

（3）世界原油和大宗商品价格持续低迷，处于产业链低端的部分新兴经济体困难深重。

（4）美元强势和美联储加息预期支配世界货币和资本市场，新兴经济体处于弱势。

2. 政治和安全形势的基本特点

（1）中美关系出现新的紧张态势，习主席访美成功管控分歧，寻求共赢，取得巨大成功。

（2）美国加紧推进亚太再平衡战略，纵容安倍通过新安保法和在南海挑拨离间，南海问题继续发展。

（3）乌克兰危机进入僵持阶段，美俄加强对俄制裁，同时开始寻求妥协。

（4）美俄同时在叙利亚对"伊斯兰国"实施空中打击，伊核问题达成历史性协议，俄罗斯在西亚势力增强。

（5）美国在中东北非的颜色革命造成非法移民大量涌入欧洲的灾难性后果。

（6）希腊债务危机和难民潮正在撕裂欧盟，欧盟已既不像欧洲，也不像联盟。

（一）经济形势

1. 世界经济复苏势头正在减弱

国际货币基金组织在其 1 月、4 月、7 月和 10 月发布的《世界经济展望》报

---

① 在上海市人大常委会中心学习组的辅导报告，2015 年 10 月 30 日。

告中，每一次都下调对 2015 年世界经济增长预期。最新估计 2015 年全球 GDP
增长 3.1%，低于 2014 年的 3.4%，如表 3-1 所示。

表 3-1　世界各地区 GDP 增长率预测（单位：%）

地区或国家	2014 年	2015 年	2016 年
世界	3.4	3.1	3.6
发达国家	1.8	2.0	2.2
美国	2.4	2.6	2.8
欧元区	0.8	1.5	1.6
日本	−0.1	0.6	1.0
新兴/发展中国家	4.6	4.0	4.5
俄罗斯	1.0	−2.7	0.5
除俄罗斯外独联体国家	1.9	−0.1	2.8
亚洲新兴/发展中国家	6.8	6.5	6.4
中国	7.3	6.8	6.3
印度	7.3	7.3	7.5
东盟五国	4.6	4.6	4.9
欧洲新兴/发展中国家	2.8	3.0	3.0
中东北非/阿富汗/巴基斯坦	2.7	2.5	3.0
撒哈拉以南非洲	5.0	3.8	4.3
南非	1.5	1.4	1.3
拉丁美洲/加勒比	1.3	−0.3	0.8
巴西	1.3	−3.0	−1.0

资料来源：国际货币基金组织. 世界经济展望. 2015

2014 年 11 月 G20 布里斯班峰会制定的五年内把全球 GDP 增速提高 2.1 个百
分点的宏大目标，不到一年就注定要落空。

值得注意的是，发达国家总体在加速，新兴和发展中国家总体在减速。全球
金融危机以来新兴和发展中国家地位上升态势出现了暂时的停顿。

中国经济的减速，本来是进入新常态后仍属中高速增长，却在世界上引起很
大反响。特别是股市暴涨后的剧跌，以及人民币对美元的轻微贬值，其影响被西
方媒体严重夸大和歪曲。

但许多新兴经济体也在担忧中国减速的影响。无论发达国家还是新兴经济
体，都有各自不同的问题。前者主要是缺乏增长点，后者则既因为本身需要结构
调整和升级，也因为在世界资本、货币、商品市场、资源、能源、技术的支配上
处于弱势。

2. 多边贸易体制举步维艰，碎片化趋势增强

（1）多边贸易体制。

巴厘贸易便利化一揽子协定仍在纸面上，批准进程微乎其微，多哈回合势头进一步减弱。

仅信息技术协定（Information Technology Agreement，ITA）达成协议。

（2）区域、次区域、诸边、双边自贸安排

第一，跨太平洋：TPP 于 2015 年 10 月 5 日达成基本协议（成员国为美国、加拿大、墨西哥、智利、秘鲁、日本、新加坡、越南、马来西亚、文莱、澳大利亚和新西兰 12 国，12 国合计占全球 GDP 的 40%，贸易额的 30%）。

第二，亚洲：RCEP 进展基本如期，2015 年年底可望达成实质性协议；中韩、中澳自贸区达成协议。

第三，非洲：三大自贸区合并。2015 年 6 月 10 日，在埃及海滨城市沙姆沙伊赫举行的非洲三个一体化组织的经济峰会上，非洲三个自贸区东非共同体（East African Community，EAC）、东部和南部非洲共同市场体（Common Market for Eastern and Southern Africa，COMESA）和南部非洲发展共同体（Southern African Development Community，SADC）26 国的领导人签署协议，并发表《沙姆沙伊赫宣言》，将三个自贸区合并为大自贸区（the tripartite free trade area，TFTA）。

第四，拉丁美洲、加勒比：2015 年 7 月 3 日在秘鲁帕拉卡斯举行的第十届太平洋联盟峰会通过了《帕拉卡斯声明》，宣布《太平洋联盟框架协议》（墨西哥、智利、秘鲁和哥伦比亚四国组成）正式生效。

第五，美国与欧盟之间的 TTIP 谈判进入第二年，由于分歧深刻，进展不大。美欧特别是美国力图主导世界经济贸易规则制定的势头仍在加强。

TPP 和 TTIP 是美国的两洋战略，目的是构筑"经济北约"，维护对世界经济贸易的主导地位。

据路透社报道，2015 年 10 月 5 日，即 TPP 基本达成协议的当天，奥巴马谈到 TPP 时说："我们不能让中国这样的国家书写全球经济规则。"

（3）世界原油、天然气和大宗商品价格低落，部分处于产业链低端的新兴经济体困难深重，如表 3-2 和表 3-3 所示。

表 3-2　世界原油、天然气价格指数变动（单位：%）

年份	2014	2015	2016
原油	−7.5	−46.4	−2.4
天然气	−4.0	−16.9	−5.1

资料来源：国际货币基金组织. 世界经济展望. 2015

表 3-3 国际市场大宗商品价格指数

年份	2011	2014	2015 年上半年	比 2014 年变动百分比/%
能源	165.038 4	153.274 5	111.985 1	−26.9
初级金属	197.134 8	143.896 7	121.000 4	−15.9
粮食	162.881 3	150.111 1	135.426 6	−9.8
原材料	133.279 9	127.433 9	115.878 4	−9.1

注：2005=100.000 0
资料来源：国际货币基金组织. 世界经济展望. 2015

困难比较突出的是俄罗斯、哈萨克斯坦、巴西、南非、马来西亚、赞比亚等，这进一步说明处于产业链低端的国家经济的局限性。更重要的是：原油和国际大宗商品定价权牢牢掌握在发达国家手中，为了改变产业结构的低端和定价权的弱势，新兴经济体做了长期的不懈努力。但从 2015 年来的形式看，这一地位不仅没有根本改变，反而更弱了。

（4）美元的强势和美联储加息前景支配世界货币和资本市场，新兴经济体处于弱势地位，如表 3-4 所示。

表 3-4 纽约市场美元对主要货币收盘价

货币	2014 年 12 月 31 日	2015 年 10 月 8 日	变动/%	2015 年 8 月 14 日	2015 年 10 月 9 日	2015 年来变动/%
人民币元	6.204 6	6.209 4	—	6.390 8	6.345 0	+2.3
欧元[1)	1.201 5	1.099 4	+9.3	1.111 0	1.136 3	+5.7
日元	120.200 0	124.550 0	+3.6	124.270 0	120.300 0	—
巴西雷亚尔	2.696 7	3.469 9	+28.7	3.462 5	3.733 9	+38.5
印度卢比	63.270 0	63.770 0	+0.8	65.020 0	64.760 0	+2.4
马来西亚林吉特	3.515 0	3.927 0	+11.7	4.079 1	4.135 0	+17.6
南非兰特	11.699 0	12.673 5	+8.3	12.798 0	13.315 5	+13.8
美元对主要货币名义汇率指数	85.821 8	92.404 8	+7.7	91.960 0	90.472 5	+5.4

1）一欧元兑美元数
资料来源：http://www.federalreserve.gov

值得关注的是，过去 11 年（2004~2014 年）来，由于发达国家采取的低利率直至零利率政策，新兴经济体对外所负的公司债翻了两番，从总计 4 万亿美元增至 18 万亿美元。

美联储加息无疑将增加按本币计算的还本付息负担，加上资金回流发达国家，这些国家对外收支面临更多风险，货币仍将继续承受贬值压力，企业成本也将上升。这些都将进一步增加经济困难。

所有这些，都是金融危机以来世界经济的基本态势，但 2015 年来表现得更加明显，而且 2016 年难有根本改观，对新兴经济体更加不利，中国所处的外部环境也更加严峻。

（二）政治和安全形势

1. 中美关系出现新的紧张态势，习主席访美取得巨大成功

中美关系出现的新的紧张态势如下。

（1）兰普顿"临界点"说。

（2）美智库"重新审视美中关系"的思潮。

（3）美国在安倍新安保法问题上为什么明显偏袒日本？

（4）为什么一个域外国家频频插手南海争端？

（5）中美在网络安全问题上的尖锐分歧是全局性的。

习主席访美取得的巨大成功如下。

（1）最大的意义是在最高层面重申致力于新型大国关系建设：有能力管控分歧，有能力寻求足够的合作共赢空间。

（2）美国重申欢迎中国崛起，中国重申不挑战美国主导地位。

（3）中美同意寻求网络安全的国际标准。

（4）中美商定管控分歧的各种具体机制（军事、外交、网络）。

（5）在美国工商界和民众中获得广泛支持。

（6）在全球和多边热点问题上取得普遍共识。

2. 美国加紧推进亚太再平衡

（1）美国并未因乌克兰危机而放松亚太再平衡的努力。

（2）TPP 是美国亚太再平衡战略的经济工具和基础。

（3）美国自己划定的势力范围包括整个西太平洋，包括南海。到 2020 年，美国海军的 60% 力量将部署到西太平洋，难道目的是如它所说的"不遏止中国"吗？美国自然需要小伙伴为它出力，包括日本、菲律宾、韩国、新加坡，甚至越南。

3. 乌克兰危机进入相持阶段

乌克兰的政变是美国策动的，因为它不能容忍俄罗斯的欧亚联盟。布热津斯基表示，"没有乌克兰，俄罗斯就不再是欧亚帝国。"美欧制裁俄罗斯，欧洲遭受约 4 000 亿欧元损失。不能简单地认为欧洲被迫听美国人的话，它们在本质上

是一致的。俄罗斯收回了克里米亚，实际控制了乌克兰东部两州，但失去了乌克兰。乌克兰失去了领土完整，但并没有能力完全融入欧盟。

美国削弱了俄罗斯，也削弱了欧洲。到了"生米煮成熟饭"的时候，克里就同拉夫罗夫坐在一起了，默克尔也提出可以和俄罗斯谈自贸区。乌克兰问题是美国全球战略的一部分，属于大西洋战略，把俄罗斯势力范围尽可能向东压。在经济上，尽可能削弱俄罗斯。

欧盟在政治上和意识形态上同乌克兰现当权者一致，但无全球战略。因此没有兴趣把俄罗斯整到底，相反适当时候寻求合作。估计俄罗斯外交上在西方的孤立不会持续很久，商业上的合作则已经开始，俄罗斯的经济困难在 2016 年会缓解，欧盟制裁可能基本取消。如果油价涨到 65 美元，俄罗斯经济将恢复增长。

4. 西亚局势：美俄在叙利亚境内同时空中打击"伊斯兰国"，但目标迥异

伊核问题达成协议后，伊朗、伊拉克、叙利亚、黎巴嫩力量可以连成一片，俄罗斯可能反居优势。

5. 美国在中东北非不断制造"颜色革命"，带来欧洲非法移民潮的灾难性后果

美国不是乱局的唯一原因，法国也是一个。

颜色革命和恐怖势力的坐大显然有因果关系。但美国不会停止颜色革命，反恐有可能越反越恐。

6. 希腊债务危机和非法移民潮正在撕裂欧盟

（1）希腊债务危机动摇欧元区。

第一，三驾马车对希腊的纾困协议是不可持续的。希腊债务危机长期化的主要原因不在希腊，而在德国。

第二，欧元区经济疲弱的一个根本原因在于经济条件相差很大的国家使用同一货币，并以僵死的、有害于增长和就业的财政纪律相维系（无论马斯特里赫特条约还是里斯本条约，都没有民众支持）。德国需要其他国家（法国、意大利、西班牙）紧缩，以便维持欧元的稳定。如果放宽这一条件，法国、意大利和西班牙经济马上可以增速，德国则会减速。

第三，英国退欧有其合理性。

（2）非法移民潮冲击下，欧盟"既不像欧洲，也不像联盟"。

默克尔未经与其他成员国充分商量，就率先向非法移民作秀，引起东欧国家强烈反对。

申根协定虽然规定紧急情况下可关闭边界，但它很可能常态化，从而使申根协定失去意义。欧盟的人员流动将从自由变为管控，国家边界复活。

极右的国家主义势力急剧膨胀（法国），如上台，欧盟基本原则将被修改。

将以上内容总结一下，有如下四点。

第一，在世界经济低迷常态化的前景下，我国经济保持中高速增长需要有一个有相对增长潜力的外部环境。

第二，在世界经济和市场一体化日益分割、贸易体制碎片化，美欧力图保持主宰世界贸易规则的环境下，我国需要有自己的市场一体化布局，参与规则主导权。

第三，我国和广大新兴经济体仍然处于产业链低端，容易受到世界能源和大宗商品价格波动冲击的现状，要求我国联合改变全球产业链和价值链。

第四，在发达国家特别是美国仍然牢牢把持世界金融体系、金融市场和金融秩序的大环境下，我国必须联合广大新兴经济体，创造新的、公平的金融体系和自己的雄厚金融资源。

世界政治与安全形势复杂多变。美国力推两洋战略，力图长期保持世界霸权，在战略上视我国为潜在敌手，特别是在亚太对我国的抑制。欧盟自顾不暇，对我国既不认同又要合作，能源安全面临长期挑战。

在这样的形势下，我国需要构筑有利于周边安全的外部环境，需要既避免对抗又推进合作的实际路径，需要有长期安全的能源供应。

"一带一路"，就是习总书记和党中央在这样的世界经济、政治、安全视野下，为了中国的长远利益，而高瞻远瞩提出的伟大世纪工程。

二、"一带一路"：是什么？为什么？做什么？怎么做？

（一）"一带一路"：是什么？

1. 提出时间

"一带一路"是"丝绸之路经济带"和"21世纪海上丝绸之路"的简称。

2013年9月和10月，中国国家主席习近平在出访中亚和东南亚国家期间，先后提出共建"丝绸之路经济带"和"21世纪海上丝绸之路"的重大倡议，得到国际社会高度关注。

"一带一路"是合作发展的理念和倡议，是依靠中国与有关国家既有的双边与多边机制，借助既有的、行之有效的区域合作平台。旨在与沿线国家建立经济合作伙伴关系，共同打造政治互信、经济融合、文化包容的利益共同体、命运共同体和责任共同体。

2. 涵盖范围

丝绸之路经济带从西安出发，经乌鲁木齐、霍尔果斯、阿拉木图、比什凯克、撒马尔罕、杜尚别、德黑兰到达伊斯坦布尔，穿过博斯普鲁斯海峡进入欧洲，继续通往莫斯科，然后穿过中东欧进入德国，经杜伊斯堡到达鹿特丹。丝绸之路经济带还有其他一些支线，不一一列举。

21世纪海上丝绸之路从福州和泉州出发，经广州、海口、河内、吉隆坡、雅加达、科伦坡到加尔各答，再折向印度洋抵达非洲东海岸内罗毕，然后沿非洲东海岸经红海和苏伊士运河，穿过地中海，在雅典登陆欧洲，沿亚得里亚海抵达威尼斯，再经杜伊斯堡抵达鹿特丹。

3. 共建原则

"一带一路"建设秉承共商、共享、共建原则。

（1）恪守联合国宪章的宗旨和原则；
（2）坚持开放合作；
（3）坚持和谐包容；
（4）坚持市场运作；
（5）坚持互利共赢。

4. 框架思路

陆上依托国际大通道，以沿线中心城市为支撑，以重点经贸产业园区为合作平台，共同打造新亚欧大陆桥、中蒙俄、中国-中亚-西亚、中国-中南半岛等国际经济合作走廊。

海上以重点港口为节点，共同建设通畅安全高效的运输大通道。中巴、孟中印缅两个经济走廊与推进"一带一路"建设关联紧密，要进一步推动合作，取得更大进展。

5. 领导机构

（1）组长：张高丽——中共中央政治局常委、国务院副总理。
（2）副组长：①王沪宁——中央政治局委员、中央政策研究室主任、中央改革办主任；②汪洋——中央政治局委员、国务院副总理；③杨晶——中央书记处书记、国务委员、国务院秘书长；④杨洁篪——国务委员。

6. 合作重点

（1）政策沟通是重要保障；
（2）设施联通是优先领域；

（3）贸易畅通是重点内容；

（4）资金融通是重要支撑；

（5）民心相通是社会根基。

7. 合作机制

（1）加强双边合作。

（2）强化多边合作机制作用，如上合组织、中国-东盟"10+1"、APEC、亚欧会议（Asia-Europe Meeting，ASEM）、亚洲合作对话（Asia Cooperation Dialogue，ACD）、亚信会议（Conference on Interaction and Confidence-Building Measures in Asia，CICA）、中阿合作论坛、中国-海合会战略对话、大湄公河次区域经济合作（Great Mekong Subregion Cooperation，GMS）、中亚区域经济合作（Central Asia Regional Economic Cooperation，CAREC）。

（3）继续发挥沿线国际论坛、展会的作用，倡议"一带一路"国际高峰论坛，如博鳌亚洲论坛、中国-东盟博览会、中国-亚欧博览会、欧亚经济论坛、中国国际投资贸易洽谈会、中国-南亚博览会、中国-阿拉伯博览会、中国西部国际博览会、中国-俄罗斯博览会、前海合作论坛。

8. 具体进展

2015 年以来，我国与沿线国家不断深化经贸合作，"一带一路"建设取得积极进展。1~9 月具体进展如下。

（1）在对外直接投资方面。我国企业共对"一带一路"沿线的 48 个国家进行了直接投资，投资额合计 120.3 亿美元，同比增长 66.2%，投资主要流向新加坡、哈萨克斯坦、老挝、印度尼西亚、俄罗斯、泰国等。

（2）在对外承包工程方面。我国企业在"一带一路"沿线的 57 个国家新签对外承包工程合同 3 059 份，新签合同额 591.1 亿美元，占同期我国对外承包工程新签合同额的 42.9%，同比增长 24.9%，完成营业额 440.2 亿美元，占同期总额的 43.7%，同比增长 5.0%。

（3）在服务外包方面。我国承接"一带一路"沿线国家服务外包合同金额 113.8 亿美元，执行金额 73.5 亿美元，同比分别增长 42.1% 和 13.3%。其中，承接东南亚国家的服务外包合同金额 60.7 亿美元，执行金额 42.8 亿美元，同比分别增长 39.7% 和 21.9%。

（二）"一带一路"，为什么？

观察世界经济、政治、战略格局当前形势和趋势性特征后，我们不难理解，"一带一路"不是为了怀古，也不是简单地为了输出过剩产能，更不是中国的马歇尔计划，而是在 21 世纪世界经济发展、战略格局演变的大趋势下，为了保障中国经济的长期可持续增长和中华民族的伟大复兴实施的一项跨区域世纪工程。

1. 为了争取中国经济有一个长期相对增长的外部环境

（1）东南亚、南亚仍将是世界经济发展较快的地区。东盟，年均增速可保持 5%；南亚（巴基斯坦、印度、斯里兰卡、孟加拉国、缅甸），年均可达 5%~6%（印度 7% 以上）；海上丝绸之路的路线穿过这些国家（含泛亚铁路沿线，中孟印缅经济走廊，中巴经济走廊）。

（2）中亚五国、俄罗斯。中亚五国如果摆脱单一能源资源型经济，可以保持 3%~5% 的增速。俄罗斯困难是暂时的，未来有巨大增长空间。

（3）西亚：土耳其、伊朗增速已经高于欧洲，有很大潜力。

（4）中东欧：波兰、匈牙利、捷克、斯洛伐克、罗马尼亚、保加利亚增速比较平稳，略高于 3%。

丝绸之路经济带经过中亚五国、俄罗斯、中东欧，直到西欧；另一分支经阿富汗、伊朗、土耳其，经巴尔干进入中东欧、西欧，最终连接欧盟，"欧洲的未来在亚洲"，欧亚大陆连成一片，将是世界最大经济板块。

（5）阿拉伯、非洲。经中巴经济走廊，到达瓜得尔港后分两条线：第一，直接连通海湾国家（年均增长潜力大约 3%~4%）；第二，通向非洲东海岸（也可从欧洲赴非洲，撒哈拉以南非洲是世界上经济增长最快的板块，过去 10 年年均增速达到 5%，预计今后 10 年还将保持这一速度）。

（6）东亚、大洋洲：延伸线——连接日本、韩国、澳大利亚、新西兰。

2. 为了打通世界贸易一体化亚欧通道，参与主导制定 21 世纪贸易规则

（1）世界自由贸易体制正面临着空前的碎片化趋势，五大经济板块中，亚洲一体化程度最低。我们不能处于边缘状态。

多哈回合的步履蹒跚，助长世界各类自贸安排如雨后春笋出现。

据 WTO 统计，截至 2015 年 1 月 12 日，向其通报的各类区域或双边自贸协定安排共有 446 个，其中已付诸实施 259 个。

第一，北美板块（美国主导）。北美自贸区，1994 年 1 月 1 日起实施，是由美国、加拿大、墨西哥三国组成的，是世界最大的自贸区之一。

在西半球，有美国-中美-多米尼加共和国自贸区、美国-智利自贸区、美国-巴拿马自贸区、美国-秘鲁自贸区、美国-哥伦比亚自贸区。小布什曾力推包含西半球 34 个国家的美洲自贸区（Free Trade Area of Americas，FTAA），因各国分歧很大而搁浅。

在中东北非，有美国-以色列自贸区、美国-摩洛哥自贸区、美国-约旦自贸

区、美国-安曼自贸区、美国-巴林自贸区。在亚太，有美国-韩国自贸区、美国-新加坡自贸区、美国-澳大利亚自贸区。

正在全力推进两个超级自贸区谈判——TPP、TTIP，分别面向太平洋和大西洋。一旦谈成，将对世界贸易、投资格局，以及 21 世纪世界贸易、投资、经济治理规则的制定产生巨大影响。

第二，欧盟板块。28 个成员国之间组成的自贸区是当今世界上水平最高的经济一体化区域，在此基础上，除了继续深化内部一体化之外，还不断向全球延伸自贸安排，是当前世界上签有自贸协定最多的地区。在欧洲有阿尔巴尼亚、波黑、马其顿、格鲁吉亚、安道尔、瑞士、列支敦士登、法罗群岛、塞尔维亚、摩尔多瓦、黑山、挪威，并正积极推进与乌克兰的联系国安排。在中东北非和西亚有埃及、约旦、以色列、巴勒斯坦、突尼斯、摩洛哥、土耳其、叙利亚和黎巴嫩。在非洲有东非共同体、西非共同体、东南非洲国家、南部非洲发展共同体、南非、科特迪瓦、喀麦隆等。在西半球有加拿大、墨西哥、加勒比共同体、智利、秘鲁和哥伦比亚。在亚太有日本、韩国、印度、新加坡、马来西亚、泰国、越南和巴布亚新几内亚。正在同美国谈判的 TTIP 则如前述，为世界超级自贸区。

第三，亚洲板块。日本对外自贸区的特点是集中在东亚、东南亚、南亚及环太平洋地区。它已和东盟、文莱、新加坡、马来西亚、泰国、印度尼西亚、越南、菲律宾、印度、澳大利亚、墨西哥、秘鲁、智利签有自贸协定。此外已宣布与欧盟、中东的海合会及东亚的韩国谈判自贸协定。

东盟次区域自贸安排正在加快推进。东盟经济共同体将于 2015 年年底建成。东盟主导的 RCEP（东盟 10+6）也将于 2015 年年底基本成型。其中新加坡、马来西亚、越南、文莱四国参加 TPP。

中国主要有：中国-东盟自贸区升级版（RCEP 的一部分）、中韩自贸协定、中澳自贸协定，正进行中日韩 RTAs，中美 BIT，中欧 BIT 谈判。

第四，非洲板块。2015 年 6 月 10 日，在埃及海滨城市沙姆沙伊赫举行的非洲三个一体化组织的经济峰会上，非洲三个自贸区东非共同体、东部和南部非洲共同市场体与南部非洲开发共同体 26 国的领导人签署协议，并发表《沙姆沙伊赫宣言》，将三个自贸区合并为 TFTA。

TFTA 覆盖人口 6.25 亿，经济总量占非洲 58%。这标志着非洲经济一体化迈出了重要一步。

第五，拉丁美洲和加勒比板块。早在 20 世纪 90 年代，整个西半球在朝向美洲自贸区的大方向下，形成了两个并行的自贸安排，一个是由美国、加拿大、墨西哥组成的北美自贸区，另一个是拉美 11 国组成的拉美一体化协会（Latin American Integration Association, LAIA）（含中美洲共同市场和加勒比共同体）。

其中巴西、阿根廷、巴拉圭、乌拉圭和委内瑞拉五国成立了南方共同市场。

2010年4月11日，哥伦比亚、智利、秘鲁和墨西哥四国在利马签署《太平洋协定》。2015年7月3日在秘鲁帕拉卡斯举行的第十届太平洋联盟峰会通过了《帕拉卡斯声明》，宣布《太平洋联盟框架协议》正式生效。再加上早已存在的安第斯集团，拉美和加勒比一体化格局已经大体实现全覆盖。

在世界五大经济地理板块中，亚洲的一体化程度最低。

具体评价是：欧洲第一，北美早已实现统一自贸区，拉丁美洲/加勒比一体化深度尚不够，但基本已全覆盖，非洲一体化深度也低，但已覆盖大部分。只有亚洲（含澳大利亚和新西兰）一体化基本上是沿着太平洋走，纵深腹地则没有什么自贸区，亚欧板块陆上处于分割状态。

复杂的是，亚洲自贸区的建设受到来自太平洋彼岸的强大拉动和牵制。美国于1993年倡议成立APEC以来，将亚洲沿太平洋岸的国家和西半球沿太平洋的国家结合在一起。并与部分国家建立TPP，而力图克服这一体制，构成更大范围的亚太自贸区，在中国的推动下，才于2014年11月APEC北京峰会上启动战略性研究。相比之下，非洲自贸区已宣布启动，美洲自贸区则启动更早。

（2）"一带一路"将推动打通亚洲自贸区，推动亚洲市场一体化和欧亚大市场建设。

"一带一路"沿线国家首先覆盖亚洲太平洋国家与欧洲国家的中间地带，包括中亚、南亚、西亚和横跨欧亚的俄罗斯。丝绸之路经济带的经济基础是自贸安排和市场一体化。

西向：中亚五国、上合组织自贸协定（扩大到阿富汗，伊朗），上合组织自贸协定与欧亚经济联盟对接（俄白哈、吉亚美尼亚），最后经中东欧与欧盟对接。

南向西向：中国-印度、中国-巴西、中国-孟加拉、中国-斯里兰卡自贸协定。中国与海湾国家自贸协定。

南向东向：中国东盟自贸协定升级版，中国-韩国自贸协定、中国-日本-韩国三方自贸协定，中国-澳大利亚、中国-新西兰自贸协定，东盟10+6、RCEP。

跨洋：中国-美国BIT，中国-秘鲁自贸协定、中国-智利自贸协定，中国-加拿大自贸协定（前期）。

欧盟：中国-欧盟BIT。

TPP不可能把中国边缘化，因为中国在TPP所覆盖的地区占有明显的贸易规模优势，见表3-5。

表 3-5　2014 年中美与 TPP 成员国贸易额和自贸安排比较（单位：亿美元）

TPP 成员国	与美国贸易额	与中国贸易额	与中国自贸安排
加拿大	6 602.19	552.19	FTAs（前期）
墨西哥	5 343.23	434.49	
小计	11 945.42	986.68	
智利	259.91	340.64	FTAs
秘鲁	161.31	143.04	FTAs
日本	2 008.31	3 124.38	RCEP、CJK
越南	363.20	836.40	RCEP
新加坡	466.63	797.41	RCEP
马来西亚	434.88	1 020.20	RCEP
文莱	5.81	19.37	RCEP
澳大利亚	372.54	1 369.05	FTAs、RCEP
新西兰	82.37	142.47	FTAs、RCEP
小计	4 154.96	7 792.96	
总计	16 100.38	8 779.64	
全球贸易总额	39 682.17	43 030.37	

资料来源：中国海关统计，http：//www.customs.gov.cn；美国国际贸易署统计，http：//www.trade.gov

由表 3-5 可得知以下内容。

第一，美国与 TPP 11 个伙伴贸易额合计 16 100.38 亿美元，占其全球贸易总额 40.6%。其中加拿大、墨西哥两国占全国贸易总额的 30.1%，其他 9 国合计只占 10.5%，大致是加拿大、墨西哥合计的三分之一，不是美国主要贸易伙伴。

第二，中国情况正相反，加拿大、墨西哥合计只占全球贸易额 2.3%，其他 9 国合计占 18.1%，绝对额为美国与其贸易额的近两倍。我们的优势在亚洲（含澳大利亚、新西兰）。

第三，我国与这 9 国全部已有，或正谈判自贸安排。

"一带一路"将推动亚洲市场一体化与欧盟一体化贯通，构建世界最大的一体化市场。

欧亚两洲合计占世界经济总量的一半。欧亚经济板块的结合，将带来巨大市场和增长潜力，将可能使亚欧大陆重返人类文明中心，成为 "世界岛"（英国地缘政治学家麦金德语），美国则回归"孤岛"（布热津斯基的《大棋局》），全球化版图将发生深刻变化。

（3）21 世纪世界贸易规则谁来主导？

以 WTO 规则体系和管理体系为代表的当代世界贸易规则，是在美国、欧洲主导下制定的。这一套规则体系随着时代的变迁，许多已经不能适应 21 世纪全球化发展的需要。

雨后春笋般的自贸安排碎片化过程最终必将指向全球新规则的形成。

美国的基本方针是继续由它主导制定。奥巴马说过,不能让中国那样的国家制定经济规则。美国将如何制定全球新规则呢? 主要是两洋战略:在太平洋——TPP;在大西洋——TTIP。

奥巴马的算盘是,在他任期结束前完成这两大谈判。21世纪世界贸易规则就有了。在东方,亚太自贸区可以基本照搬TPP。在西方,TTIP可以延伸到非洲;TPP则可以延伸到拉丁美洲。中国则可加入TPP。

"一带一路"更深刻的意义是,通过和沿线国家不断深化的投资贸易合作和自贸区网络的建设,逐步探索并形成新的世界贸易规则。

"一带一路"的基本依据有以下两方面。

第一,迄今由发达国家主导的,由TPP和TTIP体现的21世纪世界贸易规则有个根本缺陷,即过分强调高标准和无例外,忽视了不同发展水平和不同文化的各经济体之间的差异性。这样的规则,很难为发展中国家完全适应和接受,从而未必能够推动21世纪世界贸易、经济和就业的增长,特别是发展中国家的增长。

"一带一路"则不同,它的精髓在于包容性和承认差异,旨在构建共建、共享、共赢的命运共同体。在这一庞大的系统工程中,将不断探索既适应发展中国家之间共赢的贸易规则,又适应发展中国家与发达国家之间共赢的新的规则体系。中国无疑将从中起到重大主导作用。

第二,无论TPP还是TTIP,最后很可能出现相同的结局,即要么以承认差异而成功,要么以拒绝承认差异而失败。TPP已经是前者,TTIP则可能是后者。

不论出现哪种结果,都有利于包容性规则的形成。这样,"一带一路"建设很可能就参与甚至主导整个世界21世纪贸易规则的制定。

3. 为了重构全球价值链

"一带一路"正确地反映了经济全球化的总趋势,是中国和沿线国家更广泛和深刻地融入全球化,并从中获得巨大振兴的标志性系统工程。而全球化的主要动力来自全球价值链。

全球价值链的初始形态产生于英国工业革命完成(19世纪40年代),成熟于美国太平洋铁路的建成(1869年)。最先完成工业革命的国家从不发达国家那里低价收购原料,在本国生产后,又销往全球。工业生产区域化(集中在少数国家的工业中心),从全球看来则是碎片化。

全球价值链的第二次形态产生于计算机与通信技术革命,它引起的后果恰恰是初始形态的反面,即生产过程碎片化了,特别是发达国家大量转移到中国等新兴经济体生产。

但这一碎片化又产生了自己的反面，即全球形成一个复杂的综合网络，从分散在不同国家和地区的产品设计、原料开采、技术研发、工业生产、融资、营销、直至消费。它含有无数的组成部分，这些部分又是移动的、相互作用的。这即是全球价值链。

目前我国和"一带一路"沿线大多数国家参与的全球价值链大量体现在与发达国家的垂直分工，其相当大部分是在美国、欧盟、日本发达国家和地区之间。

东亚经济体之间大量参与复杂的分工体系。据WTO估计，2000年以来，亚洲国家和地区进口的60%和出口的50%都是中间产品，即参与全球价值链的部分环节。这在汽车零部件上表现得尤为明显。而且，我国在全球价值链中的地位是比较低的。据商务部发布的相关报告，我国出口中本国增值部分仅占62.2%，而美国是87%，欧洲和日本在70%~80%。

"一带一路"主要是南南合作，可以有力推动我国同发展中国家合作，实现各自产业升级，提升各自在全球价值链中的地位。

"一带一路"的产业链合作如下。

（1）东亚、东南亚。产业链各环节相互投资，包括研发中心、制造基地和营销中心，行业包括IT、通信、汽车、轻纺、电机、医药及农产。

（2）中亚。中国投资能源开发、清洁能源技术、当地工业化（从农产品深加工开始，覆盖轻工、基础重化工业、机械电子、汽车工业、IT和通信工业）。

（3）南亚。中国投资制造业（印度五大工业圈等），从欧美引进技术，中国自主创新技术，当地联合研发，南亚制造，产品本销，或销沿线国家乃至欧美。

（4）海湾地区。中国设计，海湾国家融资并建设工业园，包括轻纺、能源加工、化工、汽车和IT。

（5）非洲。非洲是希望的大陆。产业链合作可以包括以下几方面。

第一，以工业园模式为主的成片开发。

第二，举办跨国大型项目（石化、钢铁和有色金属领域）。

第三，中非在这些工业项目中有产业分工，形成中非产业链。

第四，在工业发展的基础上推进大规模城镇化。

4. 为了发展南南合作的新兴金融体系、货币安排和资本市场，改变世界金融体系和秩序

（1）多边开发援助：亚洲基本设施投资银行（简称亚投行）、金砖国家银行（新开发银行）、丝路基金等。

（2）与海湾国家的银行联盟。

（3）货币安排：金砖国家应急储备安排（可逐渐新设多种，适用沿线国家），多种双边货币互换安排，人民币海外结算中心（从中国香港、新加坡到伦敦、法兰克福、巴黎、卢森堡）。

（4）亚洲债券市场等。

5. 为了确保我国的战略安全、能源安全和西部稳定与发展

（1）战略安全。"一带一路"并不针对美国，但在一定程度上是应对美国亚太再平衡。目前美国海军52%的力量部署在西太平洋，计划到2020年增加到60%。美国控制了18个海上通道，在西太平洋包括朝鲜海峡、巽他海峡、望加锡海峡、马六甲海峡等。我国不挑战美国在亚太的地位，但需要拓展陆路大通道，并通过陆路通往中亚和海湾地区（尤其是中巴经济走廊）。

（2）能源安全。我国原油需求的55%需要通过进口。从海湾国家的进口都要通过马六甲海峡。我国需要建立长期的陆上能源供应通道，即来自俄罗斯和中亚国家的，不经马六甲海峡的供应通道。进而，通过中巴经济走廊，从新疆红其拉普口岸通过巴基斯坦路上到达瓜得尔港，直接到达海湾国家，从而实现不经马六甲海峡的海上通道。

（3）西部和边疆地区的稳定和发展。通过"一带一路"，打通西部地区、边疆地区经中亚、西亚、南亚的向外通道，大大促进其经济发展。同时，通过共建、共享、共赢，进一步巩固和邻国的经济、人文合作，对西部和边疆地区的稳定和发展将具有极大意义。

（三）"一带一路"：做什么？

1. 硬件互联互通（交通、通信）

正在进行和计划中的主要项目有中蒙俄铁路大通道（莫斯科-喀山、未来莫斯科-北京高铁），泛亚铁路（含中泰铁路合作），印度尼西亚雅万高铁，中巴经济走廊铁路、公路，印度高铁，沙特高铁，几个关键节点港口（瓜得尔港、比埃雷夫港等）、机场等。跨境铁路换轨、运输模式转换的快捷化。通信网络建设。

据WTO估计，APEC成员之间跨境物流效率提高10%，可使其成员经济体GDP每年额外增加210亿美元，并创造更多就业岗位。

从重庆发往美国长滩的汽车零部件，航运到上海，历时8~11天。在上海停留1~2天，海运20天。如果节省一天，就可以提高效率3%。

据WTO《全球价值链》报告估计，从企业层面计算，物流成本降低5%，销售就可以增加25%~30%。反之，出口耽搁一天，出口额将减少1%。

2. 贸易、投资便利化

最大幅度减少"一带一路"通道上的贸易壁垒。沿线国家海关、检验、检疫、认证的一条龙合作。

经合组织、WTO 和世界银行 2014 年 7 月 17 日联合发布的全球产业链报告估计,贸易成本降低 1%,可带来收益 400 亿美元。

WTO 相关报告估计,巴厘协定关于贸易便利化的措施如果全部实施,可以创造 1 万亿美元收入, "一带一路"沿线国家应主动实施。

协调沿线国家投资法规,特别在边境地区实施便利政策,促进沿线国家跨境投资。

3. 研究、启动、谈判沿线双边或区域自贸协定

畅通的"一带一路"必须有自贸协定机制,才能形成统一大市场(如欧盟)。

我国正在谈判的有:中国与海合会(阿拉伯国家)6 国、中国–挪威、中国–斯里兰卡、中国–日本–韩国、东盟 10+6 区域紧密经济伙伴关系、中国–东盟自贸协定升级版、巴基斯坦(第二阶段)。

正在进行可行性研究的有:中国–印度、中国–以色列和中国–哥伦比亚。

提出进行可行性研究的有:中国–欧盟、中国–加拿大、金砖五国、中国–中亚和"一带一路"沿线国家(最终达到 65 个)。

总目标:经过 5~10 年努力,使我国初步构筑覆盖"一带一路"和世界主要国家和地区的自贸协定的全球自贸区网络,自贸率(即与签署自贸协定国家和地区的贸易额占我国全球贸易总额比重)达到或超过主要发达国家水平。

4. 深度的产业园合作

我国在沿线国家(如柬埔寨、越南、哈萨克斯坦、俄罗斯、印度),或沿线国家相互之间(如马来西亚在广西钦州、广西在马来西亚关丹)投资建设产业园。朝向产业优势互补,发展强大的产业集群和产业链方向努力。

5. 全方位金融合作,发展亚洲债券市场和人民币国际化

(1)多边开发银行(亚投行、金砖国家开发银行、丝路基金、亚洲开发银行、世界银行等)。

(2)商业银行间的合作,中国和阿拉伯国家金融合作。

(3)跨境支付和结算,本币互换(人民币国际化的巨大市场)。

(4)亚洲债券市场。

（四）"一带一路"，怎么做？

习总书记和党中央提出"一带一路"伟大倡议以来，全国各省区市、各部委拟定了非常翔实、具体的愿景、行动计划和对接项目清单。一批重大项目正在推进，与沿线国家的贸易投资合作也在加速。

与此同时，各地也需要头脑清醒，特别是各省区市具体项目确实可行、可持续、可共享，避免一般化，特别需要认真研究处理好几个关键问题。

1. 所有项目必须符合沿线对方国家经济社会发展水平和发展需要，符合当地民众和环保要求

（1）经济社会发展水平和需要。低收入国家的首要需求是温饱，其次是教育、医疗。

云南经缅甸通往皎漂港的铁路搁浅，中方三年投入暂时白费。因为沿途很多居民要失去家园，而又实在得不到什么好处，还要毁坏一些古迹。

中国和哈萨克斯坦的合作仅仅停留在能源合作上是不可持续的。哈方称中国的能源"配额"已用完。哈方需要的是：第一，买它的小麦（经济上无可行性）；第二，帮助其工业化（需要研究从哪些行业和项目入手）。

（2）当地民众和环保要求。两洋铁路、克拉运河、尼加拉瓜运河的环评障碍。为此，必须一切从实际出发，从对沿线国家对象国彻底的调查研究开始。

如何调研呢？可以请中国驻该国使馆帮助，也可以请该国驻华使馆帮助。

2. 进行充分的风险评估和可行性（技术可行性和经济可行性）分析

英国经济学人智库（the economist intelligence unit，EIU）2015 年 4 月 24 日发布了《愿景与挑战："一带一路"沿线国家风险评估》报告，从政治风险、经济风险、法律风险、基础设施风险等十个方面对"一带一路"沿线国家做了风险评估打分，并将这十个方面综合起来进行整体评估打分，如表 3-6 所示。

表 3-6　沿线国家（含整个欧洲）整体运营风险评估表

评分	国家
0~20	瑞典、挪威、芬兰、丹麦、德国、奥地利、瑞士、荷兰、新加坡
21~40	马来西亚、沙特、阿曼、阿联酋、卡塔尔、巴林、科威特、格鲁吉亚、英国、法国、比利时、意大利、西班牙、葡萄牙、爱沙尼亚、拉脱维亚、立陶宛、波兰、捷克、斯洛伐克、匈牙利、罗马尼亚、保加利亚
41~60	越南、老挝、柬埔寨、泰国、菲律宾、印度尼西亚、印度、孟加拉国、斯里兰卡、蒙古、哈萨克斯坦、格鲁吉亚、亚美尼亚、土耳其、希腊、马其顿、塞尔维亚、波斯尼亚、黑山、克罗地区、斯洛文尼亚、埃及、肯尼亚、坦桑尼亚、乌干达、卢旺达、突尼斯、摩洛哥
61~80	俄罗斯、缅甸、尼泊尔、阿富汗、巴基斯坦、吉尔吉斯斯坦、乌兹别克斯坦、塔吉克斯坦、土库曼斯坦、伊朗、伊拉克、约旦、也门、利比亚、阿尔及利亚、埃塞俄比亚

评分	国家
81~100	叙利亚、索马里

注：按风险高低评分，共 0~100，分五档，分数越高，风险越大

资料来源：经济学人智库. 愿景与挑战——"一带一路"沿线国家风险评估. 中国网，2015-04-24

我国境外项目遇到的风险主要分为安全风险、政治稳定性风险、政府效能风险、法律和监管环境风险、宏观经济风险、外贸及支付风险、金融风险、税收政策风险、劳动力市场风险、基础设施风险。

我国境外项目遇到的政治风险包括：①斯里兰卡科伦坡港口项目，从中国贷款 40 亿美元；②柬埔寨 4 亿美元水坝项目；③缅甸密松（Myitsone）水电站大坝项目。

东盟国家基础设施投资缺口很大，因此机会很多，但不可忽视的是风险也很大，见表 3-7。

表 3-7　东盟国家基础设施风险

国家	评分
新加坡	0
文莱	28
马来西亚	28
泰国	53
越南	56
印度尼西亚	59
菲律宾	59
柬埔寨	72
老挝	78
缅甸	91

注：评分为 0~100，分数越高，风险越大

资料来源：经济学人智库. 愿景与挑战——"一带一路"沿线国家风险评估. 中国网，2015-04-24

3. 认真研究和解决中亚难点，有效防范中巴经济走廊风险

（1）中亚五国，以及俄罗斯，是西向丝绸之路经济带建设的重要难点。

吉尔吉斯斯坦和哈萨克斯坦是欧亚经济联盟成员国。丝绸之路经济带如何与欧亚经济联盟对接？目前虽在具体探讨，但基本上仍然在纸面上。

（2）中巴经济走廊的风险。

第一，技术风险：海拔落差（铁路、输油管、输气管）。

第二，政治风险：印度明确表示不支持中巴经济走廊，美国则重视这一走廊的战略意义，会给中巴造成困难。

第三，安全风险。

4. 重点和政策应集中，不要把什么都装到"一带一路"框里

（1）既要珍惜和继承全部历史，又要创造新的历史。不要拼命争"起点"，无非是要政策。

（2）不应把本属国内区域经济发展全部算到"一带一路"上，如成都、重庆、长沙、南昌"内地崛起高点"，应归入长江经济带战略；东北当然应努力对接"一带一路"，但首先是振兴东北战略。

多地的欧洲班列，如果没有财政补贴，能否持续？多地纷纷宣传经欧亚大陆桥开通欧洲班列带来多少贸易，节省多少成本。但欧亚大陆桥早已存在，中欧货运并非新事物。

没有重点就没有政策。枢纽、门户、节点过多，容易带来政府资源、财政资源分散。枢纽不应超过 5 个，"一带"是喀什、乌鲁木齐、西安；"一路"是泉州、昆明。

更多地方应遵循市场规律，按照经济规模、货物、服务和资金流向顺势而为。上海的作用无疑将大大超过所有枢纽。

5. 市场是基本舞台，企业是主体

政府当然要充分发挥作用，充分尽责。但"一带一路"的合作项目，除部分政府间外，主要是企业项目。既要充分用好政策支持，又要让企业主动走出去。

江苏红豆集团在柬埔寨西哈努克港承建工业园，既直接投资，又引进其他公司。现已具备一定规模。受到中柬两国领导人的高度赞扬。常州梦兰集团在中俄跨境石油项目（厂区跨黑龙江中俄两侧）中投资 77 亿元。洲际公司收购了哈萨克斯坦马腾石油公司 95% 的股权，是我国企业在哈萨克斯坦的一个重大能源合作项目。

支持、鼓励企业投资"一带一路"沿线国家，还有大量的工作要做，如表 3-8 所示。

表 3-8　凤凰国际智库和中国与全球化智库中国 1 185 家企业走出去调查

项目		企业数量/家	比重/%
投资总额比重/%	1%~5%	622	52.45
	5%~10%	222	18.72
	10%~20%	137	11.55
	20%以上	204	17.20

项目		企业数量/家	比重/%
投资"一带一路"沿线国家的动机	紧跟国家"一带一路"战略构想	281	23.69
	符合企业走出去战略	453	38.20
	跟随业务伙伴走出去	452	38.11

注：截至 2014 年年底，在"一带一路"投资额占公司海外投资总额比重

6. 五通是基础，产业和金融合作是实体

"一带一路"在沿线国家能否取得实实在在的成功，最后要看产业合作和金融合作，其中首先是产业园的建设。中国-新加坡苏州工业园实际上开了良好的先例。帮助当地产业发展起来，在此过程中提升产能，拉长产业链，是与沿线国家构筑经济带的深刻基础。同时要遵循市场规律和对方实际社会经济发展需要。

新疆建立大规模纺织工业园，同时部分发包到吉尔吉斯斯坦等国加工，生产民族服装服饰，供应周边市场，还发展了电子、手机生产和加工。

"一带一路"延伸到非洲，在非洲成片建设工业园，帮助非洲工业化，适逢历史良机，还有塞拉利昂工业园的例子。

7. 全方位开放，全方位合作

"一带一路"不针对美国，也不针对日本。相反，应积极争取欧美日本跨国公司和投资基金的合作与参与。可以在中国，也可以中美企业合作，中欧企业合作，中日企业合作，在第三国（"一带一路"沿线及延伸国家）投资。例如，中美企业联合投资非洲太阳能项目，中铝和美铝联合投资非洲炼铝项目等。积极争取和吸引国际资本市场的一切合适资源。

经合组织估计，2013~2030 年，世界基础设施投资的潜在需求是 70 万亿美元。

世界银行、亚投行、金砖国家银行（新开发银行）、亚洲开发银行、美洲开发银行、欧洲复兴开发银行和非洲开发银行的资源总计，每年不足 1 万亿美元，18 年不足 18 万亿美元，而世界资本市场的潜在资金资源达到 690 万亿美元。

8. 舆论宣传，既要加强，又要正确引导

媒体宣传应克服肤浅、与中央政策有偏差的、渲染性文章。特别要避免对外造成"中国扩张"的印象。

从一般报道转向典型报道为主。多报道符合当地社会经济发展和百姓需要，双方自愿，又的确是共建、共享，效益良好的典型项目。

"一带一路"能否重构全球价值链？①

"一带一路"反映了经济全球化的总趋势，而全球化的基本驱动力是全球价值链。我们必须从全球价值链的高度把握"一带一路"的全局。

"一带一路"能否重构全球价值链？需要针对不同沿线国家的现状、比较优势和发展趋势，有区别地选择不同重点和领域。

经济落后国家通过切入全球价值链来发展经济，比通过进口替代更快、更有保障。"一带一路"将有力推动提升我国在全球价值链中的地位。中国和沿线国家的产业分工合作和共同提升，不仅将驱动各自国家经济的可持续发展，也必将改变历来全球价值链中北南垂直分工的格局，推动更加均衡、合理的世界经济发展新格局的形成。

义新欧专列的运营，无疑是"一带一路"的一个成功范例。从中国小商品之都输往 13 000 千米以外的马德里，只要 21 天。成本低于空运，速度高于海运。而马德里商贸城 1 000 多家商铺的商品主要来自义乌。

一、交易成本节省的意义

物流的互联互通，大大缩短了交易时间，因而最终节约了交易成本，成本的节约又必然带来收益的增加。据 WTO 估计，APEC 成员之间跨境物流效率提高 10%，可使其成员经济体 GDP 每年额外增加 210 亿美元，并创造更多就业。从重庆发往美国长滩的汽车零部件，航运到上海，历时 8~11 天，在上海停留 1~2 天，海运 20 天。如果节省一天，就可以提高效率 3%。据 WTO《全球价值链》报告估计，从企业层面计算，物流成本降低 5%，销售就可以增加 25%~30%。反之，出口耽搁一天，出口额将减少 1%。

致力于实现茂物目标的 APEC，多年来也在大力推动互联互通，并力求到 2016 年，各成员之间的运输成本减少 5%。

覆盖亚欧非和大洋洲 65 个国家的"一带一路"，从大规模基础设施建设入手，沿线建设高铁、公路、港口、机场，将大大提高互联互通条件，从而使沿线国家的贸易、投资和资金流动的效率大大提高，而成本稳步下降。最终带动沿线国家经济的共同增长和繁荣。

---

① 人大重阳"一带一路"国际论坛论文，2015 年 5 月 25 日。

二、"一带一路"应着眼全球价值链

一种看法认为,"一带一路"的重要意义在于中国财大气粗,投资沿线搞基础设施建设,并输出过剩产能,沿线建产业园。这种看法是偏颇的。"一带一路"是沿线 65 个国家共同繁荣的路径,不是为了中国的扩张,虽然中国也将获得极大的国家利益。进而,这种看法是肤浅的,离开了经济全球化的大环境。

把眼光扩大到沿线投资建设工业园和自贸区,固然正确,但远远不够。"一带一路"正确地反映了经济全球化的总趋势,是中国和沿线国家更广泛和深刻地融入全球化,并从中获得巨大振兴的标志性系统工程。而全球化的主要动力来自全球价值链。我们必须从全球价值链的高度,把握"一带一路"的全局,并据此系统推进基础设施建设、贸易便利化、产业园的建设和自贸区的建设。

全球价值链的初始形态产生于英国工业革命完成(19 世纪 40 年代),成熟于美国太平洋铁路的建成(1869 年)。最先完成工业革命的国家从不发达国家那里低价收购原料,在本国生产后,又销往全球。工业生产区域化(集中在少数国家的工业中心),从全球看来则是碎片化。全球价值链的第二次形态产生于计算机与通信技术革命,它引起的后果恰恰是初始形态的反面,即生产过程碎片化了,特别是发达国家大量转移到中国等新兴经济体生产。虽然生产过程分布在各地,但由于生产环节的相互依赖,不同生产中心,销售中心又形成一个网络。因此碎片化反而促成了网络化,即全球形成一个复杂的综合网络,从分散在不同国家和地区的产品设计、原料开采、技术研发、工业生产、融资、营销、直至消费。它含有无数的组成部分,这些部分又是移动的、相互作用的,这即是全球价值链。

"一带一路"是宏伟的,又是具体的。我们无论从事哪个产品或服务的贸易,或投资建工业园,或融资,都不可能关起门来,仅凭创意或仅凭中国的实力,在现有全球价值链之外另起炉灶,而必须从这一领域现有的全球价值链分布及关联出发,进行周密的、彻底的调查研究,分析完善这一价值链的最佳路径,包括产品领域的选择,整个再生产过程的分工和分布、对象国的选择、线路的设计、效益和风险的估算等。

三、"一带一路"改变世界分工体系

目前我国参与的全球价值链包括与欧美日韩之间,也包括与东南亚国家之间,还包括与我国台湾之间,但相当大部分是和美欧日发达国家之间,主要体现为发达国家进行高端设计,提供品牌,我国加工组装,因此是垂直分工。东亚经济体之间大量参与复杂的分工体系。据 WTO 估计，2000 年以来，亚洲国家和地区进口的 60% 和出口的 50% 都是中间产品，即参与全球价值链的部分环节。这在汽车零部件上表现得尤为明显。而且，我国在全球价值链中的地位是比较低的。据商务部发布的相关报告，我国出口中本国增值部分仅占 62.2%，而美国是 87%，欧洲和日本在 70%~80%。

"一带一路"的成功，将有助于改变这一格局和我国的地位。这需要针对不同沿线国家的现状和优势，有区别地选择不同重点和领域。

以哈萨克斯坦为代表的中亚国家拥有巨大的能源资源（既包括传统能源如天然气，也包括再生能源如太阳能、风能），但长期处于经济结构单一，制造业不发达的状态。我国制造业具有强大优势，但能源资源不足。显然，能源是中哈合作的重要领域。国家能源局最近组织中国广核集团有限公司（简称中广核集团）等五大能源企业赴哈推介。中广核集团并与哈萨克斯坦国家原子能工业公司（简称哈原工）签署了《开发清洁能源合作谅解备忘录》。国家能源局对哈萨克斯坦及其他中亚国家落实"一带一路"战略的重点是油气管道和输电线路等基础设施互联互通。这有利于我国降低在全球价值链中的能源成本，也有利于哈萨克斯坦提高能源收益，为工业化积累资金。但光这一步是不够的，我国还需要同他们进行深度的制造业合作，帮助他们把能源收入用于工业化建设，这反之又带动我国装备产业出口，提升我国出口中国内增加值比重。

我国同阿拉伯国家的合作与中亚不同。在能源方面基本上表现为我国直接进口，但在商贸领域合作规模非常大。义乌的主要外销市场是中东阿拉伯国家，但我国出口的消费品需要不断升级。中东阿拉伯国家人民生活水平较高，消费者嗜好广泛多样。我国应当针对当地需要，不断升级产品。中东阿拉伯国家资金实力雄厚，可以提供融资支持，再进一步，从贸易上升到生产。我国一部分产品将来可以逐步在中东阿拉伯国家当地装配，从而发展当地工业。在此过程中，我国不但要着眼于中阿双方资源，还应积极吸引世界上一切优秀的资源，包括欧美的技术、设计、世界资本市场的融资渠道，并努力把一部分原来在其他地区的分工转移到中阿合作方面。这样，双方在全球价值链中的地位都能够提升。

我国和印度的"一带一路"具体项目又将不同。印度并不能提供大量能源，但与我国在很多产业领域发展水平相近，而水平分工又相当不足。莫迪总理 2014 年 9 月提出了"印度制造"的战略，力图把制造业在 GDP 中的比重从 15% 提高到 25%，并每年创造 1 200 万个就业岗位。为此，莫迪政府提出了打造集五大工业走廊于一体的工业型网络，包括德里-孟买、清奈-班加罗尔、东海岸、阿姆利则-加尔各答，以及孟买-班加罗尔，并最终形成一个环。在此大环境下，中印之间的丝绸之路应该怎么走呢？基础设施投资和互联互通固然是一个基本领域，但不止于此。我国企业应该在印度大量建设产业园，同国内工业力求错位和互补。同时以印度产业园为基地，向世界其他地区出口。

我国与东盟的海上丝绸之路前景一样无限。东盟人口 6 亿，与我国地域相连，在全球价值链中的分工与合作非常紧密。东盟发展的一个主要障碍是基础设施投资不足。而我国与东盟合作的一个优势是双方自贸区已经成功运行 10 年，现正谈判自贸区的升级版，并参加 RCEP 谈判，贸易和投资环境比其他地区更加便利。因此，在东盟的当务之急是大大增加基础设施投资，包括高铁、港口、机场、通信网络的建设。与此同时，应当大大加快在东盟产业园的投资和建设。红豆集团在柬埔寨西哈努克港建立成片工业区，被誉为"一带一路"成功典范。我国和马来西亚互建工业园（马来西亚在我国广西钦州建了马来西亚工业园，我国则在马来西亚南丹建立了中国工业园），产业结构互补，又是一个很好的例子。

这里一个基点是，在沿线国家无论进行基础设施投资，还是建工业园，一定要符合当地社会经济发展的需要，依靠当地政府、企业和资源，而不能从外部强加自以为不错的项目。

在海外投资和兴建基础设施工程，不是靠我国与对象国双方政府指定用我国公司，用我国产品和标准，而是必须通过国际公开招标。从而将推动我国企业不断创新和吸收、开发世界前沿技术，并不断提高世界大型工程施工与管理能力，并拿出世界一流设备、产品与软件系统。在国外建工业园也是一样，必须通过融资、生产、设备、销售的公开竞争，这将加快我国产业和技术升级。在此过程中，我国企业必须吸收世界先进技术和管理。这一切将有力地推动提升我国在全球价值链中的地位。同时，我国在海外工业园所生产的产品，一部分直接销往海外，特别是欧美，而不是从中国出口海外。因此，海外工业园增加了我国参与全球价值链的接入点，从而提升全球化水平。

所有这些，不但有利于我国，也同样有利于相关沿线国家。其中单纯资源性经济体可以迅速切入全球价值链，参与全球制造业、服务业分工，从而驱动本国经济发展。WTO 的全球价值链研究表明，经济落后国家通过切入全球价值链发展经济，比进口替代方略快，且更有保障。"一带一路"战略将为沿线经济发展程度相对较低的国家带来同样的历史机遇。

我国和沿线国家的产业分工合作和共同提升，不仅将驱动各自国家经济的可持续发展，也必将改变历来全球价值链中北南垂直分工的格局，推动更加均衡、合理的世界经济发展新格局的形成。

四、自贸区网络是重构全球价值链的前提

要实现"一带一路"沿线国家的全面合作和重构全球价值链，必须有两个前提。

第一，硬件前提，基础设施的互联互通，必须有通畅快捷的公路、铁路、海运、航空通道网络。这是亚投行、丝绸之路基金致力的领域。

第二，软件前提，商品、服务、资金和人员的通畅便捷流动，必须有覆盖"一带一路"沿线的一系列自由贸易区，或自贸安排。一个很简单的例子，印度从一个邦到另一个邦，邦界上汽车必须停下，花 15 分钟，交易成本提高 15%~20%。如果从义乌到马德里沿途凡经一国边界，必须经历验关、质检等所有手续，且繁冗拖累，这一价值链如何形成呢？全球价值链极大强化了各相关国家政策的相互依赖性，它是各国细密分工基础上形成的有机整体。上游国家的政策必然影响到下游国家的经济。各国标准不同，政策不同，管理不同，这样分割的行政体制下，如何适应完整的全球价值链呢？ 因此，我国正同东盟谈判自贸区升级版，参加东盟 10+6 谈判，进行同海湾阿拉伯国家合作委员会（简称海合会）的自贸区谈判，同印度研究自贸区谈判，以及朝向同欧亚联盟的自贸区谈判。在谈判协定最终达成之前，应当依据多哈回合巴厘一揽子协定规定的贸易便利化安排，迅速在"一带一路"沿线国家之间实施。

以基础设施投资为硬件保障，自贸安排为软件保障，"一带一路"沿线国家商品、服务、资金和人员通畅流动，市场打成一片，必然带来贸易、生产、金融、服务的加快发展和共同繁荣。这样，新兴经济体和发展中国家将为世界经济增长和世界经济新秩序的建立不断做出重大贡献。

第四章

2013~2016年美国经济轨迹：回顾与前瞻

2013 年美国经济形势和 2014 年前瞻[①]

2013 年将是金融危机后世界经济增长最慢的一年。国际货币基金组织 2013 年 10 月发表的《世界经济展望》报告估计世界经济增长率只有 2.9%，低于 2012 年的 3.2%。一个主要原因是欧元区迟迟未出现稳定复苏，预计全年 GDP 将在 2012 年下降 0.6%的基础上继续下降 0.4%。另一个重要原因是曾经拉动世界经济复苏的一个重要力量金砖 5 国增长放慢。除中国略放慢到 7.5%~7.7%外，俄罗斯估计增长率只有 1.5%，巴西只有 2.5%，印度为 3.8%。

在发达国家中，美国经济仍然相对乐观。2013 年 1~3 季度 GDP 折年率环比依次增长 1.1%、2.5%和 3.6%。国际货币基金组织预计美国 2013 年全年增长率为 1.6%，比 2012 年的 2.8%降低 1.2 个百分点；2014 年将加快到 2.6%，差不多恢复 2012 年的速度。但实际上 2013 年增速可能接近 2.0%，2014 年估计将达到 2.5%~3.0%。

一、2013 年总体形势

（一）GDP 增长逐季加快，当前大致在年率 2.0%水平

美国经济一季度转弱，GDP 折年率环比增长 1.1%，大大低于 2012 年的 2.8%。二三季度逐季加快，分别为 2.5%和 3.6%，见表 4-1。

表 4-1　美国 GDP 及主要构成的增速（贡献度）（单位：%）

项目	2012 年	2013 年第一季度	2013 年第二季度	2013 年第三季度
GDP	2.8（2.8）	1.1（1.1）	2.5（2.5）	3.6（3.6）
个人消费开支	2.2（1.52）	2.3（1.54）	1.8（1.24）	1.4（0.96）
私人投资	9.5（1.36）	4.7（0.71）	9.2（1.38）	16.7（2.49）
固定资本投资	8.3（1.17）	−1.5（−0.23）	6.5（0.96）	5.4（0.81）

[①] 刘古昌. 国际问题研究报告, 2013—2014. 北京: 世界知识出版社, 2014.

续表

项目	2012 年	2013 年第一季度	2013 年第二季度	2013 年第三季度
非住宅	7.3（0.85）	−4.6（−0.57）	4.7（0.56）	3.5（0.42）
设备	7.6（0.41）	1.6（0.09）	3.3（0.18）	0.0（0.00）
住宅	12.9（0.32）	12.5（0.34）	14.2（0.40）	13.0（0.38）
库存调整	（0.20）	（0.93）	（0.41）	（1.68）
净出口	（0.10）	（−0.28）	（−0.07）	（0.07）
政府开支	−1.0（−0.20）	−4.2（−0.82）	−0.4（−0.07）	0.4（0.09）
扣除库存调整	（2.60）	（0.17）	（2.09）	（1.92）
个人消费开支和私人固定资本投资	（2.69）	（1.31）	（2.20）	（1.77）

资料来源：根据美国经济分析局数据计算

仅仅看 GDP 数字，并不能准确反映经济基本面。这是因为库存调整对 GDP 增速影响过大。三季度 GDP 增长 3.6% 的主要原因是库存补进贡献了 1.68 个百分点，而补进金额只有 1 165 亿美元。扣除这一因素，即实际最终销售总额增长率只有 1.92%，反而略低于二季度（同一口径）的 2.09%。一季度则只有 0.17%，接近零增长。

由于私人消费开支和私人固定资产投资合计占 GDP 84%，二者之和基本上代表了美国经济基本面。按照这一口径，一季度至三季度依次增长 1.31%、2.20% 和 1.77%，即一季度并非很差，二季度最好，三季度略逊。但总体而言，半年来围绕着 2.0% 的速度波动。因此，美国经济当前的增长势头大致是 2.0% 左右，虽然不及美国长期均值，但大致处于温和增长状态。

（二）最近三个月若干基本指标总体向好

（1）耐用品订单在 9 月环比增长 4.1% 后，10 月回落 2.0%。但交货依次增长 0.5% 和 2.0%；10 月达到 1992 年以来最高水平。零售分别增长 0 和 0.4%；批发销售分别增长 0.4% 和 0.8%。

（2）工业生产已达到危机前高点。9 月工业生产指数为 100.1（2007 年为 100.0）。10 月虽然略回落到 100.0，但仍比 2012 年同期增长 3.2%，其中制造业同比增长 3.3%。

（3）住房市场明显好转，并是经济复苏的重要因素。新房销售在 9 月环比下降 6.6% 后，10 月大增 25.4%，同比增长 21.6%。新建住房动工数，10 月达到 103.4 万套，比 9 月增长 6.2%，同比增长 13.9%。受住房市场复苏带动，2013 年住房建设投资分别环比增长 12.5%、14.2% 和 13.0%，为当季 GDP 增长分别贡献了 0.34 个百分点、0.40 个百分点和 0.38 个百分点。

（4）就业稳步增长。9 月、10 月、11 月三个月分别新增就业岗位 17.5 万个、20.0 万个和 20.3 万个。11 月失业率下降 0.3 个百分点，为 7.0%。而 2012 年年末是 7.8%。

（5）消费信贷有力增长。消费信贷余额在 2009 年和 2010 年分别下降 3.9% 和 1.0% 后，2011 年和 2012 年分别增长 6.1% 和 6.2%。2013 年前三个季度依次增长 6.2%、5.9% 和 6.0%。其中 9 月、10 月分别增长 6.4% 和 7.1%。这表明居民消费趋于稳步上升。

（三）影响美国经济增长势头的若干利弊因素

1. 有利因素

公司利润和个人收入稳步增长。公司利润推动投资，个人收入推动消费。2013 年公司税后利润总额逐季增长，1~3 季度依次达到折年率 16 123 亿美元、16 692 亿美元和 17 122 亿美元，二三季度环比分别递增 3.5% 和 2.6%。三季度水平比 2012 年全年 15 747 亿美元高出 8.7%。个人可支配收入增长相对慢些，前三季度依次为折年率 122 969 亿美元、124 174 亿美元和 125 680 亿美元。三季度比 2012 年全年 122 458 亿美元水平高出 2.6%。

2. 不利因素

海外市场疲弱，出口增长缓滞。前 10 个月商品出口同比增长 2.0%。其中对欧元区只增长 1.3%。对加拿大和墨西哥合计增长 3.1%，唯对中国出口增长 6.9%。当然同期进口同比下降了 0.3%。但主要原因是国内页岩气产量大增，原油及成品油进口同比减少 11.1%，直接影响从全球进口增长 2.0 个百分点。除去石油类，进口仍增长 2.2%。这也表明美国国内市场需求不旺，同时个人可支配收入增长的缓慢，也影响了经济增长的力度。

（四）对 2013 年全年 GDP 增长的初步估计

10~11 月一些指标继续向好，且汽车销售保持强劲增长。1~11 月乘用车销售同比增长 5.6%，其中 11 月当月增长 5.9%；轻卡销售同比增长 11.3%，其中 11 月当月增长 11.8%。感恩节至圣诞节这一销售季总销售额估计将同比增长 2% 左右，因此四季度美国经济增长率仍将在 2.0% 以上，全年可接近 2.0%。

二、美国债务上限问题和量化宽松退出机制对美国经济的影响

（一）债务上限问题

由于就 2014 年财政预算争执不下，联邦政府被迫从 10 月 1 日至 16 日关闭了 16 天。虽然两党在 10 月 17 日这一"死亡之日"（即联邦债务总额达到上限，无法再借，从而面临违约）凌晨最后终于达成妥协，联邦政府可以继续开门到 2014 年 1 月 7 日，债务上限增加 3 290 亿美元，达到 170 760 亿美元，可以借到 2014 年 2 月 7 日，但这只是临时妥协，新的大限很快就会来到，而两党根本分歧并未缩小。主要分歧点在于：以奥巴马医改为代表的民主党主张不能减少福利开支，还要继续填补"全民医保"这个大窟窿。用什么填补？增加企业税。共和党则坚决反对增税，认为会阻碍经济复苏，而主张削减福利开支。两党的利益集团基础不同，这两种主张很难弥合，只是在比这更危险的危机（国债违约）前临时妥协。毫无疑问，圣诞节和元旦假期一过；国会恢复开会时，预算方案和债务上限的争吵又将再度开张。但不管如何吵，最后的结果都是一样：临时妥协，根本分歧。这个问题只有在 2014 年中期选举后，如果民主党拿下参议院（有一定可能性），同时执掌国会两院和白宫，这种争吵才会缓和。反之，如果共和党拿下众院（可能性极小），则争吵还会加剧，白宫最后会做出更多妥协。

但可以大体做出三个基本估计。

1. 美国债务上限最后一定会提高，债务违约的风险接近于零

美国第二次世界大战后债务上限已经提高了 78 次，平均每年 1~2 次，司空见惯。而第二次世界大战后历史表明，两党的争吵和财政政策都无法减少公共债务。只有经济繁荣，预算出现盈余时，公共债务总额才会减少。同样，第二次世界大战后美国虽然屡屡面临债务上限，主权债务违约的记录却从未有过。2014 年也将重复这一现象。

2. 债务危机和政府关门对经济影响有限

1977~1996 年这 20 年美国联邦政府关门 17 次，平均每年一次。最长一次是 1995 年 12 月 16 日至 1996 年 1 月 6 日，共 22 天。但每次关门和经济增长都找不到关联。1995~1996 年美国经济仍然强劲增长。10 月的一半时间，联邦政府（除特殊部门）处于关门状态，但该月新建住房销售环比上升 25.4%（同比增长 21.6%），住房动工批准数环比增加 6.2%（同比增长 13.9%），零售和批发分别环比增长 0.4% 和 0.8%，仅工业生产指数下降 0.1%。10 月和 11 月非农业部门分别增加就业岗位 20.0 万个和 20.3 万个，11 月失业率降至 7.0%。主要原因是联邦

政府关门与否不改变美国经济基本面。因此，这一问题的继续发展，至少对 2014 年经济前景不会有大的影响。

3. 业已达到天文数字的联邦债务的继续上升，最终会带来严重后果

美国国会最新通过的联邦债务上限是 170 760 亿美元，相当于 2012 年美国 GDP（156 848 亿美元）的 108.9%。奥巴马开始总统任期时的 2009 年 1 月，联邦债务总额是 106 270 亿美元。执政 5 年来增加了 64 490 亿美元，平均每个月增加 1 000 亿美元以上。按此趋势，奥巴马任期结束时，将给后任留下大约 20.8 万亿美元债务。届时还本付息的负担将超过预算收入的三分之一，从而大大节制政府支持经济和社会安全的手段。债务总额大约四分之一为外国人持有，其中 7%~8% 为中国政府持有。债务总额的盘旋上升，直接影响到美国国债的收益率波动，给世界各国带来不确定的巨大风险。

（二）美联储退出量化宽松前景和影响

2013 年 6 月 19 日伯南克关于有序退出量化宽松措施的讲话带来了全球股市和汇市地震。据总部设在波士顿，跟踪全球资金流动的 EPFR Global 公司估计 6 月从新兴经济体流出的资金达到 198.6 亿美元，其中最后一周达 56 亿美元，为该公司 1995 年跟踪跨境资本流动以来的最高值。随着美国经济复苏的进程不尽如人意，美联储迄今尚未开始减少每月 850 亿美元的债券（国债和机构债）购买。2014 年耶伦将接任联储主席后，是否采取"鸽派立场"，尚难预料。

1. 前景估计

总体看，美联储设定量化宽松措施的基本参照物是两个：第一，失业率未降至 6.5%；第二，通货膨胀率不超过美联储允许上限（2.5%）0.5 个百分点。目前看来，这两个参照物都没有达到。2013 年 11 月失业率降至 7.0%。但如果考虑到申请就业的人数占劳动力总数的比率（即劳动参与率）比金融危机前差不多低了 3 个百分点，这个数字不算很好，且增加了预测的困难性。因为只要某月劳动参与率上升，失业率就可能上升。10 月消费物价指数（consumer price index，CPI）折年率为 1.4%，大大低于允许上限。因此，理论上看，美联储可以继续实施量化宽松政策，希望继续实施量化宽松的利益力量来自多方面，它们都将增加美联储决定减少并退出的时间点。第一个力量来自企业界，因为量化宽松带来了股市繁荣。到 11 月最后一个交易日即 29 日，道琼斯指数达到 16 092 点，比 2012 年年底的 13 104 点上升 22.8%。股市的繁荣给它们带来了利益。第二个力量来自欧元区国家，担心美联储收紧量化宽松会危及其脆弱的经济复苏。第三个力量来自若干新兴经济体，担心引发新的资本外流。这三个力量中，国内力量是主要的。

因此，量化宽松将至少在 2014 年第一季度继续目前水平，不会有实质性改变。

2. 长远的危害性

（1）量化宽松并不是什么好政策。对美国经济短期有助，长期不利。从根本上看，量化宽松毕竟是权宜之计，属非常规货币政策。因为它只靠"账面上的增长"，靠抬高资产价格和房价，推动轻微通货膨胀来实现增长和就业，并不带来创新和实体经济实质性增长。美联储非常清楚这一点，只要条件许可，一定要退出，如表 4-2 所示。

表 4-2 量化宽松不带来实体经济实质性增长

指标	2012 年	2013 年 1~9 月
2013 年二季度		
GDP 增长	2.8%	一季度：0.8% 二季度：2.5% 三季度：3.6%
道琼斯指数上涨	7.26%	22.8%（1~11 月）
工业生产指数		1.1%（1~10 月）
房价指数		99.4%（2013 年 8 月） 同比+7.22%

注：2006 年二季度同比+7.23%，此后一年多，次贷危机爆发

资料来源：http://www.nber.org/newsrelease；http://www.wsj.com

（2）对量化宽松带来的冲击也不应高估，美元汇率起落后往往大致回归原点，美元对主要货币汇率指数，如表 4-3 所示。

表 4-3 美元对主要货币汇率指数

时间	摘要	名义	实际
2008 年 8 月	雷曼兄弟倒闭前	74.055 6	83.330 2
2009 年 3 月	美联储第一轮量化宽松	83.989 6	92.641 2
2010 年 9 月	第二轮量化宽松前夕	74.935 5	83.368 1
2011 年 6 月	第二轮量化宽松结束	69.483 4	78.137 1
2012 年 8 月	第三轮量化宽松前夕	74.242 1	83.779 3
2013 年 2 月	第三轮量化宽松进行中	74.569 1	84.555 6
2013 年 7 月	美联储表示逐步退出	77.185 8	87.322 4
2013 年 9 月	暂不退出	75.992 2	85.984 3

注：1 973.3=100.000 0

资料来源：http://www.federalreserve.gov

跨境游资流向并不等于实际直接投资趋势。据联合国贸发会议《2013 年世界

投资报告》，2012 年新兴和发展中经济体吸引跨国直接投资总量达到 1.14 万亿美元，首次超过发达经济体。估计 2013 年仍将保持在 1.12 万亿美元。而 1~8 月流出新兴和发展中经济体的资金只有约 1 000 亿美元。所以，根本的因素在于国内稳健的经济增长和良好的投资环境。

三、对 2014 年美国经济前景的初步估计

国际货币基金组织在 10 月最新发布的《世界经济展望》报告中，对 2014 年美国经济增长率做了相当乐观的估计，认为将达到 2.6%，比 2013 年提高 1 个百分点，但一个很大变数是欧洲的增长力度。欧盟国家除英国将一枝独秀，预计增长 2.8%，德国也将增长 1.4%外，法国、意大利及南欧国家复苏能否持续，仍然难以确定。如果欧盟增长仍然乏力，美国经济增速也将受到影响。另外新兴经济体增长前景能否改善。目前看来仍然不确定。因此，2014 年美国经济前景总体将好于 2013 年，可能达到 2.5%~3.0%。但取决于以上各种变数，尚需不断跟踪，根据新的情况随时做出修正。

2014 年美国经济基本面在增长 2.5%左右①

一、2014 年来美国经济态势

据美国商务部 4 月 30 日发布的预报，受年初大面积严寒和大雪影响，一季度美国 GDP 出现金融危机以来最差的增长。增幅仅 0.1%，接近零。最突出的是个人商品消费开支增速从四季度的 4.5%骤降到 0.4%，私人固定资本投资则出现 2.8%的负增长，而四季度增长 2.8%。但若干基本指标出现暂时性回落后，3 月、4 月开始回升。

从生产环节看，1 月工业生产指数比前月下降 0.2%，2 月、3 月持续回升后，3 月比 12 月高出 1.8%，同比增长 3.8%。制造业生产情况类似，指数 1 月下降 0.9%，2 月、3 月回升后，3 月比 12 月增长 1.0%，同比增长 2.8%。前瞻性的耐用品订

---

① 2014 年 4 月 12 日在中国国际贸易学会春季形势分析会上的演讲。

单 1 月下降 1.3%，2 月回升 2.2%，头两月合计同比只增长 0.8%。表明后劲不足。

从销售环节看，零售额在 1~2 月不温不火后，3 月转强，环比增长 1.1%，同比增长 3.8%。一季度合计同比增长 2.2%。其中一个重要因素是汽车销售畅旺，同比增长 5.6%，批发销售截至 2 月同比增长 3.1%。新房销售则急剧恶化，2 月、3 月环比分别下降 4.5%和 14.5%，3 月同比下降 13.3%。

从就业看，总体不错。3 月新增就业 19.2 万，失业率 6.7%。已经接近美联储量化宽松的约束性指标 6.5%。

进入 4 月，表明未来生产和消费的两个基本先兆性指标均出现回升。其中芝加哥制造业采购经理人指数从 3 月的 53.7 升至 54.9，密歇根大学消费者信心指数从 3 月的 80.0 急剧升至 84.6，为 2013 年 7 月以来高点。这表明生产和消费增长情况转好，预示未来 3~6 个月经济状况的世界大型企业联合会先行指标，2013 年 11 月为零增长，12 月下降 0.1%。进入 2014 年以来则逐月加快上升，1~3 月各月环比依次上升 0.2%、0.5%和 0.8%。这印证了二季度起经济恢复增长的预测。

《华尔街日报》最近进行的调查显示，多数经济学家估计二季度将增长 2.9%，三季度增长 3.0%，四季度增长 3.1%。国际货币基金组织 4 月 8 日发表的《世界经济展望》预计 2014 年美国 GDP 将增长 2.8%，比 2013 年的 1.9%提高将近 1 个百分点，2015 年再加快到 3.0%。

二、美国经济增长基本面大致在年增 2.5%或略高

过去三个季度以来美国 GDP 增幅有很大波动。2013 年三季度达到 4.1%，被认为是强劲增长，四季度回落到 2.6%，被认为是中速增长，今年一季度急剧缩减到 0.1%，被认为几乎零增长。但 GDP 增速不是判断美国经济基本状况的唯一指标，甚至不是主要指标。2013 年三季度 GDP 大增的主要原因是库存补进贡献了 1.67 个百分点，扣除这一因素则增长 2.4%。四季度情况恰恰相反，库存补进结束，负贡献了 0.02 个百分点。扣除这一因素，仍增长 2.6%，高于三季度。四季度的另两个重大变数是由于进口减弱，净出口贡献了 0.99 个百分点（三季度则仅贡献 0.14 个百分点），但这恰好被政府开支缩减带来的负贡献 0.99 个百分点抵消（三季度为正贡献 0.08 个百分点）。由于个人消费和私人固定资本投资合计占 GDP86%，我们应当把这二者之和作为判断美国经济基本面的主要依据。稍微回顾一下最近三年和最近几个季度的轨迹，可以发现这一基本面带有惊人的稳定性。2011~2013 年，以及 2013 年三四季度个人消费和私人固定资本投资带来的经济增长依次是 2.32%、2.36%、2.03%、2.25%、2.65%，而 GDP 依次增长 1.7%、

2.8%、1.9%、4.1%和2.6%。GDP增幅起伏很大，从1.7%到4.1%，即微弱到强劲。但这一基本面却惊人地稳定在2.0%~2.6%，或2.5%上下，即美国近年经济增长的实际势头是平稳的，不弱也不强劲。

由于服务开支的迅速增长（4.4%）弥补了商品消费开支的增长放慢，2014年一季度个人消费开支增幅仍然稳定在3.0%，为该季度GDP增长贡献了2.04个百分点。私人固定资本投资虽然负贡献了0.44个百分点。但二者合计，仍然使整个经济增长了1.6%。严寒的气候和大范围暴雪耽搁了投资活动，如果剔除这一非周期因素，一季度二者合计仍应是贡献2.0%~2.5%。从二季度起，由于这一非周期因素消失，二者合计，仍将对二季度GDP增长贡献2个百分点以上。

三、影响全年美国经济前景的主要因素

美国全年经济增长能否逐步加快，要看几个主要因素。

（一）私人消费和投资能否加快增长

私人消费和投资能否加快增长，则要看个人收入和企业利润。个人可支配实际收入，从2013年10月至2014年2月逐月环比增幅依次是-0.2%、0.1%、-0.3%、0.2%和0.3%，总体不强劲，但进入2014年后有增强势头。企业税后利润，2013年一季度至四季度依次环比增长-0.1%、3.5%、2.4%和2.0%，即微弱增长。其结果是，个人消费总体增长温和，企业固定资产投资，三四季度依次只增长5.9%和2.8%，其中设备投资依次增长0.2%和10.9%，即四季度出现强劲增长势头。这一势头能否持续，尚待观察。只有设备投资大规模增长到来，整个经济才会进入强劲增长阶段，但量化宽松妨碍了这点。目前这一势头尚无足够迹象。

（二）工业生产能否稳定增长

奥巴马2009年就任总统以来，多次全力推进制造业复兴计划。但整体而言，仍然并不如所愿。整个工业生产指数，到2013年年底达到101.5（2007年平均数为100.0），即仅比危机前增长1.5%，而此期间GDP累计增长7.8%。2014年3月达到103.2。制造业生产指数，2014年3月仍比危机前高点低1.3%。值得注意的是，美国工业生产各部门出现很大分野。2014年3月汽车、能源、计算机及电子生产指数分别达到114.7、121.8（其中天然气119.7）和150.1，家用电子、家具/家居用品/地毯、服装指数则分别只有61.9、72.7和62.7。这表明拉动工业生

产的是页岩气、信息技术和汽车。传统工业和消费品工业则大幅萎缩，估计前三类 2014 年还会保持一定增速，但可能忽快忽慢，后三类将继续低迷，总体增速不会太快。

（三）住房市场是否继续向下

作为量化宽松非常规货币政策一大成果的住房市场回升，很快面临掉头向下之虞。2013 年，全国总房价指数上升 13.4%，为 2005 年以来最大涨幅，但 2013 年 12 月当月环比–0.3%。2013 年住房投资增长 12.2%，拉动 GDP 增长 0.33 个百分点，但四季度下降 7.9%，使当季 GDP 少增长 0.26 个百分点。进入 2014 年以来，新房销售持续不振。3 月天气回暖，下降却在加快。零利率和量化宽松政策对住房市场的拉动作用已有减弱之势。如果美联储按既定路线图继续缩减住房抵押债券购买，抑或升息预期躁动房市，余下时间住房市场难掩乐观。

（四）出口能否转强

世界经济复苏乏力也影响了美国的出口。2013 年美国货物出口比 2012 年仅微增 2.1%。2014 年随着世界经济增长加快，出口有望稍有改善，但从一季度情况看，难有重大起色，甚至有短暂恶化可能。奥巴马 2009 年提出出口五年倍增计划，四年过去了，只累计增长 49.5%。因此这一计划已经彻底泡汤，但这已不重要，因为奥巴马已经连任，美国现在无人再提此事。

综合以上各方面因素，美国经济现状虽然好于欧日，但不算很好。离金融危机前基本面尚有一段距离。估计 2014 年美国经济总体将平稳增长，速度高于 2013 年。GDP 增速大致在 2.5%~3.0%，接近 3.0%。其中个人消费和私人固定资本投资合计拉动增长 2.5% 或略高。在发达国家中还算上游。

四、美国能否成为世界经济新的增长点？

根据国际货币基金组织 4 月 8 日发布的《世界经济展望》，2014 年世界经济复苏正在加强，但仍不平衡。2013 年世界经济出现金融危机后最差增长 3.0% 后，2014 年预计增长 3.6%，这 0.6 个百分点的加快贡献将主要来自于发达国家，其中美国将增长 2.8%，2015 年达到 3.0%，继续领先欧日。按照这一预测，世界经济增速提高 0.6 个百分点那部分中，美国贡献其中的 0.2 个百分点。在这个意义上是世界经济加速的一个增长点。但对整个世界经济增长 3.6% 的贡献是 0.63 个百分点，仅为六分之一，不及中国预计的 0.9 个百分点，或四分之一。

五、美联储退出量化宽松对世界的影响在减弱

美联储 4 月 29 日至 30 日立会决定，5 月继续原来步伐，削减购债规模至 450 亿美元。这表明美联储逐步推出量化宽松的实施进入第四个月，即从 2014 年 2 月起，每月缩减购债 100 亿美元，大致到秋季可结束。耶伦曾表示，量化宽松结束后半年左右可能开始升息。但最近耶伦连续发表审慎言论，表明退出步伐可能放慢。3 月 31 日，耶伦在芝加哥发表演讲时认为，美国经济和就业复苏与健康状况尚有很大距离。未来一段时间美联储仍有必要维持非常规的宽松政策。英国《金融时报》报道，4 月 16 日耶伦在纽约经济俱乐部演讲时注意到当前通货膨胀率的低下（约年率 1%），表示"我们必须小心观察，看劳动力市场不景气逐步消除是否在有效帮助通货膨胀回升至我们的目标水平。"因此，2014 年内，量化宽松仍将按目前步伐实施，升息可能性则可排除。

（一）美联储必然适时退出量化宽松

其根本原因是，量化宽松短期内可以提升经济，但长远看对美国经济有害。美联储清楚这一点，不会长久推行这一政策。量化宽松的本质是用流动性的过度供给，抬升资产价格，造成一定的股市和房市泡沫，以此带动投资和购房消费。但它不支持、不利于实体经济和技术创新，将推迟经济内在性强劲增长的到来。如果养成经济对量化宽松的依赖，将有严重后果。

1. 股市与实体经济走势脱节

2014 年 4 月 7 日，道琼斯指数收盘 16 245.87 点，比 2012 年 12 月 31 日的 13 104.16 上升 24.0%，而 2013 年 GDP 只增长 1.9%。到 2014 年 2 月，工业生产指数仅比危机前 2007 年平均水平高 1.6%，制造业还低 2.8%。股市升高利于投资，但 2013 年仅增长 4.5%，扣除同样受量化宽松推动的住房投资，仅增 2.7%。

2. 抬高房价难以持续

美联储通过收购抵押贷款债券，支持住房市场和房价。目前已经集中了 40% 的住房抵押贷款，但房价涨势和新房销售已出现疲态。而 20 个大都市平均房价指数，2014 年 1 月远未恢复到次贷危机前水平，一旦美联储售出这些债券，或提高利率，必然带来新的"类次贷危机"。对我国来说，主要问题不在美国量化宽松退出，而在自己的宏观经济政策特别是货币政策是否合适。

3. 美国失业率的下降被高估

根据美国劳工部公布的统计，2014 年 3 月美国失业人数为 1 048.6 万人，占

劳动力总数 15 622.7 万人的 6.7%，即失业率。但这个劳动力总数的基数占全部劳动适龄人口 24 725.8 万人的 63.2%，即参与率只有 63.2%。如果按照 2007 年的参与率 65.3%计算，进入劳动力市场的劳动力总数应加上 523 万人，这部分仍是失业数，只不过放弃就业申请。按照同样口径，失业人数为 1 571.6 万人；占劳动力总数 16 145.7 万人（也加上 523 万人）的 9.7%，仍然是高失业。因此，美联储关于退出量化宽松的失业率 6.5%目标的解释已有微妙变化。

（二）科学看待退出量化宽松的冲击

1. 第三轮量化宽松退出带来的汇率冲击是暂时的

主要冲击发生在 2013 年 6 月伯南克刚刚发出信号后，世界股市哀鸿遍野，新兴经济体货币大幅度下跌，但一旦实施，成为透明的、可预期的、可测算时，影响大大减低，对新兴经济体货币汇率影响的变化可以说明这一点。2013 年 6 月伯南克谈话后，14 个新兴经济体货币持续下跌。从 5 月 3 日到 12 月 31 日，巴西雷亚尔、印度卢比、南非兰特和马来西亚林吉特对美元汇率累计分别下跌 14.9%、15.6%、22.8%和 8.3%。但进入 2004 年，退出量化宽松付诸实施后，新兴经济体货币反而回升。截至 4 月 11 日，对美元累计分别回升 6.9%、3.3%、1.7% 和 1.5%。仅人民币逆势而行，2013 年 5~12 月对美元上升 1.4%，2014 年截至 4 月 11 日累计下跌 2.6%，这不过说明人民币汇率走势另有其他因素。

2. 对国际资本流动的影响也是暂时的

从 2013 年 6 月 19 日伯南克放出将逐步退出第三轮量化宽松的信号至当年年末，估计新兴市场有大约 1 000 亿美元证券投资资金流出。这里主要问题不是第三轮量化宽松退出，而是美联储的这种政策变化不能突然袭击，而是提前预期、透明和可预测。

但第三轮量化宽松逐步退出的实施真正开始后，新兴经济体的资金外流压力反有所缓和，资金外流也不明显。主要的原因在于：第一，美联储的政策一旦提前预期、透明、可预测、可测算，影响立刻大减；第二，新兴经济体经济增长的基石是实体经济和创新，而不能过多依靠证券资金流入。

美国国际收支平衡表并不支持大量资金回流美国的论点。2013 年，美国资本和金融账下资金流出猛增 4 555.14 亿美元。其中对外证券投资增加了 2 440.55 亿美元。流入美国的资金确实从 2012 年的 5 438.84 亿美元猛增到 9 060.66 亿美元，净增 3 621.82 亿美元。但主要原因是购买银行和金融机构债。流入证券市场资金则从 2012 年的 1 969.68 亿美元减至 443.03 亿美元，流入政府债券的金额也减少了约 1 100 亿美元。

3. 关于量化宽松本身一些似乎是共识，其实值得商榷

一个论点说，量化宽松是开动印钞机，美元泛滥。但截至 2014 年 3 月底，美联储广义货币发行量累计是 111 608 亿美元，相当于 2013 年 GDP 66.1%，过去 3 个月、6 个月和 12 个月环比增速分别是 6.9%、6.6% 和 6.1%，这些都比中国低很多。另一个论点是量化宽松意味着美元贬值，退出意味着美元走强。但追溯美国历次量化宽松前后美元汇率的变化，可以看出两个轨迹：第一，量化宽松实行后，美元一般会走弱，退出时一般会走强，但程度不明显。影响美元的更重要的因素是经济基本面和作为避风港必要性。第二，美元不定期回归原点。三次量化宽松前夕，无论名义还是实际指数都惊人接近。这次量化宽松实行中，美元并未走弱，退出中，美元仅略走强。因此，量化宽松对美元汇率的影响在减弱，完全退出后，美元还存在回落的可能性。

4. 新兴经济体要克服困难，更多要靠解决内因

不应简单地归因于美国的第三轮量化宽松。巴西的问题是经济体制改革滞后，官僚主义严重，基础设施落后，劳工市场僵化，导致竞争力下降。据一家独立评估机构排名，巴西在 60 个主要经济体中竞争力排名，2010 年是第 38 位，2011 年、2012 年、2013 年依次降到 44 位、46 位和 51 位。印度的问题是一度受制于内部政治斗争消耗，改革滞后，现在重新强劲反弹。2013 年实现了 4.4% 的增长。国际货币基金组织预计 2014 年、2015 年将分别增长 5.4% 和 6.4%。俄罗斯的问题是过高依赖能源出口，民用高技术产品出口落后。我国同样也应做好自己的功课，控制流动性和热钱流动，稳定房市，加强金融监管。

美国经济形势和 2015 年前景[1]

美国经济在经历一季度因暴风雪而下降 2.1% 后，二三季度分别强劲反弹 4.6% 和 3.9%[2]。2014 年前三季度平均环比增速达到 2.1%。这与欧元区三季度勉强增长 0.2%（折年率 0.8%），以及日本连续两个季度负增长相比，算是主要发达国家中最好的。进入四季度，一些前瞻性指标出现回落，但全年仍能实现 2% 以上增长。2015 年如不出现重大不利因素，增长率可加快到 3% 左右。

---

[1] 中国国际问题研究基金会. 国际问题研究报告 2014/2015. 北京：世界知识出版社，2015.
[2] 美国商务部经济分析局，http://www.bea.gov。

一、当前美国经济总体温和增长

当前美国经济形势的总体态势是，构成社会再生产的生产、销售、消费和就业几大环节均处于平稳增长状态。

（一）构成 GDP 基本面的个人消费开支和私人固定资本投资均稳定增长

二三季度个人消费开支依次环比增长 2.5%和 2.2%，为当季 GDP 增长分别贡献了 1.75 个百分点和 1.51 个百分点。私人固定资本投资依次增长 9.5%和 6.2%，为当季 GDP 增长分别贡献 1.45 个百分点和 0.97 个百分点。二者合计为二三季度 GDP 增长依次贡献了 3.20 个百分点和 2.48 个百分点。由于二者总量合计占 GDP86%。它们的稳定增长，基本上保障了 GDP 的平稳增长[1]。

观察美国经济形势，通常仅以 GDP 增速为综合指标，但有很大局限性。因为 GDP 指标是由个人消费开支、私人投资、净出口和政府开支四个板块组成。私人投资中，库存调整的变动，会对 GDP 数字产生极大影响。一季度 GDP 负增长 2.1%的重要原因是去库存，它的数量不多，却使 GDP 负增长 1.16 个百分点。由于出口状况不好，净出口则使 GDP 负增长 1.66 个百分点。二者合计使 GDP 负增长 2.82 个百分点，如剔除，一季度 GDP 是正增长 0.7%。该季个人消费和私人固定资产投资合计仍使 GDP 增长了 0.86 个百分点。二季度 GDP 强劲反弹 4.6%的直接原因是补进库存为 GDP 增长贡献了 1.42 个百分点，而净出口贡献的负增长只有 0.34 个百分点。因此，我们固然要看 GDP，但更要看个人消费和私人固定资产投资。从后者走势看，大致稳定在 2.0%~2.5%，这是美国经济的基调。

（二）工业生产加快回升

2014 年 10 月工业生产指数达到 104.9（2007=100.0），同比增长 4.0%，不仅超过了同期 GDP 增速，表明实体经济在逐步回升，而且超过了金融危机前高点，表明进入新的扩张期。但不同部门差距很大，计算机和电子生产指数达到 151.2，能源达到 104.0，机械达到 111.2，汽车及零部件达到 116.2；相反传统领域服装、家具、家电只分别达到 62.3、77.8 和 65.3，大大低于危机前水平。这表明相对高端产业和能源产业成为工业增长的主要动力[2]。

（三）失业率稳步下降

2014 年 11 月失业率下降到 5.8%，比 2013 年 11 月的 7.2%大幅降低 1.4 个百

---

① 美国商务部经济分析局，http://www.bea.gov。

② 美联储统计，转引自全国经济研究局，http://www.nber.org/newsrelease。

分点，已经大大低于美联储量化宽松关于失业率的门槛（6.5%）。过去 12 个月中，私营部门总共新增 379.8 万个就业岗位，失业总数则从 1 114 万人减至 899.5 万人[①]。这在主要发达国家中也是最好之一。

（四）房价继续回升

2014 年 8 月凯斯–席勒全国 20 个主要大都市平均房价指数达到 173.66，环比上涨 0.20%，比 2013 年 12 月上涨 4.85%[②]。从 2012 年 1 月到 2014 年 8 月的 32 个月中，这一房价指数已累计上涨 27.1%，大致回到 2008 年 9 月雷曼兄弟倒闭时水平。

（五）股市迭创新高

美联储 10 月结束购债，即完全退出量化宽松后，并未带来股市回落。12 月 19 日道琼斯指数、标准普尔混合指数收盘分别达到 17 804.80 点和 2 070.66 点，均创历史高点，纳斯达克收盘为 4 765.38 点[③]，距 2010 年 3 月达到的历史高点 5 048.62 点仅差 5.6%[④]。

美联储 12 月 5 日发布的分析美国经济基本情况的褐皮书显示，从 10 月 15 日到 11 月 24 日，美联储 12 个地区储备银行中的 11 个，所覆盖的地区经济总体都呈现小幅温和增长，表现在消费支出继续增长，就业继续好转，制造业继续回升，通货膨胀率维持低水平，但工资增长缓慢，住房市场喜忧参半。

（六）近月来主要指标好坏不齐

马吉特制造业采购经理指数（purchasing managers' index，PMI），11 月为 54.8，比 10 月的 55.9 下降 1.1；芝加哥供应经理人协会的 PMI，11 月为 60.8，比 10 月的 66.2 急剧下降 5.4 点，回到 9 月水平。其消费者信心指数也从 10 月的 94.1 降至 11 月的 88.7，表明对近期前景不乐观[⑤]。

值得注意的是表明制造业前景的耐用品新订单连续下降。8 月、9 月分别环比下降 18.3% 和 0.7%，10 月勉强回升 0.3%[⑥]。

但预示整个经济前景的大企业局的先行指标却相当亮丽。9~11 月依次上升

① 美国劳工统计局数字，http://www.bls.gov。
② 美联储统计数字，http://www.federalreserve.gov。
③ 全国经济研究局，http://www.nber.org/newsrelease。
④ William A，McGeveran Jr. The World Almanac and Book of Facts 2006. New York：World Almanac Books，a Division of World Almanac Education Group，Inc.，2005.
⑤ 转引自全国经济研究局网站，http://www.nber.org/newsrelease。
⑥ 美国全国普查局，http://www.census.gov。

0.8、0.6 和 0.6。该局经济学家肯·戈尔德斯坦认为："先行指标的这种增长表明，温和增长将持续整个冬季。"[①]

二、美国经济增长的基本动力和制约因素

（一）基本动力

1. 美国经济持续温和增长主要来自国内两大动力：个人消费开支和私人固定资产投资

个人消费开支增长的基本原因在于个人可支配收入的增长。据美国商务部经济分析局统计，2014 年二季度个人可支配收入达到 129 452 亿美元，比 2013 年增长 3.5%，比 2012 年增长 4.5%。三季度达到 130 614 亿美元，比二季度增长 0.9%。相应的二季度个人开支为 122 896 亿美元，比 2013 年增长 3.3%，比 2012 年增长 7.0%。三季度达到 124 034 亿美元，比二季度增长 0.9%。收入和开支增长基本同步，平稳但不强劲[②]。

私人固定资产投资增长的基本原因在于公司利润的持续增加。公司税前利润总额，二季度达到 21 062 亿美元，与 2013 年（21 069 亿美元）持平，三季度为 21 500 亿美元，环比增长 2.1%[①]。

2. 联邦政府财政货币政策总体上促进了这一增长

（1）财政政策。联邦政府并没有像欧元区为了僵硬的教条式的"财政纪律"（即中央政府预算赤字不得超过 GDP 的 3%）而实行紧缩，不惜牺牲增长和就业。尽管联邦财政赤字在 2009 年曾经占到 GDP 10%以上，但美国实行的是在增长中逐步减少赤字的政策，并没有像希腊、西班牙、意大利乃至法国那样增税、削减鼓励投资的财政开支和大幅度削减社会福利。美国始终没有提高公司所得税，因此金融危机后公司所得税在整个联邦财政总收入中的比重已降到 5%以下（金融危机前的 2005 年曾达到 20%）。公司税负较轻，帮助提高了盈利水平。2013 年，进入财富全球 500 强的美国 138 家公司平均利润率达到 9.33%，比全球 500 强平均水平 6.30%高出 3 个百分点。

（2）货币政策。美联储实施的零利率降低了企业融资成本。房贷成本则因此降到历史低点。非常规的三轮量化宽松政策释放了总计 6 万多亿美元的流动性，

---

① 全国经济研究局网站，http://www.nber.org/newsrelease。

② 美国商务部经济分析局，http://www.bea.gov。

抬高了股票等资产价格，也促使房价回升。这样又轻微地提高了通货膨胀水平，有利于投资。投资增长的直接结果是增加了就业。到 2014 年 10 月，美国失业率降至 5.8%，比 2013 年 10 月下降 1.4 个百分点，明显低于量化宽松门槛 6.5% 以下，而消费物价指数则始终低于量化宽松门槛 2.5% 以下。

需要说明的是，量化宽松作为短期内刺激经济的非常规手段，有一定的作用。但本身不是好政策，长远看不利于增长。它的作用主要在"账面上"，抬高资产价格，给人以钱生钱的满足感，但并不相应提高实体经济产出水平。从 2013 年年初至 2014 年 12 月 19 日，道琼斯指数从 13 104 升至 17 804.80，累计上涨 35.9%，同期 GDP 只累计增长 4.3%。由于美联储第三轮量化宽松每月购入 200 亿美元住房抵押债券，刺激房价上涨和住房需求。但一旦退出，这部分抵押风险就落在联邦住房担保机构身上，而且容易促使房价回落。

（二）制约因素

1. 隐形失业和个人收入增长缓慢

虽然官方统计的失业率在 10 月已经降到 5.8%，但一个基本原因是劳动参与率的下降，即大量长期失业人群不再寻找工作，从而不计入劳动力基数。2014 年 10 月全国劳动年龄人口达到 24 865.7 万人，但进入劳动力市场的人数是 15 627.8 万人，即劳动参与率为 62.8%，其中就业数为 14 728.3 万人，失业数 899.5 万人，由此算出失业率为 5.8%。但金融危机前的 2007 年参与率达到 65.8%。如果按同一口径，2014 年 10 月进入劳动力市场的人数应为 16 361.6 万人。扣除就业数 14 728.3 万人，失业数为 1 633.3 万人，失业率为 10.0%，为 2007 年经济高点时失业率 4.4% 的两倍以上。隐形失业虽然不计入官方失业统计，但增加了政府社保负担，抑制了全社会居民收入总额和消费总额的增长势头。同时如前所述，个人收入增长非常缓慢，这也带来消费增长偏弱[1]。

2. 出口疲弱

据美国商务部统计，2014 年前三个季度，美国商品出口达到 12 088.08 亿美元，同比增长 3.4%。其中主要增长点是石油和煤炭产品，达到 915.65 亿美元，同比增长 7.6%。计算机及电子出口仅增 2.5%，机械出口增长 1.3%，具有价格竞争优势的化工品出口下降 0.2%[2]。按年率计，全年商品出口估计达到 1.6 万亿美元或略多，比 2009 年只增长 60% 左右。2010 年奥巴马在总统国情咨文中提出的

---

① 据美国劳工统计局数字计算，http://www.bls.gov。

② 据美国商务部国际贸易署统计，并据此计算，http://www.trade.gov。

雄心勃勃的 5 年出口倍增计划已经失败，出口的疲弱也抑制了美国经济增长。

3. 外部经济环境不好

据国际货币基金组织《世界经济展望》2014 年 10 月版估计，2014 年全球经济增长率只有 3.3%，与 2013 年相同。2015 年只能略回升到 3.8%。其中欧元区 2014 年和 2015 年这两年增幅分别只有 0.8% 和 1.3%，日本只有 0.9% 和 0.8%。新兴和发展中经济体 2014 年增幅只有 4.4%，比 2013 年下降 0.3 个百分点。预计 2015 年回升至 5.0%。但鉴于目前俄罗斯的经济急剧恶化，巴西经济困境加深，这一估计恐怕过于乐观。中国经济增长的放慢，也给美国经济带来压力[①]。

三、油价、美元和美联储升息前景的影响

（一）油价剧跌总体有利于美国经济，但有潜在危险

进入 9 月以来，国际市场油价连连下跌。11 月 17 日石油输出国组织部长级会议未能达成减产协议，促使油价进一步猛跌。到 12 月 19 日，纽约得克萨斯轻质原油 1 月交货收盘价跌至每桶 54.11 元，伦敦布伦特原油 1 月交货收盘价跌至 59.81 美元，均达到 2009 年金融危机深重时期的水平。油价下跌的一个重要原因是美国油气连续增产。2014 年来截至目前，美国油气平均日产量同比增加 105 万桶，这足以压垮国际油价。沙特阿拉伯拒绝减产的一个基本原因是担心市场被美国抢走。油价的剧跌严重打击了俄罗斯，促使卢布暴跌。在普京政府采取果断措施稳定卢布之前，12 月 16 日卢布对美元一度跌破 80∶1，对欧元跌破 100∶1，比年初下跌一半，而油价下跌大大减轻了美国生产和消费成本。有关估计表明，油价从 95 美元跌至 65 美元，相当于美国每个家庭全年增加 700 美元收入，从而有利于消费。另外，油价下跌减轻了欧元区生产和消费成本，有估计认为，油价跌到目前水平，相当于帮助欧元区消费提升 1.5 个百分点，这对美国也有利。因此，到目前为止，美国乐见油价低迷。

油价的持续下跌也有潜在问题。第一个后果是影响美国经济。据一般看法，油价低于 65 美元，美国页岩气就无法与原油竞争，虽然其影响的显现需要一定时间，目前尚未看到美国页岩气生产受到影响。但得克萨斯一些石油巨头已开始裁员。因此，如果油价继续下跌，美国经济将受到负面影响。第二个后果是有引起通货紧缩危险。据美国劳工部公布，2014 年 11 月消费物价指数同比仅上涨

① 国际货币基金组织. 世界经济展望，2015.

1.3%，环比则下降 0.5%①，主要原因是能源价格下跌。如果消费物价指数同比涨幅降到 1%以下，投资动力将受到直接影响，并可能导致增长趋于停滞。

（二）美元上涨的影响

进入下半年以来，受美国经济强劲增长并好于欧日影响，更在美联储结束量化宽松后可能加息的预期心态影响下，美元汇率节节走高。其他主要货币对美元则一路下跌。到 12 月 12 日，欧元对美元汇率为 1.248 4，比 8 月最后一个交易日 29 日的 1.315 0 下跌 5.1%，比 2013 年年底 1.360 6 下跌 8.2%。日元分别下跌 12.0%和 11.6%，韩元分别下跌 8.1%和 4.4%。新兴经济体货币尤其受到冲击。此期间巴西雷亚尔对美元分别下跌 16.2%和 10.8%（上半年雷亚尔对美元明显回升），南非兰特分别下跌 8.7%和 8.6%，仅人民币和印度卢比相对持稳。其中人民币对美元分别微跌 0.7%和 2.2%，印度卢比分别下跌 1.6%和 0.6%②。

美元对主要货币贸易加权汇率名义指数，12 月 12 日达到 83.560 3。9 月以来上升了 6.9%，2014 年以来上升了 8.9%，这一幅度并不算大。2008 年 9 月雷曼兄弟倒闭到 2009 年 3 月这 7 个月，美元该指数上升了 11.3%。美元的上升提高了美元资产对全球的吸引力，加强了美元作为世界主要储备货币的地位。但目前这一水平并非很高，仅大致相当于 2009 年 3 月（84.113）的水平②。

从金融危机爆发以来的经验看，美元汇率大致呈两年一轮回的态势，而对经济复苏影响不大。目前看来，在美联储加息前，美元还会持续升势，该指数很可能超过金融危机以来高点，但对美国经济增长尚无影响的迹象。

（三）美联储加息的预期

美联储于 10 月完全结束量化宽松后，鉴于美国经济态势良好，接下来就是何时升息的问题。美联储主席耶伦多次发表过 2015 年年中左右升息的暗示，但总体比较暧昧和中性。高盛曾估计，到 2015 年三季度，联邦资金利率将升至 0.6%③。

12 月 17 日美联储例会结束后发表的声明表示，目前的超低利率还将维持相当长一段时间。这是因为以下三个考虑：第一，美国经济复苏并不坚固，在一定程度上靠超常规货币政策（超低利率与量化宽松，二者兼有或有其一）维持。一旦升息，有可能打击复苏，特别是打击投资和住房市场。第二，升息的一个基本依据是遏制通货膨胀。但美国目前不存在通货膨胀威胁，相反存在通货紧缩危险。

---

① 美国劳工统计局，http://www.bls.gov。
② 美联储公布数字，转引自全国经济研究局，http://www.nber.org/newsrelease。
③ 中国行业研究网，http://www.chinairn.com。

第三，欧洲和日本均采取零利率和量化宽松政策，美国独家升息，不利于发达国家整体复苏，因为带来不利的外部环境。因此，美联储目前总的态度是边走边看，吞吞吐吐，但升息大势已定，只是早晚。如果 2015 年前两个季度经济增长势头良好，升息可能在三季度发生，最迟不过四季度。

四、对 2015 年美国经济前景的总体估计

国际货币基金组织在其 10 月发布的《世界经济展望》最新版中，估计世界及主要经济体 2014 年和 2015 年增长速度如表 4-4 所示。

表 4-4　世界经济增长回顾与预测（单位：%）

国家或地区	2012 年	2013 年	2014 年	2015 年
世界	3.4	3.3	3.3	3.8
发达国家	1.2	1.4	1.8	2.3
美国	2.3	2.2	2.2	3.1
欧元区	−0.7	−0.4	0.8	1.3
日本	1.5	1.5	0.9	0.8
新兴/发展中国家	5.1	4.7	4.4	5.0
中国	7.7	7.7	7.4	7.1
印度	4.7	5.0	5.6	6.4
俄罗斯	3.4	1.3	0.2	0.5
巴西	1.0	2.5	0.3	1.4
南非	2.5	1.9	1.4	2.3

注：表中数字为 GDP 比上年的增速

资料来源：国际货币基金组织. 世界经济展望. 2014

从表 4-4 中可以看出，预计美国 2015 年经济增长将加速到 3%以上。这是因为 2014 年全年增长因一季度大范围暴风雪而拖累（一季度负增长 2.1%）。二季度和三季度则依次达到 4.6%和 3.9%。2014 年四季度增速将继续达到 3%，并持续到 2015 年。主要有利因素包括劳动力市场改善、家庭资产负债表改善、金融环境改善、住房市场改善和固定资产投资上升。但由于人口老龄化和生产率增长递减，按目前政策，中期内只能维持 2%的增长[①]。

综合各种分析，基本判断如下。

---

① 国际货币基金. 世界经济展望，2014.

（一）美国经济将继续稳定复苏，其 GDP 增长率在 2%~3%

如果低油价持续到 2015 年春季，且欧日经济复苏略有加快，美国经济增长速度将保持在 3%左右。

（二）但 GDP 增速并不说明基本面

在其经济基本面中，个人消费增长将稳定在 2.5%~3.0%，从而为整个经济增长起到压舱石作用。投资增长起伏难定，总体增长，但不温不火。只有在固定资产投资特别是设备投资出现强劲增长后，整个经济的强劲增长才会到来。但目前尚无这种迹象。

（三）美国经济增长将继续推动全球经济复苏，但作用不及中国

2013 年，美国 GDP 为 16.8 万亿美元，占世界 GDP 总量 74.9 万亿美元的 22.4%。美国经济增长 3%，可为世界经济增长贡献 0.67 个百分点。按国际货币基金组织预测 2015 年世界经济增长 3.8%计算，美国的贡献度是 17.6%。2013 年，中国 GDP 折合 9.24 万亿美元（未按第三次经济普查调整），占世界 12.3%，即便按照国际货币基金组织预测的 2015 年中国 GDP 增长 7.1%计算，也将为世界经济增长贡献 0.87 个百分点，贡献度为 22.9%[1]。因此，世界经济复苏的主要动力仍将不是美国，而是中国。

美国经济形势和 2016 年前景[2]

2015 年世界经济复苏比年初普遍预期差很多，新兴经济体总体情况更差。据国际货币基金组织 10 月《世界经济展望》估计，全年世界 GDP 增长率将只有 3.1%，低于 2014 年的 3.4%[3]。2014 年 11 月 G20 布里斯班峰会曾通过全面增长战略的行动计划，要求五年内将全球经济增长率提升 2.1 个百分点。但这一计划墨迹未干，世界经济就已更加远离这一目标。但与前几年不同的是，2015 年发达国家经济增速在加快，将从 2014 年的 1.8%加快到 2.0%，新兴和发展中国家则将从 4.6%减速到 4.0%。金融危机以来新兴和发展中国家在世界经济中地位提升的过程出

---

① 世界及各国 2013 年 GDP 数字见世界银行统计，http://www.worldbank.org。
② 中国国际问题研究基金会. 国际问题研究报告 2015—2016. 北京：世界知识出版社，2016.
③ 国际货币基金组织. 世界经济展望，2015.

现了暂时中断[①]。

发达国家经济增长加速的主要原因是美国和欧元区。欧元区仅仅从 2014 年极差状态（增长 0.8%）略有回升（增长 1.5%），尚不及温和复苏水平。日本更差，从负增长 0.1%改善到微增长 0.6%。美国也不如年初预测，国际货币基金组织 2015 年 1 月曾预测 2015 年 GDP 增长率可达 3.1%，10 月调低到 2.6%。但与欧元区及日本相比，仍属持续平稳增长态势。在 2014 年增长 2.4%基础上，2015年前三季度依次环比增长 0.6%、3.9%和 2.0%，平均增速为 2.2%，与 2014 年前三个季度的平均增速（2.1%）几乎相同。四季度增长仍然稳健，预计全年增长率可达 2.5%~2.6%，为世界经济增长贡献 0.55~0.60 个百分点，见表 4-5。

表 4-5　世界 GDP 增长预测（单位：%）

国家或地区	2014 年	2015 年	2016 年
世界	3.4	3.1	3.6
发达国家	1.8	2.0	2.2
美国	2.4	2.6	2.8
欧元区	0.8	1.5	1.6
日本	−0.1	0.6	0.1
新兴/发展中国家	4.6	4.0	4.5
俄罗斯	1.0	−2.7	0.5
除俄罗斯外独联体国家	1.9	−0.1	2.8
亚洲新兴/发展中国家	6.8	6.5	6.4
中国	7.3	6.8	6.3
印度	7.3	7.3	7.5
东盟五国	4.6	4.6	4.9
欧洲新兴/发展中国家	2.8	3.0	3.0
中东北非/阿富汗/巴基斯坦	2.7	2.5	3.0
撒哈拉以南亚洲	5.0	3.8	4.3
南非	1.5	1.4	1.3
拉丁美洲、加勒比	1.3	−0.3	0.8
巴西	1.3	−3.0	−1.0

资料来源：国际货币基金组织. 世界经济展望，2015

一、2015 年美国经济形势回顾

与 2014 年相似，2015 年美国经济也经历了一季度明显偏低，二季度明显偏

[①] 国际货币基金组织. 世界经济展望，2015.

高，三季度大体正常的曲线。但这并不表明美国经济经历了大起大伏，主要因素是冬季严寒，春季反弹这种非周期性因素。如果熨平非周期因素，可以看到，美国经济增长的基本面在年率 2.5%左右，可算稳健，但不算强劲。

（一）美国 GDP 及主要构成要素增长情况

2015 年 1~3 季度，美国 GDP 按年率依次增长 0.6%、3.9%和 2.0%。从个人消费开支、私人固定资本投资、净出口和政府开支这四驾马车看，消费和投资始终稳定增长，库存调整和净出口的贡献度波动很大，政府开支则逐渐转为正贡献，如表 4-6 所示。

表 4-6　美国 GDP 增长（贡献度）（单位：%）

年份	2012	2013	2014	2015		
				一季度	二季度	三季度
GDP	2.2	1.5	2.4	0.6	3.9	2.0
个人消费开支	1.5（1.01）	1.7（1.16）	2.7（1.84）	1.8（1.19）	3.6（2.42）	3.0（2.04）
商品	2.7	3.1	3.3	2.0（0.25）	8.0（1.20）	6.6（1.08）
服务	0.8	1.0	2.4	2.1（0.94）	2.7（1.23）	2.1（0.96）
私人固定资本投资	9.8（1.38）	4.2（0.64）	5.3（0.82）	3.3（0.52）	5.2（0.83）	3.7（0.63）
设备	10.8（0.58）	3.2（0.19）	5.8（0.34）	2.3（0.14）	0.3（0.03）	9.9（0.57）
知识产权/技术	3.9（0.15）	3.8（0.15）	5.2（0.20）	7.4（0.29）	8.3（0.33）	-0.8（-0.03）
库存调整		（0.06）	（0.05）	（0.87）	（0.02）	（-0.59）
净出口		（0.20）	（-0.18）	（-1.92）	（0.18）	（-0.22）
商品出口		2.8（0.26）	4.4（0.41）	-11.7（-1.10）	6.5（0.55）	-0.5（-0.04）
商品进口		1.0（-0.14）	4.3（-0.59）	7.2（-0.93）	3.2（-0.41）	1.3（-0.16）
政府开支		-2.9（-0.58）	-0.6（-0.11）	-0.1（-0.01）	2.6（0.46）	1.7（0.29）
个人消费开支+固定资本投资		（1.80）	（2.66）	（1.71）	（3.25）	（2.59）

资料来源：美国商务部经济分析局，http://www.bea.gov

一季度虽然 GDP 只增长了 0.6%，但主要是因为冬季严寒和暴雪，影响了港口出运，但没有影响进口产品抵达美国港口，结果造成出口锐减，而进口增加。其统计上的结果是使 GDP 负增长了 1.92%。如果没有这一因素，则增幅可达 2.5%。但该季消费和投资仅受轻微影响，个人消费开支仍增长 1.8%，私人固定资本投资增长 3.3%。二者合计使 GDP 增长 1.7%。

二季度 GDP 增速大幅反弹到 3.9%的直接原因是出口恢复，净出口为 GDP 增长正贡献了 0.18%，比一季度提高 2.1 个百分点。同时消费和投资也从一季度的轻微耽搁中弥补性反弹，其中个人消费开支增长了 3.6%（商品开支更增长 8.0%）。个人消费和固定资本投资合计使当季 GDP 增长 3.25%。

但这种情况带有暂时性，而非周期性，三季度逐渐恢复基本态势。个人消费开支继续强劲，增长 3.0%，仅此一项即拉动当季 GDP 增长 2.04%。个人固定资本投资则有所减缓。二者合计拉动当季 GDP 增长 2.59%，大致回归近年趋势水平。

2015 年一个新特点是美国政府开支不再紧缩，从而开始为 GDP 增长做出正贡献，这也增强了经济增长势头，但作用有限。

归纳起来看，美国经济的基本面是个人消费开支和私人固定资本投资，二者合计占 GDP 总量 85%~86%，它们二者表现的综合，基本代表了美国经济的态势。2015 年前三个季度"几"字形增速如果取其中位，大致增幅是 2.5%，这大体反映了美国经济的基本增长力度。

（二）就业与通货膨胀

1. 就业

失业率持续下降是美国经济的一大亮点。2015 年 11 月，非农就业人数增加 21.1 万人，失业率继续保持在 5.0%。过去 12 个月失业人数总共减少了 110 万人，失业率下降了 0.8 个百分点。目前 5.0%的失业率已接近金融危机前 4.5%的水平。但实际情况要差得多，11 月劳动参与率只有 62.5%，而 2007 年 11 月是 65.8%。2015 年 11 月，全国适龄劳动人口为 25 174.7 万人，其中进入劳动力市场 15 730.1 万人，就业 14 936.4 万人，失业 793.7 万人，失业率为 5.0%[①]。但如果同样按劳动参与率 65.8%计算，则进入劳动力市场人数应为 16 565.0 万人，除去就业 14 936.4 万人，失业人数应为 1 628.6 万人，失业率为 9.8%。这既反映了长期失业群体不再寻求就业的现状，也掩盖了美国就业形势的真实状况。

2. 通货膨胀

美国经济的一大问题是通货紧缩的潜在威胁，主要原因是世界市场油价暴跌，导致油气零售价大跌。2015 年 11 月，美国城市消费物价指数环比持平，同比上涨 0.5%，远低于美联储不高于 2.5%的期望值。其中能源价环比下跌 1.3%，同比下跌 14.7%；食品价环比下跌 0.1%，同比上涨 1.3%；除能源与食品外的其他各类，即核心物价指数环比上涨 0.2%，同比上涨 2.0%。虽然核心物价指数是

---

① 美国劳工统计局，http://www.bls.gov。

主要指标，但能源价格的变化，无论对经济增长还是美联储货币政策的制定都有重大影响。

（三）美联储加息

不出所料，美联储于 12 月 15 日至 16 日举行的例会上决定联邦资金加息 0.25 个百分点，达到 0.25%~0.50%。这是 2006 年 6 月以来近 10 年的首次加息。并且表示，2016 年加息时间和幅度随时根据经济指标确定，整个加息将是温和的。

笔者在一年前（即 2014 年 12 月 22 日）所写的《美国经济与前景》一文中预计：美联储升息"最迟不过四季度"（指 2015 年四季度）[1]。这一预计为什么可以在一年前做出呢？原因很清楚。第一，美联储可以加息。美国经济具备了加息的两个条件，即失业率低于 6.5%，通货膨胀率不高于 2.5%。第二，美联储不得不加息。因为美国经济已经远远超过了危机前高点，再维持非常规货币政策，已不适应实体经济持续增长的要求，因为它带来的股市高涨已经包含一定程度的泡沫。而美国经济复苏已经 6 年，需要为下一次衰退准备货币工具，即降息。现在是零利率，何以降息？因此必须升息。第三，为什么不早点加息，而拖到四季度呢？这里有国内环境因素，也有国际环境因素。从国内环境看，如前所述，就业市场实际情况不如 5.0% 的失业率显示的那么好，通货紧缩潜在威胁也悬在头上，加息不利于推动通货膨胀。从国际环境看，欧日央行的相反政策（加大量宽），以及 8 月世界股市和汇市的普遍下跌，加剧了美联储对加息后溢出效应的担忧。美联储倒不是担忧他国经济，而是担忧反过来影响美国经济。但权衡之下，还是必须升息，只是时间推迟，力度放弱。

二、年关之际美国经济态势

临近岁末，美国消费、生产、投资、出口等主要领域基本保持温和增长态势。其中消费情况最好，生产和投资略趋弱，出口最差。

（一）消费

据美国普查局统计，2015 年 1~11 月，美国零售总额为 48 042.36 亿美元，同比增长 2.0%。其中汽车及零部件增长 6.9%，家具家装增长 5.6%，建材增长 3.9%，食品和饮料增长 2.8%。密歇根大学消费者信心指数近月保持高水平，12 月初值

---

[1] 中国国际问题研究基金会. 国际问题研究报告，2014/2015. 北京：世界知识出版社，2015.

达到91.8，比11月终值91.3上升0.5个百分点①。

消费增长良好的基本原因是居民可支配收入的持续增长。据美国商务部经济分析局统计，2015年1~3季度全国居民可支配收入一次达到折年率131 798亿美元、133 383亿美元和135 068亿美元，分别比2014年全年129 139亿美元增长2.1%、3.3%和4.6%。与此相应，个人消费开支依次增长1.6%、3.1%和4.2%②。

（二）工业生产和投资

据美联储统计，11月美国工业生产指数为106.5（2012年=100.0），同比下降1.2%，略低于年中6月的106.7。其中消费品生产指数同比下降0.9%，商业设备生产指数下降0.7%。11月制造业这一指数为106.2，同比增长0.9%，也高于年中6月的105.1。11月美国工业设备利用率为77.0%，低于2014年同期的79.0%，也低于1972~2014年这43年总平均水平的80.1%，甚至低于1980~1981年衰退期间的低点78.8%。制造业设备利用率，11月只有76.2%，略低于2014年同期的76.4%③。

美国全国经济分析局公布，衡量制造业生产和投资态势的耐用品交货和订单，2015年来出现了相反走势。1~10月交货额24 115.90亿美元，同比微增1.7%；累计新订单23 277.09亿美元，同比下降4.2%。订单的下降预示着未来生产前景不佳。其中机械交货增长2.2%，订单下降7.6%，计算机则相反，交货下降2.7%，订单增长5.6%，说明技术含量高的行业前景较好②。

从前述美国商务部经济分析局公布的GDP各构成增长情况看，三季度设备投资增长加快，一季度至三季度依次环比增长2.3%、0.3%和9.9%。这一态势能否持续，尚待观察。更显示技术含量的知识产权和技术投资则相反，一二季度增长较快，环比分别增长7.4%和8.3%，但三季度急剧转为负增长0.8%。同样，这一态势能否持续也待观察。但二者都没有出现持续的强劲增长，这在很大程度上可以解释美国经济增长为何不强劲。

2015年非金融企业利润情况相当好。美国商务部经济分析局公布，金融行业纳税后利润总额，2015年三季度为4 586亿美元比2014年的4 234亿美元增长8.3%；非金融行业利润则为15 418亿美元，比2014年的13 632亿美元增长13.1%，其中制造业利润5 329亿美元，比2014年的4 398亿美元增长21.2%。良好的盈利状况能否转化为投资加快增长，是判断美国近期经济走势的重要依据。

---

① 美国全国经济研究局，http://www.nber.org/newsreleases
② 美国商务部经济分析局，http://www.bea.gov
③ 美联储官网，http://www.federalreserve.gov

123

（三）出口

据美国普查局统计，2015 年 1~10 月，美国商品出口总额 12 645.76 亿美元，同比减少 6.5%；进口 18 787.89 亿美元，减少 4.3%，出口比进口下降幅度更大。进口下降的主要原因是工业原材料进口净减少 1 515.59 亿美元，而它的主要原因是国际市场油价暴跌。除此大类，其他进口净增 675.25 亿美元，表明国内需求尚在增长。相反，出口各大类全面下滑，仅其他类略增，如表 4-7 所示。

表 4-7　2014~2015 年美国各大类商品出口变化

类别	2014 年 1~10 月/亿美元	2015 年 1~10 月/亿美元	增减/%
总额	13 520.60	12 645.76	−6.5
食品/饮料	1 160.88	1 046.25	−9.9
工业原材料	4 262.08	3 648.25	−14.4
资本货	4 587.90	4 498.52	−1.9
汽车及零部件	1 337.29	1 270.91	−5.0
消费品	1 669.53	1 664.77	−0.3
其他	502.91	516.60	+2.8

注：表中数据未经季节调整

资料来源：美国普查局，转自美国商务部经济分析局，http://www.bea.gov

综合三驾马车当前态势，可以大致看出美国经济可以保持温和增长，不会骤然恶化，但也缺乏强劲动力。

三、2016 年美国经济前景估计

（一）从目前经济基本面估计，2016 年美国经济增长率将保持在 2.5%左右，或个人消费开支与固定资本投资合计，可以继续使 GDP 增长 2.5%左右

其他因素能否添加增幅，主要看两点：第一，出口能否转增。在世界经济复苏继续乏力，以及美元汇率过强的情况下，2016 年出口能有明显好转。第二，是压缩还是补进库存，这有赖于工业生产增长和投资需求转强。目前看来尚无明显转机迹象。因此大规模库存补进的可能性不大。鉴此，二者对 GDP 增长的贡献度尚难预测。如果总体正贡献，整个 GDP 增长率可提高到或略高于 3.0%，反之可能拉低增长率到 2.5%以下。目前看来前者可能性略大于后者，从而 GDP 增长

率可能在 2.5%~3.0%。当然需要具体观察每个季度增长情况及其主要因素，不断更新增长估计。

（二）从美联储可能继续加息的影响估计

2016 年美联储加息的频度和强度还很不明朗。美联储官员利率预期散点图显示 2016 年年底联邦资金利率可能达到 1.375%。摩根大通集团估计 2016 年将加息四次。如果每次加 0.25 个百分点，共计加息 1.0 个百分点，到 2016 年年底将达到 1.25%~1.50%。这应当仍属极低利率。一般概念是，既然非常规货币政策是为了刺激经济，那么回归常规货币政策，包括结束量化宽松和加息就是抑制增长。美联储的加息会不会压抑 2016 年美国经济增长呢？20 世纪 80 年代以来，美联储共有 5 次加息，对经济和股市的影响各不相同。因此需要具体分析，不能仅凭概念判断。

1992 年 7 月至 1995 年 1 月，美联储为了控制通货膨胀共加息四次，从 3.0% 加至 5.0%。1992 年 GDP 增长率有所下降。但第二年开始连续 5 年高增长，因此加息没有抑制增长。

1998 年 10 月至 11 月，为了防止亚洲金融危机影响美国增长，美联储曾降息两次，从 5.0% 降至 4.5%，但 9 个月后又开始加息。从 1999 年 8 月至 2000 年 5 月加息 5 次，加至 6.0%，主要目的是防止股市和互联网泡沫膨胀。直接结果是纳斯达克指数暴跌。从 3 月 10 日收盘的历史高点 5 048.62，2000 年跌到 2 332.78。GDP 增长率也从二季度起急剧放慢。相当多的经济学家认为，格林斯潘 2000 年 5 月不合时宜的加息，伤害了美国股市和经济，加速了衰退的到来，并使美国经济从网络经济转向房地产经济。

2003 年 1 月起，由于经济衰退已经结束，经济正在逐步回升，美联储开启了连续三年半的加息过程，直至 2006 年 6 月 29 日加息结束，从 0.75% 提高到 6.25%。这并没有影响 2006 年和 2007 年的经济强劲增长，但却带来房价大幅度下跌和次贷危机，从而帮助触发了 2008 年的全球金融危机。

这次美联储宣布加息后，美国股市并没有立即下跌，美元也没有明显走高。鉴于过去的经验教训，2016 年美联储运用加息手段会非常谨慎，且总体仍保持极低利率和宽松政策。因此，目前估计是美联储加息对 2016 年经济增长率不会有重大影响，当然还需要随时观察。

四、美联储加息和强势美元对世界经济与中国经济的影响

12月16日美联储宣布启动加息后，立刻对许多新兴经济体货币产生强烈冲击。阿根廷当日宣布放开外汇管制，允许比索自由浮动，次日比索对美元下跌30%。墨西哥当日宣布与美国同步加息0.25%，防止本币对美元大幅贬值。阿塞拜疆于12月21日宣布其货币马纳特实行自由浮动，当天马纳特对美元汇率从1.05跌至1.55。

（一）美联储加息的影响，包括加息前和加息后。其中加息前影响已经持续很久。主要表现在以下四方面

1. 美元日益走强，导致欧元、日元和许多新兴经济体货币对美元大幅贬值，人民币也受到贬值压力

据美联储公布的美元对一篮子货币名义汇率指数，2014年1月2日至2015年12月15日（加息前夕）从85.1343上升至94.0877，升幅10.5%。但12月16日宣布加息后截至圣诞节前的7个交易日中累计回跌0.1%。但主要是因为兑欧元和日元下跌，新兴经济体货币除印度卢比外，对美元均继续下跌，如表4-8所示。

表4-8　纽约市场美元对主要货币收盘价

项目	2014年12月31日 (Ⅰ)	2015年12月15日 (Ⅱ)	2015年12月24日 (Ⅲ)	对美元变动/% (Ⅰ)~(Ⅱ)	(Ⅱ)~(Ⅲ)
人民币元	6.2046	6.4600	6.4758	-4.0	-0.2
欧元[1]	1.2015	1.0911	1.0955	-9.8	+0.4
日元	120.2000	121.6600	120.3200	-1.5	+1.1
巴西雷亚尔	2.6967	3.9000	3.9358	-31.9	-0.9
印度卢比	63.2700	66.7900	66.0000	-5.9	+1.2
马来西亚林吉特	3.5150	4.3000	4.3050	-23.0	-0.1
南非兰特	11.6990	14.9815	15.2700	-29.8	-2.0
美元对主要货币名义汇率指数	85.8218	94.0877	93.9989	+10.5	-0.1

1）一欧元对美元数

资料来源：美国全国经济研究局官网，http://www.nber.org/newsreleases

独联体国家在强势美元和油价暴跌的双重打击下，货币贬值尤为明显。卢布两年来对美元已贬值53.5%，白俄罗斯货币也贬值49%。哈萨克斯坦8月15日宣布其货币坚戈对美元自由浮动，同日坚戈对美元贬值35.5%，两年来累计贬值

55%。

2. 对原油和大宗商品价格的影响

由于这些商品价格均以美元为单位，美元走强直接反映在油价和大宗商品美元价格的下跌（当然首先是供求因素）。这给依赖原油或其他大宗初级产品出口的新兴及发展中国家带来巨大困难，包括外汇收入减少，本币贬值，经济负增长，对外债务负担加重。影响最直接的有俄罗斯、巴西、阿根廷、哈萨克斯坦、委内瑞拉、沙特阿拉伯、马来西亚、南非、赞比亚等。

3. 世界资金流向的转变

更多资金回流美国，许多新兴和发展中经济体遭受资金外流压力。据总部设在华盛顿的国际金融协会（Institute of International Finance，IFF）新近发表报告估计，2015 年，新兴经济体将出现 27 年来首次资本净流出，金额达大约 5 000 亿美元，并估计 2016 年将继续净流出约 3 000 亿美元。受打击最大的将是"脆弱五国"，即巴西、智利、墨西哥、秘鲁和哥伦比亚。在美国零利率和量化宽松时期，新兴经济体大量从发达国家借入美元。据国际货币基金组织估计，2004~2014 年新兴和发展中国家企业持有的美元对外债务从 4 万亿美元增加到 18 万亿美元，翻了两番多。由于美元升值，本币贬值，资金外流，对外偿债风险敞口巨大，将加剧其国际收支困难。但与 1997 年亚洲金融危机前夕情况不同，不少新兴经济体货币已不再盯住美元，外汇储备也远比那时充裕。因此再次发生类似亚洲金融危机的可能性不大。

4. 部分新兴经济体陷入经济衰退

在强势美元、原油和大宗商品市场崩跌、国际资金流向改变的三重重击下，一些主要新兴经济体陷入衰退。俄罗斯 2015 年 GDP 估计将萎缩 3.8%。巴西"离崩溃仅一步之遥"，并可能成为 2016 年世界经济一大风险。穆迪已将巴西债信评级降为垃圾级。总统罗塞夫遭遇弹劾，财长莱维辞职。国际金融协会估计巴西人均收入到 2016 年年底将退回 2009 年水平，"反弹遥遥无期"。南非则可能紧随其后。

（二）2016 年美联储加息影响可能趋弱

同样需要关注的是另一种倾向，即美联储加息的最大影响在于要加息但尚未加息。一旦加息，且加息过程透明，可预测，影响可测算，则影响将日益减弱。美联储加息后，外汇市场上美元对主要货币汇率，以及这一指数并未明显上升。

1. 关于汇率

可以借鉴的是 2013~2014 年美联储退出量宽过程对新兴经济体货币的影响。从 2013 年 5 月伯南克表示将退出量宽，到 2013 年年底（即实施前），巴西雷亚尔对美元下跌 11.06%，印度卢比下跌 8.4%，南非兰特下跌 9.2%。当 2014 年 2 月开始实施推出量宽后，这些货币对美元反而回升。到 4 月 12 日，巴西雷亚尔、印度卢比和南非兰特对美元分别比 2013 年年底回升 8.9%、2.0% 和 1.0%。

彭博通讯社认为，美元动能已成强弩之末。12 月以来美元对 10 种主要货币 6 个月期汇指数已下跌 0.5%，全月将是 6 月以来最差表现。

因此，2016 年美元上升余地可能减小。不同新兴经济体货币表现将相差很大，主要原因将是其自己的经济基本面，而不是美联储加息。

2. 关于资本回流

国际货币基金组织经济学家斯瓦纳利·阿赫迈德（Swarnali Ahmed）新近发表的报告认为，美联储加息前一个季度中，从新兴经济体撤出的资金相当于新兴经济体 GDP 的 3.5%。但国际资本回流最糟糕的情况已过，部分新兴经济体甚至出现资金回流。

在分析上，应当把热钱的流动与直接投资严格区分开来。新兴和发展中经济体普遍担心的是资金流回美国，还是证券市场资金或投机资金，不是直接投资。2014 年，美联储加息之剑高悬，新兴和发展中国家实际流入的跨境直接投资却比 2013 年增长 2%，达到创纪录的 6 810 亿美元。相反，发达国家的实际投资流入下降了 28%，为 4 990 亿美元，第一次被新兴和发展中国家超过，而下降的主要原因恰好是美国[①]。

3. 关于油价和大宗商品价格

当美元升值减弱，油价和大宗商品价格有可能比 2015 年稳定，这时供求关系将起到更重要作用。近来国际油价出现回升，主要原因是美国页岩气井关闭增多，库存下降，而世界需求有回升迹象。

总体来看，美联储加息对未来一年世界经济的影响可能日益减弱。主要新兴经济体经济能否避免重大衰退，抑或回暖，主要因素在国内。具体影响和后果，需要随时跟踪最新情况，并做出尽可能客观而科学的估计。

（三）美联储加息对中国经济的影响

一年多来，关于美联储加息对中国经济的影响，媒体上可谓见仁见智，丰富

---

① 联合国贸发会议. 2015 年世界投资报告. http://www.unctad.org，2015-06-24.

多彩。总体看法是负面和担心。担心是必要的，但应当避免简单化、公式化的预测。

1. 需要注意的第一个影响是美元强势对人民币汇率的影响

近来人民币对美元连连下跌。周五（12 月 11 日）跌到 6.455 3 人民币对 1 美元，为 8 月 11 日中间价形成方式改变以来的新低。韩国三星期货外汇分析师 Senngi Joen 预计 2016 年人民对美元将贬值 4%~5%。估计在美元强势下，人民币对美元还可能适度贬值，但不会大幅贬值。

这里要看到，主要原因不是人民币，而是美元过强。过去三年来，人民币对美元下跌了 2.73%，对欧元、日元和巴西雷亚尔则分别上升了 16.46%、31.44% 和 43.15%。因此我们今后不能再简单地看人民币对美元汇率，而要看央行新公布的对 13 种一篮子货币的汇率水平。当然，由于美元是世界最重要、使用最广泛的货币，对美元名义汇率也十分重要。还要看到，美联储升息后，美元不一定保持升势，因为强势美元对美国经济不利。据高盛集团最新计算，美元升值 10%，美国经济增长将放慢接近 0.5 个百分点，而将使中国经济增长放慢 1 个百分点。中国经济增长率已经到了 7%左右，甚或 6.5%，不能再低 1 个百分点。

2. 第二个可能的影响是资金流动，即是否会引起大量资本外逃

2015 年头 11 个月，央行外储总量减少约 4 000 亿美元，其中 11 月减少 872.2 亿美元，但这并不是资本外逃。第一，是部分官方外汇储备被企业和个人买去，还在中国境内；第二，另一部分被企业买去投资海外或偿还外债，被个人买去用于出境旅游和留学等；第三，热钱流出，这是少部分。所谓资本外逃是指证券市场热钱的流出，不是直接投资流动。2015 年 1~11 月，我国实际利用外资 1 140.4 亿美元，同比增长 7.9%。因此直接投资资本流入仍未受影响。

3. 第三个可能的影响是 A 股

目前外资占 A 股交易资金比例只有 2%，不足以构成冲击。A 股的主要问题在自身，不应夸大美联储加息的作用。

4. 第四个，也是最重要的，美联储加息是否会严重影响中国"十三五"开局之年的经济增长

应该看到，中国经济体量巨大，主要动力在国内。且外汇储备充足，不存在对外收支危机的现实危险。要有效抵御和化解美联储加息的影响，最重要的是自己，即要把中国经济自己的事办好。要坚定不移地遵循党的十八届三中、十八届四中、十八届五中全会一系列决策，全面深化改革，建设高标准开放型经济，保持中高速，迈向中高端。只要我们有能力保持经济稳定增长，外部冲击将没有什么可怕。

美国退出量化宽松对新兴经济体和中国的影响①

6月19日，伯南克在美联储公开市场委员会例会后发表谈话，表示美联储将逐步退出量化宽松三期。具体时间表是，到下半年逐步减少债券购买量，到明年年中最终退出。但其间还要看经济形势的具体情况。

一、半个月来世界市场的反应

6月19日伯南克谈话引发世界资本市场地震，美国和世界股市大跌，美元攀升，金价暴跌。但两周后，股市逐渐回归。到7月3日，已经接近6月19日前水平。新兴国家货币对美元下跌幅度不大，金价则惨跌后略稳。

（一）股市

7月3日（4日是美国国庆闭市），道琼斯指数收盘价为15 074，距6月18日的15 318仅差1.6%。欧洲三大股指仍低于6月19日水平4%~5%，但更多是欧债危机和欧洲经济衰退本身的影响。香港恒生指数和台湾加权指数已基本恢复6月19日水平。日本经济新闻指数则继续高涨，7月3日收盘14 309.77，比6月19日的13 245.22高出8.0%。日本央行行长黑田寿男虽然在伯南克讲话后立即表示日本也考虑适时退出，但实际上量化宽松变本加厉。

（二）汇市

6月28日即6月最后一个交易日，美元对主要货币名义汇率指数为77.545 7，比19日的75.046 3上升3.3%。其中对人民币上升0.2%，对新台币上升0.6%，对墨西哥比索上升0.9%，对泰铢上升1.3%，对巴西雷亚尔上升1.5%，对欧元上升2.9%，对日元上升4.2%，对南非兰特下跌0.7%。可见，上升最多的是对欧元和日元，对新兴经济体货币升值相对温和（南非除外）。

（三）黄金

7月5日纽约市场最近期货收盘价每盎司（1盎司≈28.35克）1 222.4美元，比伯南克讲话前夕的1 375美元下跌11.1%，但比最差的水平（跌破1 200美元）略有回升。

---

① 2013年7月7日在中国国际贸易学会专家讨论会上的发言。

（四）原油

7月5日纽约市场得克萨斯轻质原油最近期货收盘价103.63美元，比伯南克讲话前夕的98美元上升5.7%。

这表明，市场正在逐渐消化美联储将退出量化宽松的影响，但今后几周还可能有新的反复，需要密切观察。

二、世界跨境资金流动开始大量流出新兴经济体

（一）伯南克讲话触发了世界跨境资金流向的重大变化

据总部设在波士顿的跟踪世界4.5万个基金（管理资产17.5万亿美元）的EPFR Global统计，6月新兴经济体资金外流合计198.6亿美元，其中最后一周流出56亿美元，创该公司1995年开始跟踪以来最大单周纪录，而1~5月是净流入181亿美元，截至6月末的状态是上半年净流出17亿美元。

但同样据该公司称，进入7月情况有所改变。一是跨境资金重新流回股市。7月第一周，共流入59.8亿美元，而6月最后一周是净流出131亿美元。新兴经济体股市也有所稳定。二是资金大量流入美国债市。7月第一周美国债市共流入26.5亿美元，而6月最后一周流出106亿美元。美国10年期国债收益率飙升至2.75%，是这一两年来的高点。

（二）美国每次实施量化宽松都对新兴经济体和中国跨境资金流入或流出产生直接影响

美国2008年9月实施第一轮量化宽松后，到2009年年底，流入20个新兴经济体的国际风险资金平均每年5 750亿美元。2010年1~10月，虽然第一轮量化宽松已经结束，第二轮量化宽松尚未启动，但仍然流入1 060亿美元。流入股市600亿美元，债市460亿美元，其中一季度总额中78.8%流入亚洲。中国人民银行公布，2010年8月和9月这两个月，流入中国的热钱分别是600亿人民币和1 200亿人民币，10月更上升到2002年以来最高单月水平。

第二轮量化宽松结束（2011年6月）至第三轮量化宽松开始（2012年9月）这段时间，新兴经济体吸引的跨境资金净流入有所减少。2011年全年其股市的资金净流入只有159亿美元。2012年1~8月净流出344亿美元。9~12月（第三轮量化宽松实施后）的17周转为净流入900亿美元，从而全年实现净流入556亿美元，创历史新高。受大规模资金流入影响，四季度香港恒生股指上升8.7%，

新加坡海峡股指上升 3.5%。资金的流入还促使亚洲经济体本币受到升值压力。2012 年全年韩元对美元升值 8.3%，新加坡元升值 6.1%，新台币升值 4.3%，但人民币对美元仅升值 1.2%。

直到 2013 年开始，新兴经济体和中国面临的主要还是跨境资金流入的形势。据华尔街日报援引 EPFR Global 数据报道，该季度国际资金股票市场配置中，中国内地和中国香港合计所占比重达到 4.4%，而 2012 年同期是 4.0%。

（三）国际资金流动逆转始于 2013 年一季度

进入 2013 年后，随着美联储将退出量化宽松的猜测与分析增多和中国及亚洲其他经济体增长放慢，资金流向突然发生逆转。截至 3 月 22 日的 11 周中，全球基金分别减持新兴市场和亚洲市场股票持有 0.72% 和 1.32%，其中有 9 个星期减持 A 股。

三、美联储必然适时退出第三轮量化宽松

美联储必然适时退出第三轮量化宽松的根本原因是，量化宽松短期内可以提升经济，但长远看对美国经济有害。美联储清楚这一点，不会长久推行这一政策。

量化宽松的本质是用流动性的过度供给，抬升资产价格，造成一定的股市和房市泡沫，以此带动投资和购房消费。但它不支持、不利于实体经济和技术创新，将推迟经济内在性强劲增长的到来。如果养成经济对量化宽松的依赖，将有严重后果。

（一）只治标

1. 首先体现在表面抬高股市，而与实体经济发展脱节

2012 年年末道琼斯指数收盘水平是 13 104.14 点，全年上升 7.26%，尽管 GDP 只增长了 2.2%，在第三轮量化宽松的刺激下，2013 年道琼斯指数连连高涨。不久前突破 15 000 点，市场预测很快会达到 16 000 点。即便按照 6 月 28 日 14 909.60 这一水平，上半年也累计上涨了 13.8%。而 2013 年 1~5 月，制造业生产是零增长。整个工业生产指数仍为 98.7，尚未恢复到 2007 年即金融危机前水平，且低于 3 月的 99.1，同月耐用品交货仅比 2012 年同期增长 2.6%，其中技术含量高些的计算机及电子交货同比下降 4.4%。换言之，资产泡沫正在扩大。

2. 其次体现在表面抬高房价

美联储为了支撑住房市场，以每月 400 亿美元进度购买抵押贷款债券（mortg-age-backed security，MBS），目前累计持有 1.1 万亿美元。按照这一进度，2013 年年底将持有美国 MBS 总额的 30%，这一收购当然提振了住房市场。联邦住房资金局房价指数从 2012 年一季度开始同比上涨，到 2013 年同比高出 6.72%。房利美和房地美也开始盈利并向财政部上缴利润。但这不是靠实际有效需求，而是靠流动性杠杆。2007 年次贷危机的一个客观逻辑也是流动性杠杆撬动房价。房价同比上涨最快的是次贷危机前的 2006 年二季度，同比高出 7.23%。2013 年一季度竟与 7 年前涨幅非常接近。因此，第三轮量化宽松带来的经济增长更多是"账面上"的。

（二）不治本

1. 不能迅速降低失业率

2012 年 9 月第三轮量化宽松开始时，美国失业率是 7.8%，2013 年 6 月为 7.6%，9 个月只下降了 0.2 个百分点，平均每个月下降 0.025 个百分点。而从第二轮量化宽松结束后的 2011 年 7 月到第三轮量化宽松开始前的 2012 年 8 月没有实施量化宽松的这 14 个月中，失业率从 9.1%降到 7.8%，下降 1.3 个百分点，平均每月下降将近 0.1 个百分点。美国劳动部 7 月 3 日公布 6 月非农就业增加 19.5 万人，高于普遍预期的 15.5 万人，引起经济界对第三轮量化宽松效果的众多赞扬。实际上这没有什么明显改善。如果把因为长期找不到工作而放弃寻找工作的人也算入劳动力基数，则第三轮量化宽松的效果更差。一年前，即 2012 年 5 月，美国劳动力基数为 15 499.8 万人，参与率为 63.8%（即就业和失业但申请就业的人数占劳动适龄人口的比重），失业人数 1 269.5 万人，失业率为 8.2%。2013 年 6 月劳动力基数 15 583.5 万人，失业 1 177.7 万人，失业率为 7.6%，但劳动力参与率只有 63.5%。如果仍按一年前的 63.8%计算，劳动力基数应为 15 657.1 万人，多出 73.6 万人，不去申请就业，实际上仍是失业人口。这样失业总数应是 1 251.3 万人，失业率为 8.0%。12 个月只下降 0.2 个百分点，原因在于缺乏实体经济增长点。

2. 长远不利于经济增长

如果始终延续量化宽松政策，一旦流动性供应减少或利率提高，股市马上下跌，房市也会下跌，经济立刻会陷入困境，因为缺乏实体经济增长支持。可见，量化宽松长远看会影响治本。因为美国经济（以及多数国家经济）问题的本质不在于货币，而在实体经济的结构和创新。

正因为如此，国际货币基金组织 2013 年 4 月发表的全球金融稳定报告指出，各国量化宽松货币政策"尽管短期内对银行有正面作用，但这些央行的政策却同金融风险相关联。这种政策维持越久，风险越会增加"。国际清算银行 6 月 23 日发表的年报则明确要求各国退出量化宽松，以免拖延世界经济复苏。

四、评估退出量化宽松影响，首先应科学评估量化宽松的影响

量化宽松的退出是实施量化宽松的反面，评估退出量化宽松会带来什么影响，首先应搞准实施量化宽松的影响。这方面存在很多过时的公式化教条式说法，且左右舆论，如"开动印钞机""美元大量外流""美元贬值""我国持有的美元资产缩水""国际市场大宗商品价格飞涨"等。美国三轮量化宽松都没有证明这些论断。

（一）开动印钞机

2013 年 5 月，美联储广义货币（M2）发行量余额为 105 525 亿美元，同比增长 6.9%，过去 3 个月和 6 个月环比均增长 4.9%，相当于 2012 年 GDP（156 848 亿美元）的 67.3%。无论绝对量、相对量和增速都远低于我国（相应数字为 104 万亿人民币，同比增长 15.6%，折合 16.28 万亿美元，相当于 2012 年 GDP 200.2%）。

（二）美元大量外流

据美国经济分析局公布的数字，2013 年一季度，美国资本和金融账户流出 2 188 亿美元，流入 2 955 亿美元，净流入 807 亿美元（含误差及遗漏）；2012 年全年则是净流入 4 394 亿美元。

（三）美元贬值

2013 年 5 月，第三轮量化宽松仍在执行中，美元对世界主要货币名义汇率指数为 76.904 3，高于 2012 年 8 月实施前夕的 74.242 1；实际汇率指数为 86.850 6，高于后者的 83.754 6。不仅没有下跌，反而走强。

值得深入研究的是，第一轮量化宽松前夕的 2008 年 8 月，第二轮量化宽松前夕的 2010 年 9 月，以及第三轮量化前夕的 2012 年 8 月，美元名义汇率指数分别是 74.055 6、74.933 5 和 74.242 1，惊人地几乎相同；实际汇率指数分别是 83.332 7、83.356 6 和 83.754 6，也惊人地几乎相同。所以，断言美元大跌的思维显然过于简单。

（四）国际市场大宗商品价格飞涨

道琼斯和瑞士联合银行编制的大宗商品价格指数显示，它的变动与量化宽松并无明显的因果关系。2008 年当年实施第一轮量化宽松，但当前该指数大跌 37%。2009 年和 2010 年分别回升 19% 和 17%，但 2010 年大部分时间内没有实施量化宽松。第二轮量化宽松于 2010 年 11 月开始实施后，2011 年该指数下跌了 13%。2012 年 9 月第三轮量化宽松推出后，全年该指数下跌了 1.1%。尽管美联储实施了三轮量化宽松，但国际大宗商品价格总水平仍只及金融危机前的 75.5%。可见，影响国际市场大宗商品价格水平的决定性因素是经济状况，而不是货币政策。

这些分析之所以未被证实，是因为它们只从美联储"印钞"这一公式化演绎看问题。实际上量化宽松的本质影响是改变世界庞大的投资和投机基金的流向。仅 EPFR Global 追踪的基金资产规模就达到 17.5 万亿美元，远远高于美联储购买的资产额。它的影响，已被近年来的事实充分证明。

五、近期形势和对策建议

（一）美联储退出将是渐进式的，但可能很快开始缩减购买规模，美国实际利率和美元都进入上升通道

根据美国 6 月非农就业新增 19.5 万人，超过普遍预期的 15.5 万人，消费者信心指数升至新高等动态看，美联储退出第三轮量化宽松已是板上钉钉，而且会很快开始缩减购债规模。据高盛集团首席经济学家哈祖斯估计，美联储最快可能在 9 月就开始将长期债券购入额减至每月 200 亿美元。与此同时，随着美债收益提高，实际利率已经开始上升，美元走强之势已定。

（二）发达国家步伐不一，欧盟、日本和英国仍在实施量化宽松

欧洲央行 7 月 4 日理事会决定，其主导利率维持在 0.5% 不变，同时欧洲央行无限量购买其成员国银行债券的政策业务变化。鉴于葡萄牙发生新的还债困难，欧债危机是否会出现多大反复，尚待密切注视，欧元区经济复苏年内仍将乏力，因此欧洲央行的量化宽松政策年内难以改变。同日英国央行也宣布基准利率维持 0.5% 不变，量化宽松规模 3 750 亿英镑也维持不变。日本央行虽然在伯南克讲话当日做了附和表态，但实际上仍在大力推进量化宽松，无限量购买债券的政策毫无改变。以色列央行 5 月 13 日宣布一个月内第二次降息。印度、澳大利亚、越南、斯里兰卡、波兰、韩国和土耳其等也纷纷加入降息行列。它们的一个共同目

的是支持乏力的经济和压低本币。随着美元升值，这些货币下行趋势势必增强。因此，美联储退出量化宽松面临相反方向的强大力量。世界市场如何反应和演变，很难轻易判断，需要不断跟踪，不断研究。

（三）我国经济下行加剧了跨境资金的流出

虽然美联储退出量化宽松是跨境资金流向重大变化的基本原因，但不是全部原因。另一个重要原因是中国和一些新兴经济体经济增长放慢，资本效益变差。路透社 6 月 28 日报道在评述 6 月大量资金流出新兴经济体时说，资金退出的重要原因是在新兴市场资产受到巨大损失。2013 年 4~6 月，随着对中国经济增长前景的担忧加剧，新兴市场股票收益减少 13%。高盛集团一份报告称，美国主要跨国公司中，对金砖国家出口敞口大的 2013 年营收估计只能增长 3%，而主要面向美国本土的估计营收将增长 6%。2012 年 11 月以来，前一组股价平均上涨了15.6%，后一组则上涨了 17.5%。美国美洲银行-美林证券一份报告指出，全球基金的资金配置中，投向新兴经济体的比重为 2008 年以来最低。2013 年下半年到2014 年上半年把重点放在新兴市场的基金经理只占总数的 25%。

该行 6 月调查表明，31% 的基金经理认为中国经济在未来 12 个月会走软，而5 月调查只有 8% 的经理这么认为，即基金经理对中国经济前景的看法急剧恶化。美洲银行-美林证券首席经济学家史密斯认为："中国若干结构性问题日益明显。真正的考验还在后头。"因此，中国经济状况将在很大程度上影响未来跨境资金流向，并继而影响世界股市和汇市。

（四）综合风险

1. 资金回流风险

大量投资和投机资金流回美国看来已成大势，并将持续。新兴经济体包括我国将承受持续压力。它可能加剧当前我国、东南亚、巴西等经济下行压力，但这仅就跨境投资投机资金而言。实体投资的外商直接投资（foreign direct investment，FDI）流入新兴经济体仍将保持高位。

2. 利率风险

美国实际利率趋于上升，从而吸引更多热钱进入美国，涌入中国追求利差的热钱动力趋于减轻。但美国实际利率的提升趋于打压新兴经济体股市。

3. 汇率风险

美元趋强，巴西雷亚尔、东南亚国家货币，特别是人民币汇率受到打压。欧洲和日本则蓄意压低欧元和日元，因此将出现矛盾效果。一方面美元走强有利于我国出口，但亚洲邻居货币同时走软（下跌幅度超过人民币的可能性更大），欧元特别是日元进一步走软对我不利。因为人民币对美元回调受到美方政治压力较大，不可能像其他货币那样。香港期汇市场人民币远期汇率下跌，肯定引起国际投机资本做空人民币。这方面需要专业人士另行深入研究。

4. 大宗商品价格风险

美国退出量化宽松和美元走强，趋于压低世界市场大宗商品价格，黄金即是显例。农产品和铁矿石等价格可能受到压抑，从而对巴西、南非这样的新兴经济体不利。巴西、南非经济下行压力增大，对我国拓展对其出口不利。但随着美国经济的走强，原油、有色金属等大宗商品价格又形成支持。我国是这些大类的重要进口国，其价格上升对我国不利。

（五）重中之重是稳定我国经济

（1）美联储退出量化宽松，虽然对世界和我国金融和经济带来很大冲击，但这是必然要发生的，只要我国经济基本面坚实，这一冲击就只是暂时的。我国当初既然反对美国量化宽松，现在就不应反对其退出，而应主动调整到美联储退出量化宽松后的环境。

（2）需要因应的主要方面不是股市，而是主要货币汇率变化和对我国的影响。估计美元走强将持续一年左右，因为一年内欧元无法恢复力量。相反，欧洲央行蓄意让欧元下跌，以帮助欧元区经济走出衰退。日元则继续下跌，巴西雷亚尔、印度卢比、墨西哥比索、韩元、新加坡元、马来西亚林吉特都会不同程度对美元走低。这样人民币面临全方位"被升值"的困境。人民币固然需要保持稳定，但不是单纯对美元稳定，可以适当对美元贬值 1%~2%。

（3）重中之重是稳定我国自己的经济。从制造业和非制造业 PMI 看，我国经济疲势仍在延续。虽然国家首先关注的不是 GDP 增速，而是结构调整和消除过剩产能，这些完全正确。但增速的不断放慢并不能稳定经济，且如果持续疲弱，对我国本身的直接影响，以及对新兴经济体乃至世界的连带影响不可低估。要努力培育新增长点并尽快发生作用，增强世界投资者对中国经济的信心。在保持稳健的货币政策的前提下，重点管控资金的跨境流动，保障我国金融市场安全和稳定。

（4）严格区分游资流动和实际投资。上面大量分析的资金流向，相当大的部分是国际游资，即为牟利而短期流动的投资或投机，如流入股市、汇市、短期借贷等。前面分析美国退出量化宽松带来的资金流向转变，主要是指这部分。而真正需要的、构成实体经济的资本，是指跨境直接投资，在这方面，我国及新兴经济体的优势仍然尚难改变。据联合国贸发会议 6 月 23 日发布的《2013 年世界投资报告》，2012 年发展中国家吸引的跨境直接投资金额第一次超过发达国家，达到全球吸引跨境投资总量 1.35 万亿美元的 52%，发达国家则下降到 42%，转型经济国家达到 6%。投资回报，全球平均是 7%，发达国家平均只有 5%，发展中国家则达到 8%，转型经济国家达到 13%。美国退出量化宽松不可能在短期内从根本上扭转这种利润率差距。因此，只要我国积极保持经济稳定增长，不断优化投资环境，稳住利用外资势头是完全有可能的。基本政策取向应当是稳住实际外资，管控国际游资。

（5）主动提议 9 月 G20 圣彼得峰会讨论世界金融市场形势，并将体现我国利益的、共同维护全球金融市场稳定的要求写入领导人声明。

美联储升息　为何牵动世界经济[①]

不出所料，12 月 15~16 日美联储例会决定升息 0.25 个百分点，将联邦利率提高到 0.25%~0.50%。这是美联储自 2006 年 6 月以来首次升息，并开始新一轮升息过程，当然，美联储声明称，生息将是逐步的，货币政策仍将宽松。由于事前完全被市场预料，升息后，全球股市全面上涨。其中道琼斯上涨 1.28%，收于 17 749 点，欧洲三大股指开市时，英国金融时报 100 指数上涨 0.72%，法国 CAC40 股指上涨 0.22%，德国 DAX 股指上涨 0.18%，亚洲股市也全面上涨，A 股涨 1.81%，收于 3 580 点。美元上涨，美元指数达到 98.920 6，涨 0.43%，对人民币涨 0.31%，达到 6.492 0。油价大跌，纽约市场西部轻质原油最近期货价跌至每桶 35.52 美元，跌 1.83 美元，接近 2008 年金融危机爆发后的低点（32.40 美元）。黄金则温和上涨 1.4%，收于每盎司 1 076.80 美元。这表明它的直接后果是美元走强，原油下跌，股市则不跌反涨，表明市场对美国经济信心提升，并认为美联储升息悬念解除后，市场前景明朗了。

一、美元仍然是全球货币体系的霸主

美联储加息最主要的直接后果是美元升值。美联储相当于央行，它提高联邦

---

① 中宣部. 美联储升息为何牵动世界经济. 时事报告, 2016, （1）: 36-37.

资金利率，各商业银行向其贴现融资，成本就要提高，于是它们也要相应提高自己的存贷利率。这样一来，国际资金流动趋向于流入美国和美国金融机构，持有其他货币的国家或机构往往把其他货币兑换成美元，这又进一步推动美元升值。

美联储自 2014 年 1 月开始推出量化宽松，到 11 月结束。然后就准备加息。迄今已经酝酿了一年多。在此背景下，美元从 2014 年 1 月以来不断升值。美元对主要货币名义汇率指数，12 月 4 日比 2013 年 12 月上升了 22.7%。全球主要货币包括欧元、日元，以及新兴经济体俄罗斯、巴西、马来西亚、南非等货币对美元大幅贬值。

美元升值压抑了石油和大宗商品价格。12 月 11 日，纽约商品交易所得克萨斯轻质原油价跌到 35.62 亿美元。铁矿石、铜等大宗商品价格持续下跌。国际货币基金组织估计，2015 年全年全球原油平均价将比 2014 年下跌 46.4%，非燃料大宗商品价格下跌 16.9%。依赖原油和大宗商品出口的俄罗斯、巴西、沙特阿拉伯、委内瑞拉、智利等经济深受打击。

美元升值还威胁到众多新兴和发展中经济体外债偿付的安全。因为在美国和其他发达国家实施零利率时，这些国家大量借入利息低廉的外债。2005~2014 年累计外债额从 4 万亿美元增加到 18 万亿美元。美元的大幅升值自然带来偿债负担急剧增加。

美联储加息还引起世界市场资金流向改变，从新兴经济体转而流回美国。

为什么美元对世界的影响如此之大呢？

第二次世界大战结束前，美国、英国等国在美国新罕布什尔州的布雷顿森林开会，研究第二次世界大战后重建和机构保障，决定成立国际货币基金组织、世界银行和国际贸易组织。第二次世界大战后世界经济复兴的前提是有一个强有力的、稳定的货币体系。当时欧洲国家已被战火摧残得奄奄一息，唯美国大发横财。1945 年 8 月，美国拥有黄金储备 21 770 吨，占全球 59%，工业生产占全球一半，因此确定世界货币体系以美元为基础，美元与黄金挂钩（35 美元兑 1 盎司黄金），各国货币与美元挂钩，即布雷顿森林体系。到了 1971 年，由于美国卷入朝鲜战争花了 500 亿美元，越南战争又花了 5 000 亿美元，通货膨胀加剧，美元实际上维持不了对黄金的比价，但还可以自由兑换，于是欧洲、日本等纷纷挤兑黄金。在此情况下，尼克松于 1971 年 8 月 10 日宣布美元与黄金脱钩，美元同时贬值 8%，为 38 美元兑 1 盎司黄金。布雷顿森林体系于是变成布雷顿 II，因为各国货币与美元挂钩没有变。世界上没有一种其他货币可以和美元抗衡，结果美国反而更捞了一笔。因为只要开动印钞机就可以制造美元，不需要黄金保证。

美元的地位建立在美国强大的经济、金融、科技、贸易和投资、军事实力上。世界贸易和投资的绝大多数交易是以美元计价，黄金、石油和许多大宗商品都以美元计价。世界各国外汇储备中，美元比重始终在 60% 以上。欧元的诞生迄今并没有给美元造成多大挑战，相反，欧元区本身因经济条件不同的国家使用同一种货币而矛盾重重。2008 年 9 月雷曼兄弟公司倒闭引发全球金融危机，本来是美国带来的灾难，但直接后果却是许多国家纷纷购入美元寻求避风港，结果引起美元走强。因此，美元的强弱不是局部性问题，而是全球性问题。

人民币虽然成功"入篮"，成为世界储备货币之一，但远未达到与美元抗衡地位。中国和 G20 许多成员，特别是新兴经济体一道，多年致力于改变美元在全球货币体系中一家独霸的现状，建立多种货币支撑的更加均衡的货币体系。这个目标无疑是正确的，但需要很长时间。

二、美国仍是全球经济霸主

随着新兴和发展中国家经济的更快增长，美国在全球经济总量中的比重正在下降，但仍是遥遥领先的第一经济大国。2014 年，美国 GDP 总量为 17.38 万亿美元，占全球 GDP77.37 万亿美元的 22.5%，但仍超过第二名中国（10.36 万亿美元）三分之二，并大于日本、德国、法国、英国和意大利 GDP 之和。正因为总量巨大，美国经济的衰退，往往都在相当大程度上导致或加剧了世界经济的衰退，如 2001 年和 2008 年。

美国对世界的影响不光体现在经济总量上，更深刻地体现在其巨大而完善的金融市场上。纽约证券交易所和纳斯达克合计，是世界遥遥领先的证券市场，而且交易着世界各国的上市公司股票。美国债券市场也是世界最大的，由于美国在互联网金融上的巨大优势，华尔街各大银行实际上控制了世界金融交易的主要通道。

美国海外投资巨大。截至 2014 年年底，美国海外直接投资总存量约 6 万亿美元，占全球跨境直接投资总存量约四分之一，远超过中国的 8 000 多亿美元。美国又是世界最大的商品进口市场，2014 年进口额 2.16 万亿美元，超过我国约 2 600 亿美元。美国市场不振，对世界很多国家产品出口有直接的影响。

纽约和伦敦是世界两大期货交易中心。纽约和芝加哥一起，是世界原油、小麦、大豆等大宗商品期货交易所所在地。世界众多产油国和大宗商品出口国经济形势的好坏，很大程度上取决于这些产品的世界市场价格。而这些价格并不由生产国决定，而是由纽约、伦敦和芝加哥期货交易所进行交易的发达国家（主要是美国）的投资银行和基金在交易中形成。

更重要的是，美国牢牢主导着世界贸易和世界投资规则的制定、修改和更新。

美国主导的 TPP 业已达成协议，它与欧盟（美国主导角色更强）的 TTIP 也在取得进展。一旦达成协议，将力推成为 21 世纪全球贸易规则。

因此，我们对美国经济实力和世界影响力的估计，不能简单地只看 GDP 总量，以为哪天中国 GDP 超过美国，美国就没有中国重要了，那种想法是不正确的。

第五章

朝向中美新型大国经贸关系

奥巴马连任后中美经贸关系现状和展望①

2012 年 11 月 6 日，奥巴马胜选，连任总统。

在竞选中不断"羞辱中国"的奥巴马，第二任期对中国贸易政策将会延续第一任期"亦敌亦友"的总方针吗？会有更多合作，还是更多摩擦？中美经贸关系将面临更多机遇，还是更多困难？要从美国整个全球贸易战略看待对华定位和关系。也要从历史和现实表现看奥巴马政府未来政策取向。

一、美国全球贸易"战略"

美国实际上没有系统的贸易战略。奥巴马一期的贸易战略只是外交战略的工具和国内经济战略的延伸。

（一）出口倍增

2010 年 1 月 27 日，奥巴马在国会发表的国情咨文中提出五年出口倍增口号，要求到 2014 年年底，商品和服务出口比 2009 年翻一番，从 1.57 万亿美元增至 3.14 万亿美元。

目的：创造 200 万个就业机会，帮助美国公司增强国际竞争力，"赢得未来"。成立跨部门的办公室，日常工作设在商务部。重点职能如下。

（1）咨询：两年来共帮助 1.22 万家公司出口，其中 5 600 家为首次出口，实现出口 1 400 亿美元。

（2）国际贸易执法中心：商务部、国际贸易署牵头。

（3）"商业美国"一站式服务。

（4）政府、企业伙伴关系：已达 2.5 万家企业，帮助 1 000 多家公司进入新市场。

（5）促进中心（advocacy center）：两年来帮助数百家美国公司获得 117 个海外政府合同。其中 2011 年 53 个，合同金额 300 亿美元（支持 15 万个就业岗位）。

---

① 2012 年 11 月 14 日何伟文在首都经贸大学的演讲。

前两年尚如人意。2012 年来则大大落后于计划进度，见表 5-1。

表 5-1　美国商品出口增长表

项目	2009 年/亿美元	2011 年/亿美元	增长/%	2012 年 1~8 月/亿美元	同比增长/%
全部出口	10 568.43	14 805.52	40.1	10 238.21	5.6
制造业出口	9 420.00	13 094.00	39.0		

资料来源：美国商务部国际贸易署，http://www.trade.gov

2010~2011 年，出口的增长创造了 120 万个就业机会。

（二）区域、双边自贸协定和 WTO

对多哈回合兴趣不大，重点放在区域、双边自贸协定，目前已有 20 个国家。
美洲 12 个：加拿大、墨西哥、智利、哥伦比亚、哥斯达黎加、多米尼加共和国、萨尔瓦多、危地马拉、洪都拉斯、尼加拉瓜、巴拿马和秘鲁。
中东北非 5 个：以色列、约旦、巴林、摩洛哥和阿曼。
亚洲 2 个：韩国、新加坡。
大洋洲 1 个：澳大利亚。
美国搞自贸协定，目的不是双赢，而是单赢，是为了扩大美国的出口。例如，美韩自贸协定，可增加美国商品出口 125 亿美元，创造 7 万个就业机会。2011 年 10 月 21 日，奥巴马签署同巴拿马、哥伦比亚和韩国三个自贸协定法案后，柯克在 *Politico* 发表文章，称这是"美国贸易政策的新纪元"。

（三）TPP

2011 年 11 月 12 日，在夏威夷举行的 APEC 领导人非正式会议上，美国、澳大利亚、文莱、马来西亚、新西兰、智利、秘鲁、新加坡和越南 9 国宣布就 TPP 框架达成协议。
2012 年 12 月 3~12 日，第 15 轮 TPP 谈判将在新西兰奥克兰举行。
亚太市场对美国的极端重要性：2010 年美国对亚太地区商品出口 7 750 亿美元，占对全球出口 61%。
亚太市场是美国重返亚洲战略的经济基础，TPP 又是美国重返亚洲外交的政策工具。

（四）主导世界贸易新规则的制定

美国认为世贸规则已经"过气"，因此对多哈回合不感兴趣，听任它成为"植物人"。
中心放在自贸协定，特别是 TPP，使之成为世界贸易新规则体系的基础。

二、中美经贸关系概况和主要问题

（一）合作发展仍然强劲

根据中国海关统计，2012 年 1~9 月：中美贸易额增幅比对全球贸易增幅 7.8% 高 1.3 个百分点，其中对美出口增幅比对全球出口增幅 7.4% 高 2.2 个百分点。根据美国商务部统计，2012 年 1~8 月：美中贸易额同比增幅比对全球贸易增幅 5.0% 高 1.7 个百分点，其中从中国进口增幅比从全球进口增幅 4.7% 高 2.2 个百分点。美国市场仍是我国出口稳增长的重要板块，如表 5-2 所示。

表 5-2　2012 年中美贸易统计

项目		1~9 月/亿美元	同比/%	1~8 月/亿美元	同比/%
中方统计	贸易总额	3 554.21	+9.1		
	中国出口	2 581.59	+9.6		
	中国进口	972.61	+7.7		
美方统计	贸易总额			3 431.2	+6.7
	美国出口			699.99	+5.9
	美国进口			2 731.21	+6.9

资料来源：中国海关统计，美国商务部统计

在中美双向投资方面，根据中国商务部统计，2012 年 1~9 月美国对华实际投资 23.71 亿美元，同比减少 0.63%；欧盟对华实际投资 48.31 亿美元，同比减少 6.25%；全球对华实际投资 834.23 亿美元，同比减少 3.76%。根据美国荣鼎集团统计，同期中国对美实际投资 63 亿美元，同比增长一倍。

2011 年 1 月胡锦涛访美期间双方达成的许多协议仍在推进中。

（1）中美双方签署了规模空前的 659 亿美元贸易合同。其中美国对华出口 439 亿美元（包括 200 架波音飞机），中国对美国出口 120 亿美元。匡算可为美国创造 23.5 万个就业机会。并可显著增加美国对华出口总额，有利于两国贸易朝向更加均衡的方向发展。

（2）中国对美投资首次超过美国对华投资。双方共签署投资合同 51 亿美元。其中美国对华投资 18.6 亿美元，中国对美投资 32.4 亿美元。后者等于截至 2010 年年底中国在美累计投资存量 47.3 亿美元的三分之二。这很可能预示着中国对美国直接投资将出现起飞。

（3）中航工业同美国通用电气旗下的航空系统公司成立合资综合航空电子公司。新公司将用通用电气航空电子系统装备中国商用飞机公司生产的 CR919。并以此为平台，建立具有强大竞争力的商用航空电子产品，面向全球商用航空市场。这不仅大大促进美国先进技术对华出口，并占据中国庞大的商用飞机制造市场，而且促成中美两国航空工业在研发和制造商深度合作，共同扩大世界市场份额，是典型的双赢范例。

（4）中美新能源领域深度合作取得丰硕成果。

中国国电集团同美国 UPC 集团共同开发、建设和运营在华 7 个风电项目（总容量 1 075 兆瓦）。

重庆能源投资集团同美国爱依斯公司成立合资公司，开发、建设和运营一系列可再生碳减排项目，包括 400 兆瓦水电项目、700 兆瓦风电项目和 100 万吨瓦斯减排项目，合计未来 5 年再生能源发电装机容量超过 2 000 兆瓦。

中核集团从美国西屋公司购买 10 台套 AP1 000 核燃料制造设备，金额 3 500 万美元。

中国新奥集团向美国杜克能源集团提供未来能源技术示范平台。

华能集团同美国电力公司签署燃煤电厂节能降耗和二氧化碳减排技术合作协议，用华能自主开发的碳捕集技术对美电公司一座 60 万千瓦燃煤电厂进行捕集 150 万吨二氧化碳的可行性研究，并适时推进示范工程建设。

合作发展仍然是中美经贸关系的一个基本面，它的深刻基础在于全球化经济中两国经济的高度互补性。

这一客观规律决定了，无论出现什么政治风浪，也无论出现多少贸易摩擦，中美经贸关系都依然不断发展。

（二）中美经贸关系中的主要问题

固有矛盾一个未解决。

1. 美方诉求

（1）巨额贸易逆差，由此造成美国大量失业。

（2）人民币汇率低估，造成美方巨额逆差，如表 5-3 所示。

表 5-3　美国贸易逆差统计

项目		2011 年	2012 年 1~8 月
美国出口	对全球/亿美元	14 806.65	10 238.21
	中国/亿美元	1 038.79	699.99
美国进口	对全球/亿美元	22 069.56	15 193.55
	中国/亿美元	3 993.35	2 731.21
平衡	对全球/亿美元	−7 262.91	−4 955.34
	中国/亿美元	−2 954.57	−2 031.21

续表

项目		2011 年	2012 年 1~8 月
平衡	中国比重/%	40.7	41.0

资料来源：美国普查局，http://www.census.gov

劳工背景的经济政策研究所 2010 年 3 月 23 日发布《中国不公平的贸易夺走美国人饭碗》的报告，该报告称按照出口创造就业，进口和逆差造成失业计算，2001~2008 年对华逆差共造成美国 241 万人失业。2012 年新版的报告称，截至 2010 年造成美国 270 万人失业。

从舒默开始，美国部分议员和利益集团无休止地指责人民币汇率低估，声称这是造成美方巨额逆差的原因。

人民币汇率无例外地成为政客竞选的最好靶子。

2008 年 10 月 30 日，即大选前 9 天，奥巴马在劳联-产联年会上再一次指责人民币汇率低估。

2012 年大选中，罗姆尼则一再扬言，如果当选，上任第一天就宣布中国是汇率操纵国。

（3）知识产权和自主创新问题。2011 年 5 月 18 日，美国国际贸易委员会（United States International Trade Commission，USITC）发布《中国侵犯知识产权、自主创新对美国经济的影响》报告，声称中国侵权致使美国公司损失销售收入 480 亿美元并损失 92.3 万个就业岗位。

（4）市场准入障碍：认为中国政府在自主创新、政府采购和透明度方面存在诸多针对外商的准入障碍。

（5）国企垄断，政府不公平补贴，要求"竞争性中立"。

（1）、（2）点理由站不住脚，且干扰极大，并被政治化；（3）、（4）、（5）点部分合理，部分不合理或夸大。对所有五点，中方都做了很多努力。

2. 中方诉求

（1）反对贸易保护主义，慎用贸易救济。

（2）承认中国市场经济地位。

（3）放宽高科技对华出口限制。

（4）中国企业赴美投资公平对待。

这四点全部合理，但迄今无进展。

三、美国对华贸易摩擦新特点和走向

奥巴马执政以来，特别是 2012 年以来，在经济复苏缓慢，失业率居高不下的背景下，美国对华贸易限制和政策责难明显升温，贸易摩擦不但加强，而且具有与以往不同的若干特点，可以称之为新保护主义。

（一）新保护主义在形成

新保护主义的主要特点是，专门针对中国进行贸易救济立法，战术上实施数量保护主义，战略上定位中国为"国家资本主义挑战全球贸易体制"。

1. 立法上：量身定做针对中国

2012 年 3 月 13 日《1930 年海关关税法》修正案成为法律，使美国专门针对中国的双反合法化、体制化。虽然该法包括越南，但压倒一切的是针对中国。

这次双反立法有四个鲜明的特点。

一是速度极快。2011 年 12 月 19 日联邦上诉法院再次裁决美国商务部对中国企业非公路轮胎实施反补贴败诉，理由是无国会立法授权。两个月后，即 2012 年 2 月 19 日，众院筹款委员会主席戴维·坎普提出了修改《1930 年海关关税法》的法案，增加可对非市场经济国家征收反补贴税的条款，并得到全国制造商联盟、全国纺织组织理事会、美国商务部和美国钢铁工人联合会的支持。3 月 5 日，参院表决，全票通过，次日，众院以 390∶37 比例高票通过，13 日，奥巴马签署成为法律。前后不超过 3 个月，立法过程不足 1 个月。美国历史上但凡立法，总是马拉松，争吵不休，修改不尽，恐怕从来没有一个法案这样迅雷不及掩耳。

二是两党空前一致。近年来，无论在预算、债务上限、医改、社会救济和富人征税等问题上，两党在国会总是吵得不可开交。凡是民主党赞成的，共和党总是反对，反之亦然。然而在涉及中国问题上，两党突然变成了一党。

三是直接不顾 WTO 相关规则。根据世贸规则，对非市场经济国家不适用反补贴。一年前的 2011 年 3 月 11 日，WTO 专家组裁决美国对中国非公路轮胎等四项产品征收反补贴税违反世贸规则。美国对此非常清楚，却并未犹豫。

四是直接不顾美国宪法和法律体系基础。美国宪法明确规定，新生效的法律不得追溯。美国法律体系盎格鲁–撒克逊法基础是无罪推论。这次修改的相关条款则是有罪推论，即起诉中国某产品受到补贴，美国自己不清楚有没有，先告上去，除非被诉方证明自己没有补贴。

2. 战术上：数量型保护主义形成定式

第一，只看进口数量增长。2012 年以前，美国对中国产品实施反倾销和反补

贴，一般规律是中国涉案产品对美国出口连续两年数量呈两位数增长，单价则连续两年下跌，如彩电、对虾、木制卧室家具等，因此大致事先有征兆可循。但2012年以来连续发起的太阳能光伏电池、汽车及零部件等双反案，都不同时具备这两个条件，仅仅数量迅速增长，美国就以损害本国就业为由立案并做出肯定性裁决。

（1）太阳能光伏电池案

根据美国商务部发布的涉案事实表（fact sheet），2009年，中国对美国出口涉案太阳能光伏电池数量为2 687.6万组，金额63 952.8万美元；2011年数量增至9 329.2万组，金额311 736.9万美元。

两年间数量增长247.1%，金额增长387.4%，单价上涨40.4%，说明并未低价倾销。但美国依然立案，商务部终裁倾销幅度为18.32%~249.96%，补贴幅度为14.78%~15.97%。

（2）汽车及零部件案。2012年9月17日，奥巴马在汽车生产大州俄亥俄州宣布将中国对汽车及零部件补贴案诉诸WTO。美国贸易代表柯克的指控是："中国对汽车及零部件的补贴夺走了美国制造商在美国和世界的市场，使美国工人付出代价。"事实并不是这样，如表5-4所示。

表5-4　中美汽车及零部件贸易比较

来源	2005年/亿美元	2011年/亿美元	增长/%	净增额/亿美元
美国从中国进口	37.7	87.7	132.6	50.0
美国对中国出口	10.1	66.3	556.4	56.2

资料来源：美国商务部国际贸易署，http://www.trade.gov

美国对中国的汽车出口增长，无论从速度还是绝对净增量上，都超过了同期从中国的进口。中国并没有从美国"夺走"什么市场。

美国汽车进口的最大增长来源是墨西哥，中国显然是个错误的靶子，如表5-5所示。

表5-5　美国汽车及零部件进口比较（单位：亿美元）

来源	2005年	2011年	净增额
全球	2 159（100.0%）	2 273（100.0%）	114
墨西哥	382（17.7%）	599（26.4%）	217
中国	38（1.8%）	88（3.9%）	50

注：括号中的数据为占全球的比重

资料来源：美国商务部国际贸易署，http://www.trade.gov

美国汽车及零部件出口比进口增长更快，如表5-6所示。

表 5-6　美国汽车及零部件进出口比较

项目	2005 年/亿美元	2011 年/亿美元	增长/%	净增额/亿美元
出口	883	1 205	36.5	322
进口	2 159	2 273	5.3	114

资料来源：美国商务部国际贸易署，http://www.trade.gov

美国对全球出口比从全球进口多增长了 208 亿美元。因此，它获得了市场，而不是丢失了市场。

美国指控中国的唯一理由是中国汽车及零部件对美国出口数量在过去 7 年中翻了一番多。

美国商务部另一种统计有所不同。它显示，从 2001~2011 年，从中国进口的汽车零部件从 17.58 亿美元增至 120.65 亿美元，增长了将近六倍。同期美国汽车及零部件对华出口仅 15.31 亿美元，美国有逆差 105.34 亿美元。

但美国汽车及零部件贸易的主要逆差来源并不是中国。

整车贸易，2011 年美国对全球逆差 789.40 亿美元。第一大逆差来源是日本，297.53 亿美元；第二是墨西哥，269.36 亿美元；第三是加拿大，158.48 亿美元；第四是德国，139.95 亿美元，中国没有列入。

零部件贸易，对全球逆差 405.18 亿美元。最大逆差来源墨西哥，126.21 亿美元；其次是日本，为 120.19 亿美元。汽车及零部件合计，对日本逆差为 417.72 亿美元，对墨西哥逆差为 395.57 亿美元，分别为中国的将近四倍。二者合计，占美国汽车及零部件全球贸易逆差总额 1 194.58 亿美元的 68.1%，中国仅占 8.8%。美国却没有起诉日本，也没有起诉墨西哥，却单挑中国，其不公正再明显不过。

（3）钢铁半成品。

美国指摘中国钢铁产品对美国出口在 2010 年和 2011 年这两年大幅增加。但中国对美国钢铁产品出口额和占美国进口比重都远低于 2006 年，如表 5-7 所示。

表 5-7　2006~2011 年美国从全球及中国进口钢铁半成品变化

年份	从中国进口/亿美元	从全球进口/亿美元	中国所占比重/%
2006	16.984 4	223.700 4	7.6
2007	14.840 9	185.126 2	8.0
2008	19.111 7	217.426 9	8.8
2009	3.220 3	86.651 7	3.7
2010	6.293 9	143.929 6	4.4
2011	10.647 8	197.655 5	5.4

资料来源：美国商务部国际贸易署，http://www.trade.gov

（4）汽车或非公路车轮胎。

2009 年奥巴马批准对来自中国的轮胎实行特保是不公平贸易的典型案例。美国在大幅减少从中国进口的同时，却从世界其他地区大幅增加进口，如表 5-8 所示。

表 5-8　美国从中国及全球进口汽车轮胎变化表

年份	从中国进口/亿美元	从全球进口/亿美元	中国所占比重/%
2006	12.866 7	69.581 2	18.5
2007	17.496 9	75.670 5	23.1
2008	19.880 3	78.230 6	25.4
2009	17.517 3	67.214 8	26.1
2010	15.418 5	86.550 6	17.8
2011	18.278 5	105.621 1	17.3

资料来源：美国商务部国际贸易署，http://www.trade.gov

2008 年中国轮胎在美国进口市场中比重超过了四分之一，美国制造商和工会随即提出了特保和双方申请。然后有了 2009 年 9 月 12 日奥巴马宣布的特保，同年还有双反裁决。

2010 年中国轮胎输出美国比 2008 年减少了 4.46 亿美元，比重退回到 2006 年（美方起诉的比较基年）。这并没有保护美国国内生产，同年美国从世界其他地方的进口比 2008 年增长 12.78 亿美元。

2011 年我出口虽有部分恢复，但比重继续下降，绝对额还没有恢复到 2008 年水平。而 2008~2011 年，美国从世界其他地方进口增长了 28.99 亿美元，增幅达到 49.7%。

这充分说明，美国所谓中国轮胎造成美国工人失业的指控是多么荒谬，只不过是赤裸裸地阻止中国产品数量增长。

第二，凡是美国国内正在生产同类产品，特别是失业问题较严重，或力图重振的产品，只要来自中国的进口比重达到一定程度，美方就很可能以失业为借口引发双反，而不论是否站得住脚。

太阳能光伏电池双反案的直接起因是奥巴马曾参观过，并提供 5.35 亿美元联邦贷款的索林德拉公司（Solyndra）于 2011 年 9 月破产倒闭，造成 1 100 多名工人失业。

但美国业界分析认为，该公司的倒闭主要是主打产品成本过高，其实与尚德、天合并不是同一产品，并不能证明是因为中国产品竞争的关系。

汽车及零部件案的直接原因是奥巴马需要汽车大州俄亥俄州的选票。该州产生 18 张选举人票，在 2004 年总统大选中起了决定性作用（得俄亥俄州者得天下）。

而俄亥俄州作为老工业基地，失业率远高于全美国平均水平。

美国劳工部公布的最新就业统计表明，责难中国夺走美国人饭碗的汽车及零部件制造部门，就业倒是增长最快的，如表5-9所示。

表 5-9　美国非农就业增长表

行业	2011 年 9 月/万人	2012 年 9 月/万人	增长/%
非农领域	13 197.5	13 350.0	1.2
制造业	1 184.8	1 194.2	0.8
汽车/零部件	72.5	77.7	7.2

资料来源：美国劳工部劳工统计局，http://www.bls.gov

一年来，汽车及零部件就业猛增，速度是整个非农领域就业增速的 6 倍，是制造业就业增速的 9 倍，但对中国产品的起诉仍然发生。

3. 战略上，美国已经开始在全局上定性中国为"国家资本主义"和"重商主义"，将中美经贸矛盾定性为"中国国家资本主义挑战全球贸易体制"

2011 年 5 月 3 日，美国常务副国务卿霍马茨（Robert Hormats）在美国商会于华盛顿举行的报告会上提出了"中国国家资本主义挑战全球贸易体制"的断言。2012 年 1 月，奥巴马在 1 月的国情咨文中 5 次指责中国，并在多次场合指责中国"规避规则"，表示将比任何一届前任更加强硬（aggressive）。

美国一些重要智库和专家也不时提出相同观点。

经济战略研究所（Economic Strategy Institue，ESI）创始人兼总裁普雷斯托维茨（Clyde Prestowitz）早在 2009 年 9 月 11 日奥巴马宣布对中国轮胎征收特别关税的当天，就在英国《金融时报》上撰文要求："请奥巴马总统对中国产品征收关税，以实现自由贸易"，并称"我们与中国的贸易绝对不符合上述自由贸易的模型。中国采取新重商主义，实施出口增长战略，刻意将人民币汇率低估以间接补贴出口"。2010 年 3 月 24 日，普雷斯托维茨在国会众议院筹款委员会作证称，中国的战略是"操纵汇率，推动出口增长，以造成超过国内需求的规模经济"。中国美国商会前会长、安可公司顾问麦健陆在其新作《寡头资本主义》一书中定位中国为寡头资本主义，即由政府直接控制的大型国有企业垄断市场，扭曲了世贸规则。

这方面，美国不同利益集团形成了某种联合阵线，但各有侧重。

国会议员和劳工集团：侧重就业角度，责难中国夺走美国人饭碗，力压人民币升值。

工商界：从市场准入和竞争角度，责难中国国企垄断和接受政府补贴、扭曲公平竞争，以及自主创新、知识产权保护不力和政府采购。

白宫和贸易代表署：侧重责难中国扭曲贸易规则，重点从体制上压我改变。

（二）新保护主义的社会基础、经济基础和政治基础

1. 社会基础：劳工利益集团为主

在自己产品国际竞争力不足的情况下，怪罪中国产品，是最容易，最省钱的了。但不能无缘无故怪罪，只能加以"不公平竞争"之罪。其中一个基点，就是认为中国产品得到多种"补贴"。其社会基础是美国劳联-产联、钢铁工人工会等劳工组织。

劳联-产联曾在2008年大选中全力支持奥巴马。美国钢铁工人联合会（涵盖钢铁、玻璃、轮胎、橡胶、公共工程、服务、医疗卫生等行业）在奥巴马赢得大选中也起了重要作用。2009年被《洛杉矶时报》等美国主流报纸评为"保护主义的先例"的轮胎特保，就是应钢铁工人工会的要求做出的。迄今奥巴马政府针对中国的一系列保护主义行动，大多数也是按其诉求进行的。

这种社会基础针对中国的新保护主义，是以对华贸易逆差排挤美国工人就业的简单逻辑为理论基础的。

2010年3月23日，即众院关于人民币汇率听证会的前一天，劳工背景的美国经济政策研究所（Economic Policy Institute，EPI）发表了《中国不公平的贸易夺走了美国人的饭碗》。报告根据出口创造就业，进口夺走就业的简单算术计算，从2001年中国加入世贸组织到2008年，美国累计因为对华逆差失去了241万个工作岗位。该报告对国会和美国舆论产生了重要影响。

2012年最新版的这一报告，将美国因为对华逆差失去的工作岗位增加到270万个。美国钢铁工人联合会为背景的全国制造业联盟（American Alliance of Manufacturing）就在网站首页显著标出："新报告：过去10年美国由于对中国贸易逆差失去了270万个就业岗位。"

全球金融危机以来美国经济经历衰退后缓慢复苏。但截至2012年8月，制造业生产指数只有94.1（2007年平均数为100.0），距衰退前高点还差5%左右。

制造业就业人数，2012年9月是1 194.2万人，虽然比一年前增加17.4万人，比2009年9月低谷增加37.3万人，但与衰退前高点2007年9月的1 379.0万人相比，减少了184.8万人。

2007~2011年，美国贸易逆差一直保持在高水平。2011年为7 273.92亿美元，比2007年的8 087.63亿美元仅略有减少。但这主要是油价下跌的缘故，对中国贸易逆差则从2 585.06亿美元增至2 954.22亿美元。

中国对全球的贸易顺差比2007年高峰有了很大下降，但对美国顺差不仅没有下降，反而迭创新高。根据美国商务部最新统计，2012年头8个月，美国对全

球贸易逆差同比增加 133 亿美元，其中对中国增加 137 亿美元。换言之，增加的全部因素来自中国。

美国劳工集团将就业减少归咎于贸易逆差，将贸易逆差归咎于中国，已成思维定式。金融危机以来的经济困难加剧了这一责难，由于这一格局短期内不会有根本改变，奥巴马连任使这一社会基础的诉求得到加强。

我们必须准备更多麻烦的到来。

2. 经济基础：制造业回归

金融危机发生后，奥巴马总统提出了重振制造业（manufacturing resurgence）的口号。这不仅得到劳工集团支持，也得到制造业的支持。但到了制造业行业协会，出现了某种程度的扭曲，变成反对制造业全球化，片面强调制造业回归和保护。

全国制造业联盟 2011 年以来连续发表文章和呼吁，要求推动"美国制造"。该联盟以旧金山海湾大桥使用中国钢材为案例。据该联盟称，美国已有 20 个州政府在政府采购中优先考虑"美国制造"。这实际上违反 WTO 政府采购协议，是明显的逆全球化和保护主义的新发展。

3. 政治基础：大选

"常识告诉我们，每逢双年，美国'羞辱'中国的事情就要发生。因为不是总统大选，就是国会中选。"

——英国《金融时报》2012 年 3 月 12 日

文章认为，美国选民们已经过早地相信中国已经超过美国，成了世界第一大经济体。美国政客们当然要"迅速向自己最大的债权国挑起贸易战"，"这不过反映了他们对这种现状的悲哀"。2012 年则是大选年，无论共和党想争取选民，还是奥巴马想保持连任，都要拿中国做替罪羊。

《美国新闻与世界报道》3 月 14 日评论奥巴马 13 日签署双反法律，又宣布将中国控制稀土出口诉诸 WTO 这一双重行动说："来自中国的挑战可以帮助奥巴马连任。……对中国表现强硬可使总统对选民更有吸引力。"

四、中美经贸矛盾超出投资贸易范畴，上升到国家安全和战略不信任等根本问题

2012 年 10 月 8 日众院情报委员会发布关于华为、中兴的报告认为，华为和中兴没有提供充足的信息使该委员会消除对美国安全构成威胁的疑虑，建议美国

政府阻止其进入美国市场，不采购其设备，建议美国外国投资委员会阻止其在美并购。

情报委员会的这一报告，在没有充分证据的情况下，仅凭猜测和疑虑，就将华为和中兴阻挡在安全审查门口。

表面上看，仅仅是华为和中兴的个案。因为他们未能按要求提供足够的关于公司股权结构和治理结构的信息，无法撇清与军队和政府的关系。

但仅仅是因为与政府有关吗？不是。中航科技公司收购了明尼苏达州一家专业航空公司 CIRUS，并未受到阻碍。

仅仅因为在军队工作过吗？也不是。万达收购美国影视公司（AMC），并未受到怀疑和障碍，而王健林曾经是军人。

实质性的问题是：美国高度怀疑并大体认定，中国是国际网络黑客攻击和网络窃密的主要来源。华为和中兴的设备提供了这种可能。

2012 年 9 月 14 日《基督教科学箴言报》刊登《盗窃美国商业机密》一文，称美国网络安全公司 Symantec 专家发现，每天北京时间上午 9 点到下午 5 点，都有代码为"鬼鬼祟祟的熊猫"（Sneaky Panda）、"埃尔德伍德帮"（The Elderwood Gang）和"北京集团"（The Beijing Group）三家公司从美国跨国公司网站上"虹吸"其产权信息，输入中国计算机。其攻击对象包括美国军工巨头洛克希德·马丁。

早在一年前，即 2011 年 10 月，美国全国反情报办公室（Office of Counter-intelligence Executive）向国会提交一份报告，题为《国外间谍在网络上偷窃美国经济秘密——关于 2009~2011 年国外经济情报收集和工业窃密给国会的报告》。报告将中国和俄罗斯列为主要"盗窃来源"，并称中国为"坚持不懈的收集者"。

这反映出，美国一直视中国为经济和战略竞争对手。并定位中国的政府和国有企业是通过网络窃密手段获取跨国公司技术知识，甚至军事情报。

在更高层次上看，美国在战略上不信任中国、怀疑中国、戒备中国。差不多同时，日本软银收购美国斯普林特（Sprint），在美国畅通无阻，原因是美国对日本在战略上信任。

2012 年 9 月 30 日，奥巴马签署总统令，拒绝中国三一重工收购在俄勒冈州风电站，理由是靠近海军基地，涉及国家安全。三一重工毫不客气地将奥巴马告上法庭。

实际上，三一重工在同海军协商后，已将原址挪开了 1.5 英里（1 英里=1.609 千米），并得到海军赞同，而附近就有德国和丹麦的风电站。为什么唯独中国不可？

很简单，德国和丹麦是美国的盟友，而中国不是。

中美历次战略与经济对华的主要宗旨是增进战略互信（strategic

reassurance）。但美国的实际行为使这一许诺毫无价值。

这是中美之间经贸问题的本质根源。华为、中兴和三一案都不过是载体。

近年来，随着中国经济实力和世界影响力的不断增强，这一深层次矛盾不仅没有缓和，反而有所加深。它的影响是全局性的、持久的。

五、奥巴马二期中美经贸关系前景的估计

总体而言，美国对中国发展经贸关系仍将具有极强的两面性：合作，即"友"的一面；遏制，即"敌"的一面。

（一）中美双边贸易和投资仍将持续增长

双边贸易大约以相当于或略高于各自对全球贸易的速度增长。估计到奥巴马二期结束的 2016 年达到 7 000 亿美元左右，比 2011 年的 4 466 亿美元增加 57%。

美国对华投资大致保持在每年 30 亿~40 亿美元，如果加上在华利润再投资，大约是这个数字的两倍。

中国对美投资将持续增长，到 2016 年可能达到对美 150 亿~200 亿美元。中美双向跨境投资中，按当年流量计算，中国 2012 年将成为对美净输出国，2020 年前可能成为按投资累计存量计算的净输出国。

（二）双方矛盾和摩擦也将总体趋多趋强

（1）贸易摩擦将从个案向行业发展，从低端向高端产业发展。除汽车、新能源摩擦将继续发展外，电子、计算机、通信设备等很可能成为新的灾区。

（2）美国将从"国家资本主义"整个体制上持续攻击中国，在制定新的多边国际贸易规则，特别是 TPP 和新能源领域规则上力图制约中国。

（3）贸易不平衡问题将持续存在，人民币汇率问题反而有可能降温。

（4）在国家安全和对中国企业和项目的安全审查与戒备有加强趋势。

（5）美国不可能从根本上放宽对华高科技出口管制，也不可能承认中国市场的经济地位，不能抱有不切实际的幻想。

（6）美国不可能明显减少对华贸易逆差，最好的情况是不再增加。中国也不可能通过采购团解决。

今后四年，中美很可能在相互不信任，特别是美国防范和遏制中国，同时又需要中国；中国既积极同美国合作，又不停在抗争中实现经济贸易关系的艰难而又不可阻挡的发展。

六、处理中美经贸关系的对策思考

（一）从战略上考虑和处理问题

处理中美经济贸易要超越经济贸易，一个国家如果不能从战略上处理问题并把握主动，一切战术都可能失分。

（1）对美国的定位。可以合作，也可以竞争，但非朋友，战略上不可信任。

（2）对中美经济贸易关系的定位，逐渐转向不一定是重中之重。

（3）对美国发展对华合作的定位，放在全球经济和全球价值链中考虑，充分利用合作一面，对于美国视中国为潜在敌手这一面，应当进行有理有利有节的斗争。

（二）以不信任应对不信任

中国政府机构使用电脑，预装微软软件，安全吗？中国互联网服务器基本上在美国，路由器基本上由思科提供，安全吗？

针对华为、中兴案，首先对思科实施安全审查和适当的市场准入限制。

对于外资在华兼并，参股，从简单的产业安全层次提升到国家安全水平，参照三一重工案。

（三）个案战术上，注重三个要点

（1）世贸规则和平台。凡是不公正的裁决，在积极应诉的同时，诉诸 WTO。要进一步到 WTO 当原告。

（2）确属美方滥用贸易救济的案子，实行相应反制。在精细调查的基础上，同样对来自美国的产品实行双反，特别是反补贴。

（3）具体分析，总结教训，转变发展方式。

以光伏电池为典型。这种落后的贸易方式不可持续。

中美、中欧太阳能光伏贸易争端的一个客观基础是我国产品大量涌入美国和欧盟市场。

近年来，许多省市盲目疯狂发展光伏。2011 年，中国光伏产能超过 50 吉瓦，超过全球新增装机容量 29.66 吉瓦的三分之二。全国有光伏企业 2 000 多家，其中组件企业 1 000 多家，硅片企业 100 多家。全国 600 多个城市中，有 300 多个城市发展光伏产业，其中 100 多个城市建立光伏生产基地。2011 年光伏电池产量 20 吉瓦，其中国内新增装机容量仅 2.2 吉瓦，80% 以上出口，而出口模式十分落后。大量进口多晶硅和设备，核心技术不在自己手中，主要从事加工装配。这显

然是不可持续的。

当初这样决策，是不负责任的，有必要大大减缓绝大部分产品出口的格局，把销售重点转到国内。

我国光伏产业产能过剩只是相对的。从绝对量看，我国光伏产能距市场潜在容量还有一段距离，并不过剩。2011年，我国新增光伏装机容量仅2.2吉瓦，不及德国（7.5吉瓦）三分之一，意大利（9.3吉瓦）四分之一，而我国人口分别是其约15倍和22倍。截至2011年年底累计装机容量，我国仅3.1吉瓦，仅及世界总量69.7吉瓦的4.4%（我国GDP则占世界11%左右）。假定我国人均新增光伏发电装机容量达到德国一半的水平，则需要新增51吉瓦，相当于我国现有全部产能，电池产量则需增加一倍半，无货可供出口。这需要对电网体制进行重大改革。

同时，应当鼓励光伏企业在欧美投资，共同做大美国市场，并当地生产，当地销售，创造当地就业。

同时积极引进美国并网技术和智能技术，提高国内使用水平。通过共同努力，力求部分地用双赢模式取代美国单边保护主义和我国落后的出口模式。

（四）在理论和舆论上，推翻美国关于"人民币汇率—美方贸易逆差—美国人失业"的错误怪圈

这个怪圈是美国在贸易上攻击中国的总基础。而它却是一个荒谬的、没有事实和科学根据的责难。我们必须不懈努力，正本清源，而不必有"负罪感"。

1. 美国失业问题原因在国内，不在对华逆差

（1）美国就业变化与国际贸易关联不大。美国一贯把失业归咎于对华贸易逆差，实际上没有充足的证据，如表5-10所示。

表5-10　美国主要部门就业变化与贸易逆差比较

	项目	2011年10月	2012年10月	增减/%
就业数/万人	非农	13 180.60	13 375.50	+1.48
	物质生产部门	1 810.60	1 833.00	+1.24
	建筑业	551.90	553.90	+0.36
	制造业	1 177.70	1 196.60	+1.60
	零售百货店	155.09	150.51	-2.95
	政府	2 202.50	2 201.10	-0.06
逆差/亿美元	商品贸易平衡[1]	-5 446.69	-5 537.70	+1.67
	对华贸易平衡[1]	-2 174.26	-2 321.80	+6.79

1）各该年1~9月数字

资料来源：美国劳工部劳工统计局，http：//www.bls.gov；美国商务部，http：//www.trade.gov

2012年10月与2011年10月相比，美国无论对全球还是对中国，商品贸易

逆差都是增加的。但就业总数和制造业就业都是增加的，只有零售百货店和政府就业人数减少，但和国际贸易没有关系。

（2）美国就业与对华贸易赤字的变化之间没有直接关联。回顾一下1999~2003年和2007~2009年这两个时段，比较美国对华贸易逆差的变化和国内就业的变化，都无法证明有多大关联，如表5-11和表5-12所示。

表5-11　1999~2003年美国对华逆差和就业人数变化

年份	对华逆差/亿美元	同比/%	非农部门就业人数变化/万人
1999	686.66	+117.70	+317.2
2000	838.04	+151.36	+200.5
2001	830.45	−7.59	−178.2
2002	1 031.15	+200.70	−56.3
2003	1 239.61	+208.46	−6.1

资料来源：据美国商务部、劳工部数据计算

表5-12　2007~2009年美国对华逆差和就业人数变化

年份	对华逆差/亿美元	同比/%	制造业就业人数/万人	同比/%
2007	2 585.06	+244.05	1 387.9	−27.4
2008	2 680.40	+95.36	1 340.6	−47.3
2009	2 268.26	−412.14	1 188.3	−152.3

资料来源：据美国商务部、劳工部数据计算

两次衰退和复苏时期的事实都表明，对华贸易逆差增加时，就业并没有受到影响。相反，逆差减少时，就业反而恶化了。因此，与就业关联的不是对华逆差，而是经济周期。

（3）决定美国就业变化的是经济周期和生产率。既然就业人数的增减与对华贸易逆差之间找不到关联，不妨看看与经济周期和生产率提高有无关联，如表5-13和表5-14所示。

表5-13　2000~2003年美国GDP制造业和生产率与上年变动百分比及就业人数变化

年份	GDP/%	制造业/%	生产率/%	年终就业人数/万人
2000				1 720
2001	1.1	−4.6	2.2	
2002	1.8	−0.6	7.2	
2003	2.5	0.1	5.1	1 434
2001~2003年累计变动/%		−5.01	+15.15	

表 5-14　2007~2009 年美国 GDP、物质生产部门和生产率与上年变动百分比及就业人数变化

年份	GDP/%	物质生产部门/%	生产率/%	年终就业人数/万人
2007	+2.1			2 233.4
2008	+0.4			
2009	−2.4			1 872.9
2008~2009		−9.6	+5.9	

　　2000~2003 年，美国制造业生产累计下降 5.01%，生产率提高 15.15%。二者合计，理论上应使就业人数减少 17.56%或 302 万人。实际上减少 16.63%或 286 万人，误差只有 0.93%或 16 万人，因此这个关联是成立的。

　　2007~2009 年，美国物质生产部门生产累计下降 9.6%，生产率则提高 5.9%。二者合计，理论上应使就业人数减少 16.07%或 358.9 万人，实际上减少 16.14%或 360.5 万人，误差只有 0.07%或 1.6 万人，这更证明这个关联的成立。

　　2. 中国贸易顺差和人民币汇率之间没有直接联系

　　（1）过去十二年的实证研究无法证明这一关联。中国对美国一直保持大量贸易顺差，是不是人民币汇率低所造成的呢？不妨把过去 12 年每年汇率与贸易顺差变化比较一下。看看有无关联，如表 5-15 所示。

表 5-15　人民币汇率和中国贸易差额

年份	一美元合人民币/元	中国对全球顺差/亿美元	中国对美国[1]顺差/亿美元
2000	8.28	241.1	838.3
2001	8.28	225.5	831.0
2002	8.28	303.7	1 030.7
2003	8.28	255.4	1 240.7
2004	8.28	319.5	1 622.5
2005	8.11~8.28	1 011.9	2 027.8
2006	7.70	1 774.7	2 341.0
2007	7.30	2 622.0	2 585.1
2008	6.83	2 954.6	2 680.4
2009	6.83	1 960.6	2 268.8
2010	6.77	1 831.0	2 730.7
2011	6.48	1 551.4	2 954.2

　　1）美国商务部，未进行技术调整

　　资料来源：据中国海关统计数据计算

　　从表 5-15 中可以看出，2000~2005 年人民币汇率盯住美元时，中国对美国顺

差是不断增加的。2005~2008 年人民币对美元不断升值，中国对美国顺差依然不断增加，只有 2009 年顺差减少，但偏这年人民币汇率对美元没有变化。因此，人民币汇率和中国对美国贸易顺差二者没有关联。

（2）美国对华出口增速远远超过了对全球其他国家的出口增速，这个事实不能证明人民币被低估。

1997~2011 年，美国对中国出口累计增长 710.9%，大大高于对全球出口的累计增速（增长 115.3%），也大大高于从中国进口的累计增速（538.4%）。这怎么能说明人民币汇率低估呢？如表 5-16 所示。

表 5-16　美国出口/进口

项目		1997 年/亿美元	2011 年/亿美元	变化/%	增长速度/%
出口	全球	6 876.0	14 806.7	+115.3	0.85
	中国	128.1	1 038.8	+710.9	1.27
进口	全球	8 702.1	22 069.6	+153.6	1.00
	中国	625.5	3 993.4	+538.4	1.00

资料来源：据美国商务部统计数据计算

（3）在人民币汇率相同的情况下，中国与各个贸易伙伴的贸易差额不尽相同（2011 年），因此并不能证明人民币被低估。从 2011 年这个时间截面看中国与不同贸易伙伴的贸易差额，可进一步证明人民币没有低估，见表 5-17。

表 5-17　2011 年中国对主要贸易伙伴贸易差额

贸易伙伴	人民币汇率构成加权/%	贸易差额/亿美元
日本	16.8	−462.61
韩国	6.6	−797.85
欧盟	18.6	1 448.27
美国	21.0	2 023.39

资料来源：据国际清算银行、中国海关统计数据计算

大陆对台湾为逆差，贸易差额为−898.08 亿美元，日本、韩国和中国台湾合计占人民币汇率加权比重 31.6%，但对它们都是逆差。欧盟和美国权重更少，但中国对它们是顺差。可见贸易差额的原因不在人民币汇率。

3. 中国不是重商主义国家

中国加入 WTO 以来的 10 年间，进口和出口的年均增速分别是 20.3%和 20.0%。商品贸易顺差占 GDP 的比重，2011 年 1~10 月回到 2000 年水平。

中国不是出口导向型国家，没有必要为了出口而采取重商主义政策。

4. 中美贸易不平衡的现行统计方法必须改变

现行统计方法严重高估了中国对美国的出口。

富士康加工苹果一款 iPad 的例子。在美国批发价为 299 美元。苹果设计、营销得 163 美元，从日本、中国台湾、菲律宾进口的零部件 133 美元，富士康加工组装得 4 美元。但美方统计，每台按中国出口 150 美元计，为实际数的 37.5 倍。

按照 USTIC 首席经济学家科普曼的抽样计算，2006 年美国从中国进口的商品 2 010 亿美元中，属于在中国以外加工的有 1 130 亿美元，在中国增值的只有 880 亿美元，或 45%。

在 WTO 总干事拉米的不懈推动下，WTO 和日本贸易振兴机构（Japan External Trade Organization，JETRO）于 2012 年 7 月 11 日发表了《东亚贸易模式和全球价值链》的报告，已经启动按属权法重新统计国际贸易平衡。根据属权法计算，中国对美国出口，只有美国海关统计数的 48.5%。

如果按此新标准，按上述概数，2011 年 1~9 月中国对美国出口将不是美方统计的 2 918.78 亿美元，而是 1 415.61 亿美元。扣除美国对华出口 744.99 亿美元，美方逆差只有 670.62 亿美元。

5. 美国对华出口可以马上倍增，问题在于自己需要努力

2011 年美国对华出口中，计算机/电子、运输设备和机械三类合计仅 376.29 亿美元，占 36.2%，如表 5-18 所示。

表 5-18　2011 年美国对华出口前 10 类产品

品类	2010 年/亿美元	2011 年/亿美元	增长/%
全部	918.81	1 039.39	13.1
农产品	137.73	146.73	6.5
计算机/电子	152.52	137.48	-9.9
化工	118.10	135.77	15.0
运输设备	106.16	131.65	24.0
废纸	86.04	115.42	34.1
机械	93.02	107.16	15.2
食品	28.42	34.07	19.9
金属初加工品	30.95	8.45	-72.7
纸张	21.11	27.54	30.5
矿产	20.57	26.53	29.0

资料来源：美国商务部国际贸易署，http://www.trade.gov

美国好像是发展中国家，比日本对华出口同类产品金额低得多，如表 5-19 所示。

表 5-19　2011 年美日对华出口机电产品对比

品类	日本对华出口额	品类	美国对华出口额	美国相当于日本/%
总额/亿美元	1 620.40		1 039.39	64.1
机械/亿美元	391.73	机械	107.16	27.4
电气设备/亿美元	332.87	计算机/电子	137.48	41.3
车辆/零部件/亿美元	155.05	运输设备	131.65	84.9
三类合计/亿美元	879.65		380.41	43.2
占对华出口/%	54.3		36.6	

资料来源：据日本通产省、美国商务部国际贸易署数据计算

如果美国机电产品对华出口向日本看齐，美国对华出口和贸易逆差将有很大不同，如表 5-20 所示。

表 5-20　美国对华机电产品达到日本水产后对华贸易逆差的变化（单位：亿美元）

对华出口设定	金额	从中国进口	对华平衡
（1）现有	1 039.39	3 993.35[1]	-2 953.96
（2）金额达到日本水平	1 538.63		-2 454.72
（3）占工业生产比重达到日本水平	2 037.87		-1 995.48
（4）WTO 全球价值链口径		1 936.77	-1 017.19
（2）+（4）	1 538.63	1 936.77	-398.14

1）美国商务部国际贸易署数字

资料来源：世贸组织与日本贸易振兴会. 东亚贸易模式和全球价值链：从货物贸易到任务贸易. 北京：中国商务出版社，2012

（五）TPP：双倍目标下，你打你的，我打我的

冷静观察，积极按自己的时间表推进与东盟自贸区建设。

中国与东盟、日韩贸易额大大超过美国与其贸易额，中国优势明显，如表 5-21 所示。

表 5-21　2012 年 1~9 月中美与东盟贸易额比较

项目	中国/亿美元	美国/亿美元	中国为美国的倍数
东盟贸易总额	2 888.74（60.1%）	1 481.00（8.3%）	1.95
出口	1 444.03（66.1%）	561.38（7.0%）	2.57
进口	1 441.71（54.2%）	919.62（9.0%）	1.57

注：括号内为 2012 年比 2008 年同期增长比重

资料来源：据中国海关统计、美国普查局统计数据计算

设定 2012~2016 年中国与东盟贸易额年增长 40%（按过去 4 年速度三分之二计），美国与其贸易额增长 13%（按过去 4 年速度 1.5 倍计），则 2016 年年贸易额为中国-东盟：5 292.31 亿美元；美国-东盟：1 673.53 亿美元；中国是美国的 3.16 倍。

中美在各自与日本、韩国的双边贸易额比较上，中国无疑占有巨大优势。2012 年 1~9 月，中日贸易额相当于美日贸易额的 1.53 倍；同期中韩贸易额相当于美韩贸易额的 2.45 倍，如表 5-22 所示。

表 5-22　2012 年 1~9 月中日韩与美日韩贸易额比较

国家	中国/亿美元	美国/亿美元	中国为美国的倍数
日本	2 487.59	1 627.66	1.53
韩国	1 877.50	767.22	2.45

资料来源：据中国海关、美国普查局统计数据计算

按目前增长速度，到 2016 年，中韩贸易额将远远超过美韩贸易额的两倍。日本情况尚不明朗，但届时美日贸易额仍将不能和中日贸易额相比。

采取"双倍战略"，以规模说话。更重要的是，美国远远不能向东盟和日韩提供向中国那样大和那样迅速增长的进口市场。

美国同东盟和日韩贸易规模之和只勉强相当于美中贸易，如表 5-23 所示。

表 5-23　2012 年 1~9 月美国与东盟、日本、韩国双边贸易额

项目	贸易额/亿美元
美国-东盟	1 481.00
美国-日本	1 627.66
美国-韩国	767.22
合计	3 875.88
美国-中国	3 897.61

资料来源：据美国普查局统计数据计算

（六）坚持改革开放，坚持国际合作

要认真研究和消除一切不符合世贸规则的、非公平竞争的政策措施。特别是地方政府的无序补贴和不透明的保护主义。

国企垄断要具体分析。凡是不符合世贸规则，不符合中国对 WTO 做出承诺的，都应该改正。自主创新不是排斥国际合作，恰恰相反。

（七）着眼草根，善于投资美国

华为、中兴和三一重工案例不代表中国企业投资美国的全部。

美国跨国公司对中国市场充满期待——中国美国商会 2012 年白皮书（对会员企业的问卷调查），如表 5-24 所示。

表 5-24　美国商会会员在华经营业绩和投资意向调查统计（单位：%）

调查内容	2011 年/%	2012 年/%	2011~2012 年增减
在华营收增长 10% 以上	26	43	+17
中国作为全球投资目的前三位	47	58	+11
在华投资目的			
销往中国市场	61	66	
进口到中国	8	15	
销往第三国	8	3	
小计	77	84	+7

资料来源：中国美国商会. 美国企业在中国——2012 白皮书. 中国商贸，2012，（7）：11

中美建交 30 多年的历史一再证明，决定中美经贸关系发展的不是华盛顿，也不是少数利益集团，而是全球化大生产和全球价值链中两国经济的高度互补性和共同利益。它的动力是中美双方广大的地方、企业和人民。尽管政治风浪不时起伏，经济矛盾和摩擦屡见不鲜，中美贸易和投资却始终快速增长。

我们应该相信全球化客观经济规律，相信广大的地方、企业和人民，不要被问题、矛盾和困难迷住双眼而错失历史机遇！

让我们知难而上，高瞻远瞩，脚踏实地，艰苦努力，坚韧不拔。

中美经贸一定会不断发展，为两国人民和世界创造共赢得未来！

美国重振制造业的进展及对中美经贸的影响[①]

2009 年奥巴马上台伊始，鉴于虚拟经济膨胀触发金融危机的教训，提出重振美国制造业，并实现 5 年内出口倍增的计划。从 2009 年 12 月美国政府公布《重振美国制造业框架》至今已将近四年，实际进程如何，对中美经贸有何影响。本文试图做出初步分析和评估。

---

① 2013 年 10 月 31 日中国美国经济学会年会论文。

一、美国重振制造业计划和方针回顾

2009 年 12 月，美国公布《重振美国制造业框架》。

2010 年 3 月，奥巴马政府宣布"国家出口倡议"，提出 2010~2014 年出口翻番目标。

2010 年 8 月，提出《2010 制造业促进法案》，该法案与 2010 年 7 月底美国众议院通过的一系列法案一起，构成了美国制造业的法律框架。根据这些法案，美国将对本土制造业所需的原材料进口消减关税，对投资在本土的美国企业实施税收优惠。

2011 年 2 月，总统全国经济委员会、经济顾问委员会和科技政策办公室发布了《美国创新战略》的报告。

报告提出四大政府倡议（government initiative）：第一，无线倡议，5 年内98%的人口可以无线上网。第二，专利改革，加快审批。第三，加速清洁能源发展，到 2015 年电动车达到 100 万辆，到 2035 年清洁能源占发电量 80%。第四，"创业美国"，对创业提供支持。

报告提出催化国家优先领域的突破，包括清洁能源、生物技术、纳米技术、先进制造技术空间技术、医疗技术，并创造教育、技术的量子跳跃[①]。

2011 年 6 月 24 日，奥巴马总统在卡内基·梅隆大学演讲中宣布启动"高端制造合作伙伴"（advanced manufacturing partnership，AMP）计划，该计划由道氏化学公司和麻省理工学院共同领导实施，而非政府部门直接负责实施，主要致力于四方面的工作，即建设国家安全关键产业的国内制造能力、缩短先进材料从开发到推广应用的时间、投资新一代机器人、开发创新型的节能制造工艺。可见，这是美国官产学协同振兴制造业的一项重大举措[①]。

2011 年 6 月，总统行政办公室和总统科技顾问委员会联合提交《关于确保美国在先进制造业领先地位向总统的报告》，报告建议联邦政府发起"为了美国未来的制造业计划"（American manufacturing initiative for American future），商务部、国防部、能源部等参加，由总统行政办公室协调，研究、制定和执行研发、教育、培训的相关政策体系[①]。

2012 年 2 月，总统行政办公室和全国科技委员会向国会提交了《国家先进制造战略计划》的报告。报告称，2009 年，美国研发密度即研发开支占 GDP 比重在经合组织国家中占第八位。2011 年，美国在全球 44 个国家基于创新的竞争力排名中列第四位。但 2000 年以来美国的进步速度倒数第二。制造业研发密度，

---

① 白宫网站，http://www.whitehouse.gov。

美国是 42.0%，英国 41.3%，两国均有制造业逆差。德国、韩国和日本则分别达到 57.9%、52.1%和48.9%，三国制造业贸易均有顺差。报告建议联邦政府协调先进制造业投资，重点是先进材料、产业技术平台、先进制造工艺、数据与设计基础设施，并增加先进制造业的国家研发投资。同时，美国宣布"建设更强大经济"计划，宣布企业税改革方案，鼓励在美国国内投资。此外，还成立了白宫制造业政策办公室，协调相关部门政策的制定和实施①。

2013 年 2 月 12 日，奥巴马在第二任期首次国情咨文中明确指出，"我们的第一优先是使美国成为新增就业和制造业的磁石"。

美国重振制造业的重点领域包括钢铁、汽车、生物工程、航空工业、空间技术、纳米技术、智能电网、节能环保等。美国重振制造业的战略目标是调整结构、强化优势、促进就业、保持领先。美国政府希望在重振制造业的过程中能够体现创造性、本地性和低成本三大特点。

二、美国一些知名专家和商界人士的看法

2013 年 1 月 13~18 日，笔者参加商务部组织的赴美专家交流，就这一问题了解了美方人士的看法，主要有以下几方面。

（一）美国制造业力图重振，不是回归

美国战略经济研究所创始人兼所长克莱德·普雷斯托维茨说，奥巴马聘请 GE 董事长伊美尔特为经济顾问，想推动制造业回归。但伊美尔特自己却决定在中国投资，与中航工业建立航空电子合资企业。企业考虑的是成本，英特尔的回答也一样。凡接触到的美方人士均认为，低端制造业不会回到美国，即使离开中国，也只是转移到劳动成本更低的国家。

（二）页岩气是美国能源的一个重大突破，将来可能是制造业一个重大突破

对美国页岩气生产技术突破的影响，各方估计不一。美国国际贸易委员会资深经济学家费兰蒂诺（Michael Ferrantino）认为，美国可能成为能源净出口国，这将从根本上改变世界能源格局，并影响世界地缘政治格局。普雷斯托维茨认为，页岩气成本低廉，美国将出现很多使用页岩气的化工厂，由于几乎所有领域都用化工原料，因此将来生产成本会降低，经济前景会很好。耶鲁大学教授、摩根斯

---

① 白宫网站，http://www.whitehouse.gov。

坦利前首席经济学家史蒂芬·罗奇则认为，能源革命可能成为新的关键增长因素，但不能成为的概率也相同。

（三）根本的增长点来自创新

3D 打印机可能带来深远影响。罗奇认为，美国增长的关键仍然是靠创新，中国也一样。美国纤维协会总裁欧代（Paul O'Day）说，3D 打印机的出现将大大改变现有工业格局。3D 加上信息技术，可以广泛用于塑料、化工生产和工程设计，甚至可以打印机翼、房子，每人几乎可以自己制造产品。但这涉及标准，普雷斯托维茨认为现在谈标准还太早。

三、美国重振制造业进展的总体估计

（一）仍然处于恢复期，尚未进入新的扩张期

美联储公布的美国工业生产指数在上月，即 2013 年 9 月正好达到 100.0（2007年为 100.0），即总体正好恢复到危机前水平。其间经历 2008~2009 年这两年下降，和 2010~2013 这三年零 9 个月的曲折回升。制造业指数则为 96.0，还没有恢复到危机前水平，而 GDP 到 2012 年已比 2007 年实际高出 2.9%。因此，重振制造业有初步效果，但仍处于恢复期，尚未进入新的扩张期。

金融危机以来的四年中，美国 GDP 和制造业均经历两年负增长，两年复苏。到 2011 年年底，GDP 已比 2007 年水平高出 0.7%，制造业则比 2007 年水平低6.3%，但占 GDP 比重已恢复到 2008 年水平。

（二）能源生产增长明显，非能源部门仍未恢复到危机前水平

表 5-25 显示，美国工业生产总指数达到危机前水平的直接原因是能源生产的大幅增长（现已超过危机前水平 24.1%）。除去能源，则仍处于恢复期。制造业距危机前高点尚差 4.0%，且过去 12 个月只增长 1.6%。

表 5-25　美国能源与非能源部门生产指数

部门	2012 年比重/%	2013 年 1 月指数	2013 年 9 月指数	同比增减/%
全部工业	100.00	98.2	100.0	2.6
能源	26.50	107.5	112.6	
油气深井	0.75	96.1	99.0	

续表

部门	2012 年比重/%	2013 年 1 月指数	2013 年 9 月指数	同比增减/%
转化燃料	3.98	94.9	97.1	
初级能源	13.53	117.3	124.1	
非能源	73.50	95.0	95.9	
制造业	75.46	95.2	96.0	1.6

注：非能源与制造业外延大致相当，但制造业范围比非能源略大。演绎原因是能源行业约占全部工业 1.96%
的部分属于制造业，但比重很小，非能源指标，有时也可以作为制造业分析的基本依据；2007=100.0

资料来源：美联储网站，http://www.federalreserve.gov

（三）部分高技术行业和汽车制造已进入扩张期，传统产业则进一步萎缩

到 2013 年 9 月，美国半导体及电子工业生产指数已比金融危机前的 2007 年
高出 143.4%。若干高技术行业合计超出 2007 年的 61.7。但传统行业如家电、家
具、纺织品和服装等大大低于 2007 年水平，如表 5-26 所示。

表 5-26　美国制造业主要部门生产指数比较

部门	占全部工业比重/%	2013 年 1 月	2013 年 9 月
非能源总计	73.50	95.0	95.9
若干高技术	3.22	154.5	161.7
计算机/外设	0.33	66.7	67.8
通信设备	0.57	91.5	92.1
半导体及相关电子	2.32	229.8	243.4
不含若干高技术	70.28	92.3	93.0
汽车及零部件	4.61	102.6	108.8
不含汽车及零部件	65.67	91.6	91.9
家电	0.14	58.7	58.6
家居/家具/地毯等	0.78	69.4	70.8
纺织品	0.71	74.9	72.4
服装/皮革制品	0.26	58.3	59.2

注：2007=100.0

资料来源：美联储网站：http://www.federalreserve.gov

（1）制造业指数能够达到 96.0，或非能源指数能够达到 95.9，第一个因素
在于若干高技术产业当前水平比危机前高点超出 61.7%。除去这个因素，其他所
有制造业部门指数只有 93.0。而若干高技术完全因为半导体及相关电子产品这个
子行业增长了一倍多。除去该子行业，计算机/外设只及危机前高点的三分之二，

通信设备也只有其 92.1%，半导体及相关电子产值只占全部工业 2.32%，占非能源 3.16%，即靠这个 3.16% 把指数拉高了 3.3 个百分点。第二个因素是汽车及零部件。虽然仅比危机前高点略增 8.8%，但如扣除，非能源指数要降低 1.1 个百分点，仅为 91.9。

（2）传统行业如家电、家具、家居、纺织、服装均相当惨淡。2013 年 9 月指数，家居/家具/地毯等和纺织品略超过 70%，家电和服装/皮革制品则不及 60%，均大大低于危机前高点。

（3）可以说，美国工业生产能够到 2013 年 9 月刚好达到危机前高点，完全靠初级能源、半导体及相关电子和汽车及零部件三项。这三项合计占工业生产总量 20.46%，即大致五分之一，其他五分之四均还在艰难爬行，或者进一步衰落。

（4）由此看出，美国工业生产回升的主要动力不是新能源，而是传统能源（初级能源，页岩气也是传统化石燃料）；也不是新兴产业，半导体和相关电子比重很小，汽车及零部件则总体上没有发生重大技术进步。

美国制造业正经历深刻的结构调整。但它新的、可持续的增长点并不明朗，还需要进一步观察今后的演变并进行更全面的研究。

（四）美国国内制造业利润情况明显改善

表 5-27 显示，从 2009 年到 2012 年三季度将近四年间，美国制造业利润迅速增长，幅度达到 180.6%，差不多是整个非金融领域利润增长速度的三倍。其中用于投资的机械设备利润增长了三倍多，计算机、电子利润增长了 141.9%，汽车及零部件则历史性地扭亏为盈。相反，传统的电气设备、汽车及零部件利润止步不前。这同表 5-25 的显示十分吻合，再一次表明美国制造业的结构调整和高端产业的扩张。

表 5-27　美国制造业利润增长及比较

地域	行业	2009 年/亿美元	2010 年/亿美元	2011 年/亿美元	2011 年第三季度/亿美元[1]	2012 年第三季度/亿美元[1]	2009~2012 年第三季度累计增长/%
	非金融	6 606	9 171	10 071	10 296	10 820	+63.8
	制造业	1 310	2 335	2 449	2 489	3 676	+180.6
	机械	7.3	17.5	21.5	22.1	33.1	+353.4
国内	计算机/电子	19.1	35.2	27.6	26.4	46.2	+141.9
	电气设备[2]	9.1	7.7	5.1	4.5	9.0	-1.1
	汽车/零部件	-49.7	-11.7	-12.7	-16.4	3.7	—

续表

地域	行业	2009年/亿美元	2010年/亿美元	2011年/亿美元	2011年第三季度/亿美元[1]	2012年第三季度/亿美元[1]	2009~2012年第三季度累计增长/%
海外	非金融	352.8	401.6	438.9	447.8	428.3	+21.4
	收入	493.7	584.4	645.2	650.2	645.7	+30.8
	汇出	140.9	182.9	206.3	202.4	217.4	+54.3

1）折年率；2）包括电气用器及零部件

资料来源：美国经济分析局，http://www.bea.gov

同期美国国内非金融行业利润增幅是海外子公司的三倍，这说明国内经营环境好于海外。不过从利润汇出的增长速度看，还不表明生产正在回归美国。

利润指标比生产指标更根本，更有前瞻性。因为资本的本质是追逐利润，生产一般都是跟随利润高低而转移。

（五）美国页岩气技术重大突破带来的作用

2006年以来，随着美国页岩气开采技术的重大突破，页岩气产量大幅增长。2011年产量达到1 375亿立方米，折合油当量1.1亿吨。预计2015年可达3 000亿立方米。页岩气生产的长足进展，有可能使美国到2020年达到原油自给。换言之，美国能源问题的最后解决仍是靠传统能源。页岩气生产的大幅增长带来了深刻影响。

（1）美国能源自给率大大提高。2012年达到89.0%，为1991年以来最高水平。2012年，美国能源消费中，原油比重从2005年的40%降到36%，天然气比重则从23%上升到27%。天然气凝析油产量从2005年的1.1亿吨增至2010年的1.4亿吨。原油进口则从2005年的6.56亿吨下降到2011年的4.45亿吨。2012年油气出口超过进口43.9万桶，是1949年以来首次出现油气贸易顺差，从而将大大减少对中东原油的依赖。奥巴马在2011年就提出在10年内将原有进口减少三分之一，如果实现，美国长期巨额贸易逆差的地位也将发生重大变化。

（2）天然气价格和化工原料价格大大下降，从而降低了工业成本。2005年，美国天然气价格为每百万英制热量单位（1百万英制热量单位=1 055 055 850焦耳）9.0美元，2012年降到2.0美元，预计2035年电价将比现在低10%。工业生产成本的降低，提高了美国制造的竞争力，对美国重振制造业无疑是长期利好因素。

（3）美国能源革命迄今仍处于传统化石能源领域，再生能源不是美国重振制造业的主要增长点。

从再生能源发电看，从 2010~2012 年，装机容量合计增加了 1 590 万千瓦，占总装机容量增量 3 670 万千瓦的 43.3%。但据美国能源部估计，2013~2015 年这三年将只增加 880 万千瓦，见表 5-28。

表 5-28　美国发电装机容量统计及预测（单位：吉瓦）

能源类别	2010 年	2011 年	2012 年	2013 年	2014 年	2015 年
煤	308.0	309.5	312.3	290.0	282.9	292.5
油气	105.6	101.9	105.0	103.7	103.0	97.5
综合循环	171.8	179.5	184.3	184.8	186.2	192.0
内燃机	134.5	136.1	137.9	140.1	141.9	142.1
核能	101.2	101.1	102.6	103.0	103.0	104.2
再生能源	125.3	132.3	141.2	143.5	144.0	150.0
其他	22.3	22.4	22.1	22.3	22.5	22.5
总计	968.7	982.8	1 005.4	987.4	983.5	1 000.8

资料来源：美国能源部能源信息局，http://www.energy.gov

发电设备只是机械、电气工业设备的一小部分。2010~2012 年总共增加 3 670 万千瓦，其中再生能源发电设备新增 1 590 万千瓦，年均新增 795 万千瓦。2013~2015 年这三年的预估是，整个装机容量将略减 460 万千瓦，但再生能源发电新增 880 万千瓦，年均 293 万千瓦。不过这只及前两年水平的三分之一，说明再生能源发电势头在减弱，其中一个重要原因是美国页岩气生产取得重大突破。

不过在再生能源发展预期中，太阳能光伏和风能仍将获得较大发展。美国能源部估计，2013~2015 年这三年，再生能源发电装机容量累计将增加 880 万千瓦，虽然不及 2011~2012 年新增的 1 590 万千瓦，但其中光伏发电将新增容量 332 万千瓦，为 2011~2012 年 102 万千瓦的三倍多，风电发展则将减速，2013~2015 年总共新增容量 484 万千瓦，为 2011~2012 年新增 1 382 万千瓦的 35.0%，并是整个再生能源发电减速的主要原因。

四、美国制造业是否出现趋势性回归？

（一）制造业回归存在一定成本效益经济基础，即美国跨国公司国内效益超过海外子公司效益

由于美国官方尚未发布 2011 年以后数字，最新数字只到 2010 年。我们只能用 2010 年与 2008 年比较，但也可大致看出一些趋势，如表 5-29 所示。

表 5-29　2008~2010 年美国跨国公司母公司制造业效益变化

项目	2008 年	2010 年	变化/%
总资产/亿美元	53 545.27	61 108.16	+14.1
资本开支/亿美元	1 705.77	1 520.10	-10.9
销售收入/亿美元	40 986.65	40 224.57	-1.9
净收入/亿美元	2 142.46	4 065.58	+89.8
增加值/亿美元	9 976.22	11 317.75	+13.4
雇员工资/亿美元	5 688.50	5 975.15	+5.0
雇员数/万人	701.38	691.93	-1.3

资料来源：美国商务部经济分析局，http://www.bea.gov

　　在奥巴马第一任期的头两年，美国制造业跨国公司国内母公司的资本开支即投资，以及销售额都有减少，但净收入和增加值大幅度增加。雇员工资总额虽然增加了 5.0%，但远不及前两项的增长幅度，而雇员人数减少了 9.45 万人；换言之，跨国公司在金融危机中实行减员增效，大大改善了制造业的经营条件。

　　再观察一下计算机及电子、汽车及零部件这两个有代表性的部门情况，如表 5-30 所示。

表 5-30　2008~2010 年美国计算机及电子、汽车及零部件跨国公司国内效益变化

项目	计算机及电子			汽车及零部件		
	2008 年	2010 年	变化/%	2008 年	2010 年	变化/%
总资产/亿美元	5 830.83	6 458.20	+10.8	6 170.18	5 023.18	-18.6
资本开支/亿美元	161.57	143.42	-11.2	349.22	223.17	-36.1
销售收入/亿美元	3 632.46	3 991.84	+9.9	3 989.75	3 781.32	-5.2
净收入/亿美元	249.37	698.40	+180.1	-686.64	215.10	—
增加值/亿美元	1 215.07	1 566.67	+28.9	444.11	838.23	+88.7
雇员工资/亿美元	770.03	869.19	+12.9	469.18	381.76	-18.6
雇员数/万人	91.78	88.46	-3.6	63.98	60.65	-5.2

资料来源：美国商务部经济分析局，http://www.bea.gov

　　计算机及电子在这两年间投资下降一成多，销售收入则增长近一成，结果，净收入即利润大增了 180.1%。雇员减少了 3.32 万人，人均工资则提高了 17.1%。但每个雇员创造的增加值却从 132 389 美元增至 177 105 美元，增长 33.8%，所创造的利润则从 27 170 美元增至 78 951 美元，增长 190.6%，这是减员增效的典型。

　　汽车及零部件在金融危机初期遇到极大困难。2008 年净亏损 686.64 亿美元，通用汽车被迫在 2009 年 6 月宣布破产保护。经过两年整顿，雇员减少了 5.2%，即 3.33 万人，人均工资减少 14.2%，投资大幅减少了 36%，销售收入也轻微减少

了 5.2%，但迅速实现了扭亏为盈。2010 年净收入即利润达到 215.10 亿美元，增加值增加了 88.7%。这段时间中，人均创造的增加值从 69 414 美元增至 138 208 美元，翻了一番。汽车业不仅是减员增效的又一个典型，而且证明，美国制造业有能力通过提高生产率恢复竞争力。

这段时期，美国跨国公司海外子公司状况则有所不同，如表 5-31 和表 5-32 所示。

表 5-31　2008~2010 年美国跨国公司海外子公司制造业效益变化

项目	2008 年	2010 年	变化/%
总资产/亿美元	22 563.12	25 092.62	+11.2
销售收入/亿美元	27 662.48	26 225.69	−5.2
净收入/亿美元	1 614.95	2 002.18	+24.0
雇员工资/亿美元	2 266.49	2 253.82	−0.6
雇员数/万人	539.65	552.44	+2.4

资料来源：美国商务部经济分析局，http://www.bea.gov

表 5-32　2008~2010 年美国计算机及电子、汽车及零部件跨国公司海外子公司效益变化

项目	计算机及电子			汽车及零部件		
	2008 年	2010 年	变化/%	2008 年	2010 年	变化/%
总资产/亿美元	2 605.21	3 074.31	+18.0	2 553.10	2 514.74	−1.5
销售收入/亿美元	3 477.27	3 441.89	−1.0	4 566.22	3 874.88	−15.1
净收入/亿美元	170.40	254.40	+49.3	30.81	82.75	+168.6
雇员收入/亿美元	228.84	251.72	+10.0	431.54	340.53	−21.1
雇员数/万人	71.31	73.37	+2.9	92.94	86.40	−7.0

资料来源：美国商务部经济分析局，http://www.bea.gov

奥巴马就任总统的头两年中，美国跨国公司子公司总资产和净收入的增长幅度均不如国内，但就业却增加了，这与国内就业减少相反。不过通过压低雇员工资，每个雇员创造的净收入即利润从 29 926 美元增加到 36 242 美元，增长 21.1%。

从表 5-32 可以看出，在这段时期中，计算机及电子总资产保持扩张势头（增加 18.0%），超过了国内母公司的增速（10.8%）。雇员增加了 2.06 万人（国内则减少 3.32 万人），但销售收入略降（国内增长 9.9%），净收入即利润增长 49.3%（国内则大增 180.1%），均不如国内。

汽车及零部件在这段时间始终盈利，且利润大增 168.6%，这好于国内。但和国内一样，也减少了雇员，且幅度 7.0%，超过国内减幅（5.2%）。雇员人数减少

6.54 万人，差不多是国内减少数 3.33 万人的两倍，效益改善的程度也不如国内。

比较一下国内外的效益，可以看出国内具有的优势，如表 5-33 所示。

表 5-33   2008~2010 年美国跨国公司国内外效益比较

部门	2008 年		2010 年		变化/%	
	国内[1]	海外[2]	国内	海外	国内	海外
制造业/美元	30 500	29 900	58 800	36 200	92.8	21.1
计算机及电子/美元	27 200	23 900	79 000	34 700	190.4	45.2
汽车及零售部/美元	−107 300	3 300	35 500	9 600	—	190.9

1）跨国公司国内母公司；2）跨国公司海外子公司

资料来源：根据表 5-27~表 5-30 数据计算

整个制造业，国内母公司人均净收入增长了 92.8%，海外子公司只增长了 21.1%，前者是后者的 4.4 倍。计算机及电子，国内母公司人均净收入增长了 190.4%，海外子公司只增长了 45.2%，前者是后者的 4.2 倍。汽车及零部件国内大幅度扭亏为盈，海外则保持盈利正增长。但到 2010 年，国内的优势已经很明显。

按照每个雇员创造净收入衡量，制造业在国内都超过海外，且优势在扩大。2008 年略高出 600 美元，2010 年则高出 22 600 万美元，高出 62.4%。计算机及电子相应高出 3 300 美元和 44 300 万美元，2010 年高出 127.7%。2008 年汽车及零部件行业，海外具有明显优势，但两年后丧失殆尽，国内人均净收入是海外的3.7倍。

因此，从经济理论分析，美国制造业至少部分地具备了回归条件。主要是在技术和资本密集型行业。

（二）波士顿报告的分析：中美汽车工业生产成本对比的变化趋势

波士顿咨询公司 2011 年 8 月发布的研究报告《再度美国制造——为什么制造业将回到美国？》（简称《波士顿报告》）的结论是："中国制造业对美国的压倒性成本优势正在迅速消失。"

1. 劳动力成本比较

一线工厂工人平均时工资，2000 年中国只及美国的 3%，2010 年上升到 9%。估计 2015 年进一步上升到 17%，如表 5-34 所示。

表 5-34　中美一线工厂工人平均时工资

年份	中国/美元	美国/美元	中国占美国百分比/%
2000	0.5	16.6	3
2005	0.8	18.8	4
2010	2.0	22.3	9
2015 估计	4.5	26.1	17
年度	中国年增/%	美国年增/%	
2000~2005	10	2	
2005~2010	19	17	
2010~2015	17	3	

资料来源:《波士顿报告》,2011 年 8 月

报告估计,到 2015 年,中国制造业的劳动力成本比美国低成本州(主要在南部)只低 39%,而 2005 年是 55%。以厨具为例(劳动力成本占总成本 20%),2005 年中国劳动力成本比美国低 61%,整个供应链成本比美国低 21%,预计 2015年,中国劳动力成本只比美国低 13%,销往美国的整个供应链成本可能略高于美国本土企业。

2. 能源成本

2010 年到 2011 年上半年,中国电价上涨了 15%。考虑到进口动力煤价快速上涨,以及政府对高耗能企业电价补贴的终止,电价还将继续大幅上涨,而工业用电占全社会用电总量 74%。

3. 土地成本

中美两国投资成本最大的差距在土地成本。美国南部阿拉巴马州、北卡罗来纳州每平方英尺(1 平方英尺=0.092 903 04 平方米)土地转让成本在 1.30~7.43 美元。中国东南沿海有代表性的四个城市中,最低的宁波每平方英尺也达到 11.15美元,见表 5-35。

表 5-35　中美若干城市工业用地成本比较(单位:美元)

中国		美国	
宁波	11.15	阿拉巴马州	1.86~7.43
南京	14.49	北卡罗来纳州	1.30~4.65
上海	17.29		
深圳	21.00		

资料来源:《波士顿报告》,2011 年 8 月

4. 综合比较

《波士顿报告》以汽车零部件为例，具体比较了美国南部设厂和在中国长三角设厂的选址条件和成本比较。表 5-36 显示，2010 年长三角工厂工人时工资为 0.72 美元，2015 年将迅速上升到 6.31 美元，只相当于美国南部工厂四分之一左右，生产率仍只有美国南部工厂的 45%。这期间，中国长三角工厂与美国南部工厂相比，劳动力成本的节省幅度从 65% 减少到 39%，总成本节省幅度从 16% 减少到 10%。在中国设厂的优势逐渐消失。

表 5-36　汽车零部件工厂例子

设定条件		选址因素	成本比较	2000 年	2015 年
美国南部州	汽车零部件	工会条件灵活	时工资	15.81 美元	24.81 美元
	供应商在美国	工资微增	生产率	100%	100%
	多数客户系美国	劳动生产率高	OEM 厂商，在美国生产		
中国长三角地区	工资成本占总成本 25%	劳工荒	时工资	0.72 美元	6.31 美元
	生产率低于美国	工资迅速上升	生产率	13%	42%
			生产单位零部件所需劳动成本	0.74 美元	2.00 美元
			劳动成本节省	65%	39%
			总成本节省	16%	10%

资料来源：《波士顿报告》，2011 年 8 月

（三）制造业回归或重塑案例

（1）案例：在美国重振制造业的背景下，随着中国生产成本优势的下降以及制造业发展趋向于高新技术和制造业相结合的模式，以美国本土为销售市场的部分美资制造业产能回流美国本土。

2011 年美国惠而浦公司把旗下 KitchenAid 品牌手持式搅拌器的生产业务从广东迁回了美国本土生产，且准备将更多小家电生产迁回美国。

2012 年 3 月以来，佳顿公司将 "First Alert" 烟雾警报器和 "Miken" 碳纤维棒球棒的生产从番禺撤回到美国本土。

耳机生产商 Sleek Audio 将生产业务从东莞回迁到美国佛罗里达州。

美国 ATM 制造商安迅公司（NCR）已经把部分 ATM 的生产从中国转移到美国佐治亚州的哥伦布。

卡特彼勒公司已将其在中国的挖掘机生产项目撤回了本国。

星巴克也把它的陶瓷杯制造从中国转回美国中西部……

（2）简要的分析：这些不构成趋势。手持式搅拌机、小家电和烟雾报警器属于小型家用电器。这个子行业在美国继续衰落，2013 年 9 月其生产指数只有58.6，不及危机前高点 2007 年（100.0）六成。卡特彼勒挖掘机生产转到美国，直接原因是中国市场产能过剩，恶性竞争。星巴克陶瓷杯和棒球棒总量很小。

（四）趋势性分析：美国制造业仍在走出去

1. 美国对外直接投资仍然大于外国对美投资

美国对外直接投资仍然大于外国对美投资，但美国私人对外直接投资并未出现减少趋势，如表 5-37 所示。

表 5-37　2009~2013 年美国资本金融账户资金流量表（单位：亿美元）

项目	2009 年	2010 年	2011 年	2012 年	2013 年 1~6 月
美国对外投资	−1 195	−9 395	−4 837	−974.69	−3 307.18
私人直接投资	−2 895	−3 279	−4 193	−3 882.93	−1 796.60
外国对美投资	3 144	13 083	10 010	5 438.84	4 448.04
私人直接投资	1 504	2 058	2 340	1 664.11	664.88
私人直接投资平衡	−1 391	−1 221	−1 853	−2 218.82	−1 131.72

资料来源：美国商务部经济分析局，http://www.bea.gov

2010 年和 2011 年两年，国际资本流入美国均超过 1 万亿美元。这主要是流入美国政府债券和股票市场。私人直接投资虽也依次递增 36.8% 和 13.7%，但增速在放慢，同期美国对外私人直接投资增速则在加快，依次为 13.3% 和 27.9%。结果，2011 年美国对外直接投资比外国对美国直接投资多 1 853 亿美元，比 2009年的 1 391 亿美元增加三分之一。

2012 年，流入美国的国际资本减少到 5 438.84 亿美元，同比下降 45.7%。外国对美国私人直接投资也减少了 28.9%。美国对外私人直接投资虽然也减少了7.4%，但比外国对美国私人直接投资多出 2 218.82 亿美元，比 2011 年增加 19.7%。2013 年上半年，美国对外私人直接投资 1 796.60 亿美元，折年率 3 593.2 亿美元，比 2012 年略低 7.5%。但同期外国对美投资折年率下降了 20.1%。结果，私人直接投资净流出 1 131.72 亿美元，折年率 2 263.44 亿美元，比 2012 年略增 2.0%。

综观 2009 年以来表现，美国私人国际直接投资一直呈现净流出状态。且总体在不断扩大。因此，美国资本仍然在"走出去"。当然这是所有行业总计，制造业具体数字还需要印证。

2. 典型企业分析

观察一下福特和通用两大汽车制造公司在美国本土和在中国的销售、建厂状况，可以清楚地看出，美国制造业回归并未影响对华投资，如表 5-38 和表 5-39 所示。

表 5-38　福特汽车公司国内和在华投资对照

国内	在华
2012 年 11 月销量 214 222 辆,6 年来同期最高水平	2012 年 11 月销量 67 505 辆, 同比增 56%
2010 年 12 月 27 日, 在密歇根州投资 7.73 亿美元（新创 2 350 个就业岗位, 保留 3 240 个岗位）, 2015 年前累计投资 62 亿美元	2012 年 8 月 27 日 CFM 重庆基地扩能, 投资 6 亿美元, 2012 年 8 月 29 日 CFM 杭州工厂开工, 投资 7.6 亿美元, 到 2015 年产量翻番, 达 120 万辆

资料来源: http://www.ford.com/fordchina.com

表 5-39　通用汽车国内投资和在华投资对照

项目	国内	在华
2012	43 家工厂, 12 家总装厂; 销量 260 万辆, 增长 4.0%; 出口 27.5 万辆	12 家总装厂, 4 家动力总成厂; 销量 290.9 万辆, 增长 14.6%
2009 年 7 月 10 日~2012 年	共宣布投资 73 亿美元(2012TX 厂投资 2 亿美元, OHIO 厂投 2.2 亿美元),创造就业岗位 18 600 个	2012 年 6 月 6 日武汉整车厂奠基; 2012 年 11 月 18 日宝俊基地投产; 2012 年 11 月 28 日上海通用五菱第三厂落于重庆; 2012 年 11 月 29 日前沿技术科研中心在沪落成; 合计投资 216 亿元（折 34.3 亿美元）
2013 年	堪萨斯费尔法克斯厂扩建（6 亿美元）; 扩大鲍尔斯特林斯厂（2 亿美元）; 4 厂能效提高（3.32 亿美元）; 兰辛河厂物流中心（4 450 万美元）; 温兹维尔总装厂（1.33 亿美元）; 加拿大柔性车身车间（2.5 亿美元）; 合计 15.575 亿美元	通用汽车公司 2012 年年报表示: "我们将持续地在各业务领域全方位大举投资。"

资料来源: http://www.gm.com

通用汽车公司 2012 年年报指出: "GM 今天最大的力量是在世界最大的两个市场——美国和中国的领先地位。"其中在中国的销售达到 290.9 万辆（含上汽五菱），超过了美国本土的 260 万辆，且增速（14.6%）是美国本土（4.0%）的三倍多，所以通用将在中国市场全方位的每年大举投资。

不但在中国，通用 2013 年 6 月 26 日宣布在墨西哥投资 6.91 亿美元，新建或扩建三个工厂。2009 年承诺在美国投资 73 亿美元的同时，还宣布将在巴西投资 30 亿美元，使当地产能从 23 万辆增至 30 万辆。

当前通用汽车公司生产的汽车中，30%销往美国本土，70%销往海外市场。该公司的全球政策是"在销售的地方生产"（build where we sell）。这最好地解释了美国制造业重振和投资中国的互补关系。

此外，通用电气公司的例子也很典型。该公司2013年1月18日发表的2012年年报表明，该公司2012年营业收入达到1 474亿美元，比2011年增长11%。2012年四季度已是连续第11个季度强劲增长，七个工业部门全部盈利，有五个部门营收呈两位数增长。

年报称，强劲增长的原因是对俄罗斯、澳大利亚、新西兰、中国、拉丁美洲、撒哈拉以南和东盟市场销售均出现两位数增长，又称，GE继续实行资本均衡分布计划。2012年斥资43亿美元，收购了意大利S.p.A公司航空业务。如前所说，GE并同中航工业签署了航空电子合资协议。因此，GE仍然在海外强劲扩张。

以上情况初步表明：第一，美国主要追求并正在发展的是制造业的重振，而不是笼统回归；第二，制造业的重振主要是指高端制造，不是传统低端产业；第三，决定制造业布局的是市场需求。因此，能否继续吸引美国跨国公司在中国投资，主要因素不在美国，而在中国的市场和投资环境。

五、对中美经贸的影响

（一）贸易：对我国产品输出美国尚未产生重大不利影响，相反可能提供了某些机遇

2012年，美国计算机设备进口比危机前的2007年增长20.4%，其中从中国进口增长50.4%，中国比重从略高于二分之一上升到三分之二。2013年上半年美国从全球和中国进口均呈负增长，但从中国进口负增长程度略轻。通信设备，中国比重在6年间整整上升了20个百分点。2013年上半年从中国进口增速比从全球进口增速又整整高了10个百分点。汽车零部件，中国比重从6.9%上升到10.1%（表5-40）。如前显示，计算机设备是美国重振制造业中表现得差的，通信设备和汽车零部件则是表现好的。中国在这三个子行业均保持了竞争优势。这一趋势能否持续，还需要观察。

表 5-40　2007~2013 年美国计算机及电子、通信设备和汽车零部件进口变化

进口来源		2007 年	2010 年	2012 年	2007~2012 年的变化/%	2013 年上半年	同比/%
计算机设备	全球/亿美元	835.82	891.33	1 006.55	+20.4	466.18	−6.7
	中国/亿美元	441.04	572.50	663.20	+50.4	308.05	−4.3
	中国比重/%	52.8	64.2	65.9		66.1	
通信设备	全球/亿美元	667.18	808.18	932.05	+39.7	478.92	+15.8
	中国/亿美元	231.01	330.43	513.78	+122.4	261.91	+25.9
	中国比重/%	34.6	40.9	55.1		54.7	
汽车零部件	全球/亿美元	773.40	716.46	979.24	+26.6	500.78	+0.5
	中国/亿美元	53.52	66.74	94.49	+76.6	50.54	+8.6
	中国比重/%	6.9	9.3	9.6		10.1	

资料来源：美国商务部国际贸易署，http://www.trade.gov

（二）相互投资

最近一两年来，中美双向投资出现新的高潮。据商务部统计，2012 年，来自美国的实际投资金额 25.98 亿美元，比 2011 年增长 9.66%；而来自全球的实际投资比 2011 年减少 3.7%。2013 年 1~9 月，美国对华实际投资达到 28.76 亿美元，同比增长 21.3%（来自全球的投资增长 6.22%）。中国企业对美国投资则出现爆炸性增长。2012 年当年达到 18.7 亿美元，比 2011 年增长 65%。2013 年 1~9 月同比增长 250%，远远快于对全球投资的增速（17.4%）。因此，美国重振制造业对中美双方投资合作总体上是重大利好。

（三）矛盾趋于加深

近年来，美国对我国产品双反和 337 调查有所加强。这是美国为保护其制造业，加上我国产品不断升级，在更高端领域同美国正面相撞概率增多的缘故。美国为了促进制造业和出口倍增，力拓国际市场。在双边领域，力压中国开放市场，力推双边投资协定谈判，为美国产品和服务进入中国扫清道路。在多边领域，力推 TPP 和 TTIP，力图主导 21 世纪世界贸易规则的制定，为美国制造业和服务业不断敲开世界市场。这一趋势也将长期化，但美国这一趋向对我国也是双刃剑。一方面增加了我国开放市场的压力，并使对美国工作更加复杂化，另一方面，美国的部分主张和我国深化改革，扩大开放的大方向又有一致之处。

综合看来，美国重振制造业将为中美两国投资贸易合作提供巨大机会，因此双方的互补和双向贸易与投资都会有一个增长期。同时又带来重大矛盾和压力，因此会有一个矛盾多发期。我国应当在科学分析的基础上，冷静博弈。既不回避、

不害怕矛盾和斗争，又从全球产业链的各自位置角度，积极寻找双方的共同利益，趋利避害，争取更多的双赢点。从而力争中美经贸关系在中国产业结构调整升级和美国制造业重振中实现稳定而可持续的发展。

分析当前中美经贸关系大势的一些思路建议①

第一，当前中美经贸关系的大势与过去，甚至一年前都有很大不同。

过去一般考虑的是美方压力指向人民币汇率问题、贸易不平衡、美国失业、中国国有企业垄断和不公平竞争、网络窃密；中国诉求指向美国高科技出口管制、承认中国市场经济地位、对中国投资美国的安全障碍等。

现在主导中美经贸关系的是两国在全球特别是亚洲的战略关系。美国总体对"习奥会"后两个致力于建立新型大国关系表示认同（解释不同），主导想法是在保障美国利益的前提下尽可能与中国保持良好关系，并获取最大可能的商业利益。我国宣布东海防空识别区后，美国前副助理国务卿埃文斯·利维尔（Evans Leverer）12月12日在纽约哈佛俱乐部报告会上认为，"中国宣布东海防空识别区是一个根本性的战略错误。"接着，美国太平洋论坛主席科萨在讲话中仍然表示对中美关系审慎乐观。里根、老布什时期美国商务部主管日本和中国事务的副部长克莱德·普雷斯托维茨（Clyde Prestowitz）12月10日在华盛顿与笔者午餐时说，他认为中美两国没有重大矛盾，两国都不会进攻对方，并认为今后两年美国不会对中国采取什么重大行动。这些，无疑是当前中美经贸关系的大环境。

斯诺登事件发生后，美国在全世界面前处于被动。一年前曾被美国部分商界和智库认为是中美经贸关系最大威胁的"中国网络窃密"指责突然动摇，美国反而成为被告。因此，保持中美经贸关系稳定和持续发展的根本前提是保持两国在亚洲有一个稳定的战略关系。

第二，当前中美双边经贸关系中的多边因素比一年前更加强烈。首先要处理好一系列多边问题。

（1）TPP。它属于地缘政治范畴，又是基于美国亚洲战略中资源再分配的考量，而且是美国建立21世纪世界贸易规则的第一步。TPP正在取得势头，我们要及时和充分掌握其一切动向，透彻研究既不介入又准备介入的战略和策略。

（2）WTO框架下的服务贸易协定、信息技术协定和政府采购协定。其中信

---

① 2014年1月21日在中国国际贸易学会专家会上的发言。

息技术协定最重要，应以积极姿态主动推进。

（3）积极有效推进自己的自贸区战略，包括中国-日本-韩国、中国-韩国、中国-东盟自贸区升级版、RCEP、中国-澳大利亚等。利用 2014 年 APEC 峰会东道主的历史机遇，主动提出在更高层面推进亚太地区经济一体化和自贸区的思想。这些做得越有成效，对 TPP 的谈判地位越有利。

第三，直接的双边领域关系方面，最核心的是积极贯彻第十八届三中全会决定的全面深化改革，有步骤地实实在在做出国有企业、民营企业、外商投资企业公平准入，公平竞争，放宽一系列行业市场准入，加快金融体制改革等。第十八届三中全会虽然在总体原则上确定了投资体制改革和混合所有制的原则，第十八届三中全会后相关部门又公布了不少审批下放的规定，但往往只提民营企业，未提外资。外资对此不清楚，没有把握。第十八届三中全会确定建立统一有序的大市场，即国内国外统一，不分经济形态的统一。接下来的政策上需要取消对外资的专门政策。但现在并没有，相反明确了对外资的有区别政策。例如，医疗卫生和养老行业向民营经济开放，但同时规定外资只能参与地级市以上投资，因此美商在观望，这是我们迫切需要做的。上海自贸区今年推出新的改革举措，务必取得明显成果和进展。这方面做得越实在，越有成果，中美经贸关系就越稳定，越有发展势头。

第四，另两个关键点如下。

（1）积极推进中美双边投资协定谈判，并在负面清单上有重大缩小。

（2）积极推动中国企业投资美国。如果说经贸关系是中美关系的压舱石，那么对美国投资就是中美经贸关系的压舱石。力争从 2014 年起，5 年内对美国实际投资达到 1 000 亿美元。那时，中美经贸关系的牢固程度和水平将达到一个新高度。

中美应当共同维护双边和多边金融稳定[①]

2014 年，中美建交 35 周年。过去 35 年来，中国经济和对外贸易规模空前扩大。1978 年，中国 GDP 总量不足美国的 9%。2012 年，中国 GDP 达到 8.2 万亿美元，为美国的 52.3%，成为世界第二经济大国。中国商品出口额超过 2 万亿美元，超过美国，居世界第一。中美建交的当年 1979 年，中国只是个金融小国，

---

① 中国国际问题研究基金会. 中美建交 35 周年论文集. 北京：世界知识出版社，2014.

同世界金融霸主打交道。那年中国外汇储备仅有 8.4 亿美元，还为努力创汇和节约外汇而费心。2012 年中国外汇储备超过 3.5 万亿美元，遥居世界第一。中美建交当年，中美双边商品贸易额只有 24.51 亿美元，其中中方有逆差 12.61 亿美元。2012 年，双边贸易额达到 4 847 亿美元，33 年中增长 197 倍。中方则有 2 189 亿美元顺差，中国成为美国国债最大的国外债主，到 2013 年 6 月底，共持有 12 758 亿美元。中美双方在贸易收支和政府债务关系中地位的巨大变化，既构成了中美关系的巨大经济基础，也成为困扰两国政界、商界和学界的一个矛盾焦点。

全球金融危机爆发以来，各国联手改革全球金融体系，改革金融治理，争取全球经济强劲、可持续和平衡的增长，已成为全球共识和紧迫使命。美国作为世界金融霸主，中国作为世界第二经济大国和正在成长的金融大国，需要密切合作，共同维护世界金融稳定，履行金融大国责任。

一、双边合作：走出误区，科学认识贸易不平衡、人民币汇率和中国大量持有美债，努力争取双赢

从 1985 年起，中国开始对美国出现贸易顺差，而且越来越大。按照美国官方统计，2000~2007 年，即美国次贷危机爆发前 8 年中，中国累计对美国贸易顺差达到 12 509 亿美元，这 1 万多亿美元大多变成了中国购买的美国国债和机构债。次贷危机爆发并引发全球金融危机后，美国部分学者一直认为，正是这 1 万多亿美元，流入了美国银行，提供了次贷资金，因此出现了"对半论"，即全球金融危机的原因，美国和中国各一半。美国的原因是疏于监管，中国的原因是提供了资金来源。以舒默为代表的一部分议员则将其归咎为人民币汇率低估。在中国，则有部分人认为中国拿万亿美元血汗钱购买美债，是为美国摆脱衰退提供资金，而自身遭受资产贬值风险。

实际上，这些看法并不正确。至少在中期内，中国对美国仍将持有可观的、海关统计意义上的贸易顺差，还将是美债主要持有国，人民币汇率仍将基本稳定在现有水平。我们需要简要梳理一下这种格局的客观性，才有助于维持中美双边金融合作格局的稳定。

（一）中国对美国贸易顺差不是美国次贷危机的原因

首先，中国商品流入美国，美国支付手段即美元流入中国，是商品交换中的客观、平等法则。这不过是等价交换，"你拿走商品，我拿走货币"。货币也是商品，即商品的商品。从商品价值上讲，双方仍然是平衡的。中方用这笔货币干

什么，那是自己的事，就像美国拿了中国商品后干什么完全是他们的事一样。买了美国国债，又是一种平衡的交换关系，即美方拿走货币，出具所有权凭证，将来归还（加利息），这在各国都有。

其次，中国购买的是美国政府债券和机构债券（两房①），不是给商业银行提供存款，而且美国财政部出售的债券中，中国只占 7%~8%。

最后，次贷危机的第一个原因是银行不按条件拼命放贷，且其中有大量骗贷。联邦调查局查出仅 2007 年的骗贷案件就有 4 万多件。第二个原因银行将房贷债券不断衍生和交易。第三个原因是美国利息提高，房价下跌，房不抵贷。这都是美国金融管理体制内部出了问题，并不是资金本身有什么问题。就好比一个人赌钱输了，不能怪这笔钱不好，至于扯在中国购买美债头上，显然太离谱了，这很不利于双边金融关系的发展。

（二）人民币汇率不是美国巨额逆差的原因

第一，人民币对美元并没有低估。虽然从名义汇率看，1979 年人民币对美元的年均汇率水平是 1 美元兑 1.554 9 元，现在即使达到 1 美元兑 6.18 元，仍低了四分之三。但这并不是衡量双边汇率的国际标准。其标准是国际清算银行公布的多边实际有效汇率指数。该指数以 2002 年年均数为 100.000 0。它显示，1994 年1 月，人民币实际有效汇率指数是 65.58，美元是 104.54。2013 年 7 月，人民币指数是 117.27，美元是 99.35，即过去 19 年间，人民币累计升值 78.82%，美元下跌 5.0%，人民币对美元相对升值 88.2%，平均年均升值 3.4%。为什么与名义汇率相差那么大呢？这是因为中国通货膨胀率比美国高得多，科学的计算是剔除通货膨胀因素。这样，所谓人民币低估的责难便难以成立。

第二，既然人民币对美元一直在升值，为什么过去 19 年间美国对华贸易逆差从数十亿美元增加到数千亿美元呢？可见另有原因。同样，中国对日本、韩国长期有大量顺差，大陆对台湾长期有大量顺差这三方合计在当前人民币汇率贸易权重中占 29.6%，而中国对美股则有长期大量顺差，美国占当前人民币汇率贸易权重只有 19.0%。因此，贸易不平衡是个贸易结构和商品流向问题，不是汇率问题。

第三，虽然美国和对华贸易一直有大量逆差，美国在飞机、大豆及其他农产品对华贸易上始终拥有大量顺差。它们同样来自美国，面对同一个人民币。因此，贸易不平衡又是美国商品结构问题，不是汇率问题。

因此，关于人民币汇率的长期责难，不仅难以成立，而且给中美经贸和金融关系带来极大的干扰，我们应当努力减少这种干扰。

---

① 两房指房利美（Fannie Mae，即联邦国民抵押贷款协会）和房地美（Freddie Mac，即联邦住宅贷款抵押公司），二者均为联邦政府赞助的企业。

（三）买美国国债既是我国外汇投向的一种选择，也是中美经济关系的一个组成部分

有人认为，买美国国债是拿中国人民的血汗钱给美国解困，且不说买美债是借钱给美国，这钱所有权还是中国的，也不说美国国债如果不卖给中国，也会卖给别人。美国国债的三分之二售予国内机构和居民。2013 年 6 月美国国债 16.74 万亿美元总额中，国外持有 5.6 万亿美元，占三分之一（其中中国占 7.6%），国内占三分之二。就说中国这 3.5 万亿美元外汇储备如何保值增值？外汇管理体制已经改革多年，鼓励民间持有。但目前环境下，由于人民币升值预期，企业仍然愿意持有人民币。外汇储备可以买欧债、日债、为国际货币基金组织提供份额，对外直接投资等，但仍然远不足以消化。美债没有到期不还的毁约记录，也没有负利息记录，因此仍然是个重要选项。

作为世界货币霸主的美元，它的起落可以直接改变美国对外负债的实际价值。美元的贬值会带来我国美元资产的减损，这就需要分析，美元处于贬值通道时，不宜售出美债，换成人民币，而宜继续持有。而美元同黄金脱钩 40 多年来的轨迹表明，美元自身对主要货币的汇率水平是沿着上下起伏、不定期回归的曲线走的，下跌一个时期后会回归，上涨一个时期后也会回归。美联储公布的美元对主要货币名义汇率水平，2013 年 7 月是 77.185 8（1973 年 3 月为 100.000 0），与 6 年前即金融危机前 2007 年 7 月的 77.616 0 几乎相同。尽管金融危机以来美国实施了几轮量化宽松，美元先涨后跌，再涨再跌，但现在大体又回归原点。从这个意义上看，持有美债仍然是一个选项。

（四）如何避免中美双输，争取双赢

中国持有大量美债，在美国部分智库中引起不安。有人设想，如果中美交恶，中国大举抛出美债，美元就会直线下跌，资金就会大量流出美国。但这样一来，人民币对美元则是大幅升值。中国也将遭遇重大打击，其结果是双输。

为了争取双赢，第一，无论中国和美国都不必太在意贸易不平衡。按照 WTO 和经合组织正式采用的价值链统计法，中美真实的贸易不平衡并不大。双方应该把精力放在扩大贸易领域，朝向更高级的产业结构发展。第二，中国应继续持有一定规模的美债，给美国政府一定资金支持。美国则应努力保持美元资产的稳定，保障中国利益。第三，中美双方都应积极拓展中国企业用这笔美元扩大在美国直接投资，特别是并购当地企业，即增加当地就业，又推动中国企业国际化发展。美方应当继续努力，张开双臂欢迎中国投资，减少不必要的安全障碍。第四，美国企业应大大增加在华直接投资，面向中国市场和周边市场，而不是简单地利用

中国廉价劳动力，加工返销（随着中国劳动力和原材料成本迅速上升，这个趋势已经出现）。第五，中国应当不断开放资本市场和银行、保险、电子支付等众多领域，欢迎各国包括美国企业积极参与，平等竞争。

如果双方本着相互尊重对方利益，寻求共同盈利点，保持密切合作，估计到中美建交40周年的2019年，中美双边贸易可以突破7000亿美元。美国对华累计投资可能超过900亿美元，中国对美国直接投资可能累计达到500亿美元，并可能在21世纪20年代初超过美国对华投资存量。中美大批企业将处于合资状态，你中有我，我中有你。虽然将拥有海关统计意义上的逆差，但这点已不重要。中国仍将是美国国债的重要持有国，美国则将是中国资本市场的重要参与方，从而在经济贸易和金融领域，体现出一种新型大国关系。

二、全球领域：中美共同承担全球金融稳定和金融治理的大国责任

中美建交以来，全球金融市场动荡可谓惊心动魄，特别是2008年以来美国次贷危机引发的全球金融危机和大衰退（great recession），至今严重地拖累着全球经济增长。

过去30多年中，中国大致经历了三次国际金融市场动荡，并正开始遭遇第四次国际金融动荡。

第一次是20世纪80年代初美元的坚挺触发了巴西、阿根廷等拉丁美洲债务危机，以及广场协议后日元大幅升值引发日本"失去的10年"。当时的中国金融力量和资源非常弱小，可以说基本上没有国际性作为。

第二次是1997~1998年同样由美元坚挺引发的亚洲金融危机。美国对人民币能否挺住非常关切，对中国经济能否避免衰退忧心忡忡。中国坚持人民币不贬值，并有力地抵御了国际游资对港币的冲击，港币也稳住没有贬值。中国并力保经济增长。1998年实现GDP增长7.8%，出口微增0.5%，从而为亚洲金融危机的缓解和渡过做出了重大贡献，并得到欧美经济界和金融界一致好评。与此同时，美国经济在信息高速公路等若干新兴产业的带动下保持高增长，1997~1998年GDP增速均超过4%，从而为亚洲国家提供了增长的市场，帮助其逐渐恢复增长。应该说，在应对亚洲金融危机中，中美两国配合的是比较成功的。

第三次是2008年美国次贷危机引发的全球金融危机，它引发了20世纪30年代大萧条以来最严重的经济衰退。与亚洲金融危机不同，这次是欧美日发达国家经济陷入严重衰退，而以金砖国家为代表的新兴经济体继续保持有力增长。中国一国2009年和2010年这两年就为世界经济增长贡献了40%。在此情况下，G20

平台应运而生。2008~2009 年连续在华盛顿、匹兹堡和伦敦举行的领导人峰会，各国比较一致，努力实行并协调财政货币刺激政策措施，脱出衰退，恢复增长，同时总结国际金融市场杠杆化过度，监管缺失的教训，拟定金融监管改革框架。中国积极参与了 G20 所有活动，对上述方针和政策措施给予了很大支持。中美两国立场比较接近，政策协调也比较顺畅。为峰会取得成果和世界金融市场的稳定共同做出了贡献。与此同时，国际货币基金组织开始酝酿，并在 2010 年 12 月通过了配额和投票权调整的方案。方案将体现新兴经济体力量增长的现实，将现有配额和投票权的 6% 从发达国家转到新兴经济体。其中中国比重将超过德国、英国和法国，居第三位，仅次于美国和日本。但这需要国际货币基金组织 188 个成员中的 60%，即 113 个，合计占投票权 85% 的成员议会批准，至今进展缓慢。美国一家占 16.75%，迄今国会仍未批准。但由于这次调整压缩的是欧洲国家的比重，美国毫发未损，因此中美之间没有冲突，相反比较一致。2010 年下半年后，由于世界经济停滞负增长，金融危机最危急的时候已经过去，各国利益和政策上的差异开始显现。这年的多伦多 G20 峰会成果就不太明显。以后历次峰会基本上停留在议论上，行动则仍然依靠国际货币基金组织、世界银行和各国政府。但中美两国在历次 G20 峰会及财长、央行行长会议上，大体上仍能保持协调，从而为 G20 的继续运转做出了正面贡献。

　　第四次是美国量化宽松引发的全球金融动荡，特别是资金流动对新兴经济体的巨大冲击。美联储自 2009 年开始，迄今实施了四轮量化宽松措施，购入国债和机构债，以抬高国债价格，压低国债收益率，从而抬高股市和房市，推动投资和房市回升。量化宽松措施由于压低了本土利率，推动了国际游资流入收益率更高的新兴经济体。据国际货币基金组织估计，2009~2012 年流入新兴经济体的游资约达 4 万亿美元。由于美国经济逐渐走上持续复苏道路，房价已经明显回升，两房不仅扭亏为盈，而且利润可观，伯南克 2013 年 6 月 19 日发表美联储例会后的谈话，表示将逐步缩减量化宽松规模，并很可能在 2014 年结束。受此影响，美国国债收益率节节上升，从最低的 1.9% 左右一度上升到 2.8%，国际游资则纷纷流出新兴经济体，流回美国，从而给新兴经济体包括中国带来严重冲击。据估计，2013 年 5~8 月，大约 1 000 亿美元从新兴经济体流出，美元重新走强又给新兴经济体货币汇率带来巨大压力。截至 8 月 22 日，巴西雷亚尔、印度卢比对美元汇率分别比 2012 年 12 月 31 日下跌 14.1% 和 13.1%。巴西央行 8 月 28 日被迫将基准利率调高到 9%。印度也宣布提高利率，阻止卢比进一步大跌。马来西亚、新加坡、韩国和泰国货币 2013 年以来对美元则分别下跌 8.0%、4.0%、4.6% 和 4.4%。雪上加霜的是，2012~2013 年印度、印度尼西亚对外收支赤字占 GDP 比重已经分别达到 3.0% 和 5.0%，而 2008~2011 各年度分别是盈余 0.7% 和 2.8%。

这同 1997 年亚洲金融危机爆发前的形势十分相似。新兴经济体增长势头急剧放慢，俄罗斯估计 2012 年和 2013 年经济增长率将分别只有 1.8% 和 2.8%~3.2%，巴西 2012 年将只增长 0.6%，大大低于美国。中国央行统计也显示，5 月和 6 月这两个月外汇净流出 196.7 亿美元和 181 亿美元。中国 2013 年经济增长率估计在 7.5% 或略高，大大低于以前的两位数。

这里的关键在于，美元仍然是世界主要储备货币。金融危机以来它的地位反而得到加强，而美联储制定的货币政策只根据本国需要，不会以他国利益为转移。因此，中国作为世界最大新兴经济体和发展中国家，必须从全球金融和经济稳定的视野出发，与美国保持密切沟通和协调，要求美国和中国一样，都承担起大国责任。最近一年来，特别是在 7 月举行的 G20 财长和央行行长莫斯科会议上，时任中国财政部部长楼继伟明确要求美国考虑退出量化宽松对新兴经济体的冲击，并得到美方的正面回应。

应当看到，美国量化宽松措施变化引起的国际资金流向改变具有客观性，但冲击新兴经济体的主要是投机资金，或游资（热钱）。因此迫切的任务是改革现行金融监管体制，加强对引起市场无序波动的投机行为的监管和掌控，遏制投机资金的冲击。当前和今后一段时间，中美两国需要在多边和双边的各种场合保持密切对话和协商，并同国际社会其他国家和国际组织一起，不断研究和迅速实施加强全球金融治理，推动实际投资和贸易的增长。中国并同俄罗斯、巴西、印度、南非一起，启动金砖国家联合外汇储备库，初期总量 1 000 亿美元，美国应当给予充分理解和支持。

与此同时，中美两国都应积极支持欧元区克服欧债危机的努力。中国购入必要的欧债，中美两国都推动对欧元区的投资。

从更长远的视野考虑，中美两国需要共同推动世界多极化储备货币架构的建立和发展。将来世界储备货币的主体将包括美元、欧元和人民币，其次是日元、英镑。第一步，可以将人民币纳入国际货币基金特别提款权。第二步，不断扩大人民币境外结算。第三步，以上海自贸试验区为载体，积极推动并最终实现完全意义上的市场化和资本项下自由兑换。中国领导人正以极大的决心和勇气推进这一进程。美国应当给予必要的帮助和支持，而不再指手画脚。

中美两国只要本着相互尊重、密切沟通、寻找双赢点，即体现新型大国关系的这一出发点，无论在双边和全球金融合作领域，都将大有可为，从而为两国关系和世界经济强劲、可持续和平衡发展做出重大贡献。

什么才能叫中美新型经贸关系①

习主席访美前夕，中美有关方面已经签署了若干重大经贸合作项目协议或备忘录，包括中美合资建设拉斯维加斯到洛杉矶的高铁，设立建筑节能基金，联合投资非洲风电示范项目。中铁在马萨诸塞州春田市设立的高铁制造基地也已奠基。在习主席访美首站西雅图，双方签署一系列新的重大合作项目。所有这些，无疑为习主席访美成功和中美新型大国关系的建设做出积极贡献。

中美两国经济贸易合作的空前发展，是第二次世界大战后全球所有双边经贸合作发展中所仅见的。中美已互为第二大贸易伙伴。2015 年 1~8 月，中美双边货物贸易额距中国与最大贸易伙伴欧盟的双边贸易额只差 90 亿美元。而据美国官方统计，2015 年上半年中美货物贸易额距美国和加拿大贸易额也仅差 85 亿美元。如果不出意外，世界最大和第二大经济体不久将互为最大贸易伙伴。中美相互投资也在稳定发展。虽然美国对华直接投资近年来出现下降，但三分之一的研发密集型企业在中国设立了研发中心，70%的在华美国公司对中国前景表示乐观。中国对美国投资则连年出现井喷式增长。据美国荣鼎集团统计，2013 年以来，中国企业在美国直接投资始终以月均 10 亿美元增长，且领域日益宽广，技术层次越来越高。从商贸服务扩展到商业地产、娱乐、酒店，到农业食品，到信息与通信技术、半导体，金融保险，直至高铁。到 2015 年二季度末，中国在美国投资总存量超过 520 亿美元，创造就业 8 万多人。如保持这一势头，到 2020 年，中国在美国投资总存量将达 1 000 亿~1 500 亿美元，创造 20 万~30 万人就业。双边经济贸易合作扎扎实实的发展，得到两国广大工商界、地方政府和民众的热烈支持。因此，两国关系尽管不时风浪起伏，却始终向前推进，经济贸易关系的压舱石作用不可或缺。

中美经贸关系的发展，为我们提供了建立新型经贸关系的有益启示。

第一，这种关系必须符合各自切身经济社会发展的切实需要。这次中美共同设立的建筑节能基金，致力于寻求美国先进技术和资金来源，对中国巨大的存有和新建建筑进行全面节能化。由于建筑排放占碳排 40%，这一基金的设立完全符合中国节能环保的需要。中国在美国建立高铁制造企业和合资兴建高铁，则完全符合并帮助了美国高铁计划的实施，又创造新的就业。

第二，必须为双方带来利益，实现共赢。通用汽车在华连续设厂，为中国带来了大量就业和税收，并使合资方上海汽车集团迅速扩张。同时，由于中国巨大的汽车市场（其在华销量已超过在美国本土），通用不仅迅速逃出了 2009 年破

---

① 何伟文. 什么才能叫中美新型经贸关系. 环球时报，2015-09-24.

产保护的困境，而且重新跻身于世界最大汽车制造商之一。海尔在美国巨大投资，不仅为美国家电零售带来可观的收益，而且帮助海尔本身成长为全球最大家电制造商。

第三，必须相互尊重对方法律、法规、标准和经济社会关切，以本土化经营为基本模式，不把母国的管理和要求强加给对方。

第四，不对抗，不冲突。谁也不应打贸易战，不应搞贸易保护主义。对于经贸合作中发生的矛盾和摩擦，通过协商、谈判，先管控，再解决或缓解。

第五，以规则为依据。正在积极推进的双边投资协定，就是最好的说明。中美无论哪方都不能把自己规则强加于对方，只能通过平等谈判，相互尊重，在符合国际通行规则的基础上达成协定，共同遵守。

第六，联合开发第三国市场。中美联合在非洲建立风电示范项目即是好例，今后还会越来越多。

第七，展开包容共赢的多边合作，包括共同推动多哈回合谈判和信息技术协定谈判，也包括在区域、次区域的合作。中国倡导的亚投行和"一带一路"绝不意在与美国划分势力范围，相反欢迎美国参与。同样，美国主导的 TPP 谈判，如果最终达成协议，也应积极与中国的自贸路线图对接和合作。中美双方还应继续带头减排，共同为年底联合国巴黎气候大会的成功发挥巨大作用。

中美新型经贸关系，是新型大国关系精神的体现，又反过来为中美新型大国关系提供坚实基础，以及易于理解和实施的范例。只要双方共同努力，中美新型经贸关系的未来发展不可限量，中美新型大国关系建设也前景可期。

管控分歧，寻求共赢——2015 年中美经贸关系继续稳定发展[①]

2015 年是中美经贸关系历史上一个重要的年头。9 月习近平主席对美国的成功访问，将经贸关系更牢固地确立在中美新型大国关系基础上。6 月 23~24 日在华盛顿举行的第七轮中美战略与经济对话，以及 11 月 21~23 日在广州举行的第二十六届中美商贸联委会都取得了丰富的具体成果。

一年来，双边贸易和投资稳定发展。据中国海关统计，2015 年在我国对全球贸易比 2014 年下降 8.5% 的大环境下，中美贸易逆势增长 0.6%，达到 5 583.85 亿美元，距我国同最大贸易伙伴欧盟的双边贸易额仅差 64.67 亿美元。而 2014 年这

① 中国国际问题研究基金会. 国际问题研究报告 2015—2016 年. 北京：世界知识出版社，2016.

一差距达到 885 亿美元[1]。据美国普查局统计，2015 年中美贸易额为 5 980.67 亿美元，比 2014 年增长 1.3%。美国和加拿大贸易额为 5 755.17 亿美元，下降 12.8%。中国已取代加拿大，成为美国最大贸易伙伴[2]。据我国商务部统计，1~11 月美国对华实际投资同比降幅已从 2014 年 15.9%缩小到 2.2%，同期我国对美国投资继续迅猛增长，同比增长 55.0%[3]。

作为中美经济关系中最重要的谈判——双边投资协定谈判，到 2015 年年底已进行了 23 轮，已经进入实质性谈判阶段，双方在交换和缩小负面清单方面取得重要进展。中美两国在网络安全、信息通信技术、市场准入、知识产权保护、执法透明度、放宽美国对华高技术出口管制和做大地方贸易与投资合作平台等方面达成重要共识，并取得新的进展。

在涉及区域和多边领域，中美在亚投行、"一带一路"、国际货币基金组织股权和投票权改革、人民币纳入国际货币基金组织特别提款权篮子方面也取得了关键性共识和成果。

一、中美经贸发展进入新常态，中美可能互为最大贸易伙伴

中美经贸发展进入新常态的两个基本特征是：第一，双边贸易告别两位数增长时代，转入微增长；第二，双向投资方面，中国对美国投资超过美国对华投资。这两个特征将会持续下去，从而成为常态。

（一）中美商品贸易新常态和里程碑

1980~2012 年的 33 年，中美双边贸易从 24.5 亿美元增至 4 847 亿美元，增长 196.8 倍；年均增长 18.0%。其规模和速度是世界双边贸易历史上从未有过的。但从 2013 年起转为个位数增长，增幅 7.5%，达到 5 210.02 亿美元。2014 年继续放慢到 6.5%，达到 5 551.18 亿美元。2015 年则转为微增长 0.6%，达到 5 583.85 亿美元。

但即便这样低的增长，仍然远远好于我国对全球贸易和对第一大贸易伙伴欧盟的贸易。全年我国对全球进出口总额为 35 655.28 亿美元，同比下降 8.5%；其中与欧盟贸易额 5 648.52 亿美元，下降 8.2%。

根据美国普查局统计，2015 年，美国对全球进出口额为 37 460.0 亿美元，同

---

① 中国海关统计，http://www.customs.gov.cn。
② 美国商务部经济分析局，http://www.bea.gov。
③ 商务部例行新闻发布会，http://www.mofcom.gov.cn。

比下降 5.6%。其中出口 15 049.14 亿美元，下降 7.1%，进口 22 410.86 亿美元，下降 4.5%。与 2014 年第一大贸易伙伴加拿大双边贸易额为 5 755.17 亿美元，同比大幅下降 12.8%。主要原因是国际市场油气价格暴跌，致使从加拿大进口总额减少 15.1%，净减 526.08 亿美元。对加拿大出口表现也相当差，减少 10.3%，净减 320.94 亿美元。进出口合计净减 847.02 亿美元。对 2014 年第二大贸易伙伴中国的进出口总额则增长了 1.3%，达到 5 980.67 亿美元，净增 76.37 亿美元。其中美国对中国出口下降了 6.1%，为 1 161.86 亿美元，净减 74.90 亿美元。但从中国进口则逆势增长 3.2%，达到 4 818.81 亿美元，净增 151.27 亿美元。结果，中国历史上第一次超过加拿大，成为美国最大贸易伙伴。

2015 年是中美双边贸易的一个重大历史节点，即中国成为美国最大贸易伙伴。这不仅是中美双边贸易史上的一个里程碑，也将对世界主要贸易伙伴版图产生深远影响。

与此同时，2015 年又是中美商品贸易不平衡迅速扩大的一年。根据中国海关统计，全年对美国商品贸易顺差达到 2 609.11 亿美元，比 2014 年增加 238.65 亿美元，占我国对全球贸易顺差 5 945.04 亿美元的 43.9%。按照美国普查局统计，全年美国对华商品贸易逆差为 3 656.95 亿美元，同比增加 226.17 亿美元，而对全球贸易逆差同比仅增 90.10 亿美元①。结果中国在美国全球商品贸易逆差中的比重从 2014 年同期的 47.2% 上升到 49.9%。十年前，以舒默为代表的美国一批议员大肆攻击人民币汇率，认为人民币汇率"低估"造成美国对华贸易巨额逆差，并因而带来美国大量失业。但那时中国占美国全球贸易逆差比重不过 30% 左右。当前关于贸易不平衡、人民币汇率和美国工人失业问题对华指责反而大大减少。但这依然可能在今后某个时候，由于美国国内政治需要而再次升温。

（二）中美双向投资：中国成为资本净输出国

美国对华投资在 2014 年大幅下降的态势持续到 2015 年上半年，但进入下半年后出现回升，中国对美国投资继续大幅增长。中国对美国当年投资流量超过美国对华投资，且在可预见的将来逆转的可能性极小。因此，中国在当年流量上成为对美国资本净输出国业已成为新常态。

据中国商务部统计，2015 年美国对华实际投资额为 25.9 亿美元，比 2014 年下降 2.0%，比 2014 年的降幅 15.9% 大大缩小。如果加上美国资本通过自由港或新加坡对华投资，则实际金额会更大。

又据中国商务部统计，2014 年中国对美国非金融类直接投资达到 75.96 亿美

① 美国商务部经济分析局，http://www.bea.gov。

元，比 2013 年猛增 96.1%。2015 年全年数字尚未公布，但截至年底的存量比 2014 年年底增加了 86 亿美元，达到 466 亿美元。美国成为我国对外直接投资存量第四大目的地[①]。

据美国荣鼎集团统计，2013 年和 2014 年中国企业在美国直接投资额分别达到 130 亿美元和 120 亿美元，2015 年前三个季度达到 94 亿美元，即大致每月 10 亿美元[②]。

2015 年前三个季度中国企业投资美国有两大突出特点。一是大规模向信息通信、半导体、汽车及零部件、金融保险、高端酒店、娱乐、体育等行业投资，大大改变了过去低端和停留在流通业为主的状态。二是 80%为民营企业和民营基金，主要有以下内容。

在房地产和酒店领域，最大一笔是安邦收购华尔道夫酒店，为 19.5 亿美元。

金融保险领域，复星收购 Ironshore 20%股份，并正洽谈收购其余股份，金额为 18.4 亿美元。这是中国企业收购美国大型保险公司的首例。紧接着，安邦收购 Fidelity & Guaranty Life（寿险），金额为 15.7 亿美元。复星收购草溪保险（Meadowbrook Insurance），金额为 4.33 亿美元。

在信息通信领域，联想收购 IBM X86 服务器、摩托罗拉手机业务；阿里巴巴、腾讯收购互联网公司。

在半导体领域，清华紫光正洽谈收购美光，金额为 230 亿美元，是中国在美国最大并购案。另有中国私人基金收购 Minivision（19 亿美元）和 Integrated Silicon Solution Inc.（7.65 亿美元）。

在汽车及零部件制造领域，中国有不少大手笔收购或绿地投资。沃尔沃在南卡罗来纳州建整车厂，投资 5 亿美元。中航工业和 BHR 联合收购老牌汽车零部件企业亨尼斯公司（Hennings），金额 6 亿美元。福耀在俄亥俄州收购当地企业，并新建工厂，合计投资车用玻璃生产 6 亿美元。北汽控股在美国电动车制造商 Atieva 持股，并在硅谷建立了研发中心。

万达斥资 6.5 亿美元收购美国体育运动经营商 WTG，则是中国企业在美国体育经营领域的首次重大收购。

据荣鼎集团统计，到 2014 年年底，中国在美国投资存量超过 460 亿美元，遍及 49 个州，雇用 8 万多人。

中国企业在美国投资的迅速增长，受到美国政商界、舆论和当地民众的欢迎。无论在习近平主席 9 月访美期间，还是 6 月在华盛顿举行的第七轮中美战略与经济对话期间，奥巴马政府都一再表示欢迎中国对美国投资。美国商务部"选择美

---

① 美国荣鼎集团官网，http://www.rhgroup.net。
② 商务部新闻及 2014 年对外投资公报，http://www.mofcom.gov.cn。

国"项目负责人 2015 年 5 月到我国华南、华东和东北多地进行招商路演，众多州长也纷纷来华招商。

二、中美经贸关系主要热点问题和对话成果

2015 年是中美两国政府对话机制更加成熟，成果更加明显的一年，涉及双边投资协定谈判、金融货币、高技术出口管制和高技术贸易合作、信息技术和网络安全、市场准入、知识产权保护、公平竞争、地方合作等众多方面，通过及时对话，管控分歧并寻求合作共赢机会，这些方面都取得不同程度的成果。

（一）双边投资协定谈判

美方视此为中美经济关系的重中之重。中国美国商会会长杜骁勇（Mark Duval）称，BIT 比 TPP 重要得多。习近平主席 9 月访美之前，美中贸委会和保尔森中心联合发起 94 家跨国公司首席执行官（chief executive officer, CEO）联名致信习近平主席和奥巴马总统，表示支持中美达成高标准的双边投资协定。中方也非常重视中美 BIT 谈判，并做出了不懈努力。到 2015 年年底，双方已进行 23 轮谈判。到年中已完成文本谈判。9 月初进入核心内容，主要是负面清单谈判。双方交换了负面清单并着手认真谈判，迄今为止，谈判一直在扎扎实实地推进。美方的主要看法是中方负面清单仍然太长，要求有较大削减，但双方都对谈判前景抱乐观态度。

（二）金融合作领域

（1）在中国倡导的亚投行问题上，习主席访美取得的成果之一是，中方支持多边开发机构，包括世界银行、亚洲开发银行、非洲开发银行等，美方则不再非议亚投行。

（2）在人民币加入特别提款权和国际货币基金组织改革上，美方表示支持人民币在符合条件的前提下加入国际货币基金组织的特别提款权篮子，并表示同意推进国际货币基金组织股权和投票权改革。11 月 30 日，国际货币基金组织批准接纳人民币进入特别提款权，自 2016 年 10 月 31 日起生效。12 月初，美国国会通过了国际货币基金组织改革方案。中国股权上升到第三位，次于美国和日本。

（三）高技术出口管制和高技术贸易合作

在推动美国放宽对华出口管制方面，2015 年 11 月 10 日，中国商务部和美国

商务部在美国华盛顿举行中美高技术与战略贸易工作组第十次会议。双方回顾了10年来工作组工作所取得的进展,详细并深入讨论了美国对华出口管制政策、中国出口管制、个案信息交流机制、扩大重点合作领域、最终用户访问合作等双方关注的问题。双方积极评价此次工作组会议,并重申将继续通过中美高技术与战略贸易工作组深入并详细讨论双方共同关心的出口管制问题。遵循习近平主席对美国进行的国事访问时提出的建议,双方同意,2016年将从此访讨论的领域开始,积极开拓中美高技术贸易潜在的新增重点领域,落实务实措施。

双方同意,为落实《中美高技术贸易重点领域合作行动计划》,加强个案信息交流对于增进贸易信心,特别是在美国商用高技术物项对中国民用最终用户和民用最终用途出口方面有重要作用,双方将继续探讨有关个案信息交流机制的细节问题,并共同努力以尽快达成一致。美方确认,其为落实瓦森纳安排及其他多边出口管制机制对管制清单的调整,对美国"商品控制清单"进行的修订,将促进和便利向大多数国家出口,包括中国,若为民用最终用户和民用最终用途,美方重申,承诺鼓励和促进商用高技术物项对华民用最终用户和民用最终用途出口。

（四）信息技术安全

（1）中方确认,《银行业应用安全可控信息技术推进指南（2014—2015年度）》的修订草案将提供30天的公众评论期,并在修改后实施。在此之前,中方2015年4月13日发布的57号文暂停实施该指南。中方目前正在向关切方征求修订建议。中美两国的银行机构,在符合法律和法规的前提下,可自由根据其选择购买和使用信息和通信技术产品,不限定其原产国。

（2）中方已为《保险机构信息化监管规定》提供了超过30天的公众评论期。中方将向WTO技术性贸易壁垒（technical barriers to trade,TBT）委员会通报《保险机构信息化监管规定》草案,以公开和透明的方式制定该规定。

（3）中方重申其在2000年3月做出的澄清,纳入《商用密码管理条例》管理范围的"密码产品及含有密码技术的设备",只限于以加密解密操作为核心功能的专用硬件、软件。

（4）中方确认愿意就信息安全等级保护与美方加强交流对话。

（五）保护知识产权

双方决定进一步加强中美商贸联委会知识产权工作组作为双边知识产权问题牵头协调机制的作用,继续高度重视中美知识产权合作框架协议的工作,包括在2016年开展司法交流和在中国进行一个培训项目,并在完成和回顾现有项目承诺后及根据预算情况,考虑在框架协议项下举行其他项目。加强在打击网络盗版方面的合作，为应对发生在美国的影响中国权利人的涉嫌网络盗版刑事案件，中美执法合作联合联络小组知识产权刑事执法工作组在美国驻北京大使馆的联络点将接收中方行政机构移交的此类案件。

在网络执法方面，为了应对电子商务的快速发展对民事、行政和刑事执法带来的挑战，作为中美商贸联委会知识产权工作组的部分内容，中美双方将加强双方知识产权政策和执法政府官员、知识产权权利人、企业代表、在线销售平台运营商及其他利益相关方的互动和交流。

双方决定深化和加强中美知识产权刑事执法合作，在中美执法合作联合联络小组知识产权刑事执法工作组工作机制下，中美双方应继续在跨国知识产权调查方面开展合作。双方应明确共同合作的重点案件，就此类案件保持定期沟通和信息共享，并探索在有共同利益的领域进行技术交流的机会。

（六）基础设施投资和处理产能过剩的合作

中美双方支持对美国基础设施市场的投资。中美两国均欢迎本国和外国投资者对两国基础设施进行商业投资，包括以政府与社会资本合作模式进行投资。

在应对产能过剩方面，中美两国政府和企业代表同意于 2016 年就钢铁领域的产能、制造和贸易开展对话，包括中方落实 2014 年 7 月举行的中美战略与经济对话承诺的最新进展，该承诺包括建立机制严格防止粗钢产能扩张，为就 5 年内解决钢铁领域过剩产能而取得重要进展。双方同意通过中美商贸联委会项下的钢铁对话就各自钢铁产能发展交换信息。中美双方并同意于 2016 年就铝业的产能过剩加强对话交流。

在 2015 年中美商贸联委会上，中美双方签署了《中国商务部与美国商务部关于建立"促进中美地方贸易投资合作框架"的谅解备忘录》《中国贸促会和美国商务部国际贸易署中美企业合作对接项目的谅解备忘录》《中美商贸联委会统计工作组外国直接投资统计工作计划》《中国政府（通过商务部）和美国政府（通过贸易发展署）工作框架协议》等合作性文件。

这些成果的取得，表明中美两国既有能力通过对话及时处理分歧，也有广阔的共赢机会。中美对话机制的日臻成熟和良好运用，将有力地保障两国经贸关系平稳健康发展，并造福两国人民[①]。

---

① 杨挺. 第二十六届中美商贸联委会成果清单. 商务部网站，2015-12-24.

三、中美在多边和区域贸易体制与贸易规则上的博弈

中美经贸关系首先是双边关系，但又涉及多边和区域领域。近年来多边和区域领域的重要性日益增强。2015年中美在多边和区域贸易体制与贸易规则的博弈表现得十分明显。

（一）TPP和亚太自贸区

2015年10月5日美国等12个国家达成TPP是近年来世界贸易中最重大的事件，其影响将贯穿未来10年的世界贸易规则格局。TPP不仅涉及货物贸易的一般自由化（零关税和消除非关税壁垒），而且更多地涉及参与国国内经济管理体制的重大改变，包括服务业市场准入、政府管理权限、国有企业、劳工、环境等。参加协议的有美国、加拿大、墨西哥、智利、秘鲁、日本、新加坡、马来西亚、越南、文莱、澳大利亚和新西兰。它们都是APEC成员。在TPP达成协议的推动下，美国与欧盟之间的TTIP也取得新的势头。美国主导这组两洋协议谈判的目的是制定21世纪世界贸易新规则，继续主导全球贸易和投资。

TPP虽然并不直接针对中国，但在贸易规则的制定上、贸易区域化的挤压上，以及亚太再平衡的战略上，都直接对中国不利。

奥巴马直言不讳地说过："如果我们不制定规则，中国就会制定规则。"显然是与中国争夺规则制定权。

TPP囊括了APEC 21个成员的12个。APEC其余成员中，大部分正在考虑或准备加入TPP。韩国一年前就表示过将择机加入TPP。泰国、菲律宾和中国台湾均已表示有兴趣。印度尼西亚则表示对此进行研究。如果均加入，TPP成员将达到17个，仅中国内地、中国香港、俄罗斯在外。

在一定程度上受此影响，东盟主导的10+6 RCEP未能在2015年年底基本达成协议，而延至2016年。

在此不到一年前，即2014年9月，APEC北京峰会启动了覆盖整个APEC 21个成员的亚太自贸区谈判。无论TPP还是同样在推进的RCEP，都将是未来亚太自贸区的路径。美国的意图很清楚，TPP协议的达成和扩容，将实际上使其成为基本路径，最后形成亚太自贸区，从而使中国主张的包容性的亚太自贸区意义大大缩小。

（二）TPP路线图和中国自贸区路线图、"一带一路"的博弈

尽管TPP达成协议大大增添了美国主导亚太自贸区的筹码，但并不能取代中国自己的自贸区路线图。我国在过去一年里顺利地完成了与韩国和澳大利亚这两

个重要贸易伙伴的自贸协定，使我国自贸率（与达成自贸协议的伙伴贸易额占全球贸易额比重）达到 38%。同时我国正在积极参与中国-东盟自贸区升级版谈判和 RCEP，并积极推进中国、日本和韩国三方自贸协定。应该说，TPP 协议的达成和扩容，不仅如前所述，在一定程度上影响了 RCEP 谈判进度，也影响了中国、日本和韩国三方自贸协定谈判的进度。但中国这一路线图并不会改变。

习主席提出的"一带一路"倡议，是更加宏伟、覆盖更加广阔的经济一体化工程。根据这一倡议，我国不仅沿太平洋推进同日本和韩国、东盟、澳大利亚和新西兰的自贸安排，而且贯穿整个欧亚大陆，同上合组织国家、欧亚联盟，同南亚、海湾地区、西亚、中东欧一直贯通起来最终形成巨大自贸区，并与欧盟打通，形成欧亚经济一体化。这个版图恰好与 TPP 和 TTIP 相反，TTIP 横跨两洋，TPP 则贯通两洋。我国这一宏大倡议不仅对沿线国家经济发展具有长远意义，也将对构建 21 世纪更加包容的世界贸易规则发挥重大作用。

我国的自贸区路线图和"一带一路"倡议，有利于超越 TPP，但并不针对 TPP。在现阶段，我国对美国集中谈判双边投资协定，暂不涉及 TPP，但中美 BIT 实际上涵盖了 TPP 许多基本内容。另外，我国又主动欢迎美国企业参与"一带一路"建设，寻求与美国在多边和跨区域领域内的共赢。

（三）多哈回合和多边贸易体制内的博弈

2015 年 12 月 14 日，即 WTO 第十届部长级会议（内罗毕）开幕前夕，美国贸易代表弗罗曼明确表示希望放弃多哈回合谈判[①]。其直接理由是多哈回合进行太艰难，费力费时。但不公开说的考虑是将来用 TPP 和 TTIP 作为基础，进行新一轮全球多边贸易谈判。美国这一主张没有得到中国支持，也没有得到众多发展中国家支持。内罗毕部长级会议恰好取得了重大历史性成果。一是取消农产品出口补贴。这是多哈回合多年来的症结之一。二是宣布信息技术协定达成协议。中国始终坚持的立场是，在推进各类区域、诸边和双边自贸协定谈判的同时，以WTO 为代表的全球多边贸易体制仍然是第一位的，必须予以维护。

内罗毕会议并不意味着美国政策主张的失败。美国对 WTO 的政策是，逐步完成其局部性协议谈判，包括环境产品谈判、政府采购协定谈判和服务贸易协定谈判。在这几方面，美国仍具有巨大谈判优势。因此中美两国在多边贸易规则谈判的博弈仍将继续。

---

① 美国贸易代表署官网，http://www.ustr.gov。

四、2016 年中美经贸关系展望

（一）中美经贸将继续稳定发展，不会发生重大紧张，也不会出现快速增长

2016 年，由于美国经济将继续温和增长，我国产品竞争优势并未完全丧失，对美国出口还可能继续微弱增长。美国对华出口也可能扭转受农产品价格下跌影响过大而负增长的局面。但总体说来，仍将是微增长。预计今后几年内，这种微增长的局面还会保持。对 2020 年中美贸易规模的前景，需要重新估计。过去有研究报告估计，到 2022 年，美国对华出口将达到 5 000 亿美元以上，这一估计被高层引述，但它是完全脱离实际的、有害的，应当及时重新估计，并据此做出客观的行动安排。

2016 年，如果我国"十三五"开局顺利，经济下行压力逐步减轻，并能有力推进改革开放，美国对华投资可能出现回升。我国对美国投资则将继续较快增长。我国参与美国基础设施建设（高铁、桥梁等），以及在装备制造业上投资美国的步伐将进一步加快。

由于美国霸权主义和遏制中国的总立场没有也不会改变，亚太再平衡的战略只会加紧实施，中美两国关系在地缘政治上的矛盾将始终存在。美国对中国经济崛起的防范和遏制也将长期存在，加上中美之间战略互信缺失，网络安全上矛盾相当尖锐，这些都不可避免地反映到经济贸易关系上来。2016 年中美经贸关系仍可能发生一些问题，特别是在网络安全方面和多边、区域性贸易规则的博弈上。但由于两国贸易规模巨大，相互投资存量均已超过 600 亿美元，两国经济互补性和共赢点很多，这些又决定了中美两国的经贸关系问题的可控性和局部性。中美经济贸易关系将继续起到整个中美关系压舱石的作用。因此，我国一方面要及时发现和防范经贸关系上可能出现的紧张，但也应当有充分的信心和能力，妥善管控，趋利避害。

（二）美国总统大选对中美经贸的影响不大

特朗普在总统竞选中用极端语言攻击中国贸易政策，并扬言要对中国产品征税 45%。2008 年奥巴马和 2012 年罗姆尼竞选时都以货币和贸易政策上激烈反华著称。奥巴马在大选投票九天前还在劳联-产联年会上攻击中国操纵汇率和夺走美国人饭碗。罗姆尼则宣称就任第一天将宣布对中国产品加税。但奥巴马任内 8 年中，他在经济贸易方面的反华口号没有一句兑现。

随着时间的推移，特别是国际货币基金组织已经明确表示人民币汇率也已处

于均衡水平后，美国政客拿汇率说事的作用已经明显下降。目前美国经济形势相对较好，就业形势稳定。因此贸易不平衡与就业的关系问题也不像衰退时期那么重要。

更重要的是，无论希拉里、特朗普抑或桑德斯当选，都没有能力改变中美经济利益相互交织的既有基础。而且历史证明，某个政客一旦当选，最后都逐步转向发展中美经贸关系，竞选诺言则无关紧要了。

（三）需要认真做好的几件事

（1）集中力量推进中美双边投资协定谈判，争取在负面清单谈判上有重大进展。

（2）努力深化改革，提高对外开放水平。重点是：第一，在保障国家安全、网络安全的前提下，欢迎拥有世界领先信息和通信技术的美国跨国公司来华合作，并实行国民待遇。避免"把婴儿和洗澡水一起倒掉"。第二，在政府采购、法律适用上，对外资实行市场准入和公平待遇。第三，保护知识产权取得重大实质性进步。如果这三方面改革和开放取得重大进展，则中美经济贸易关系将得到有力的巩固。

（3）积极推动我国企业投资美国，力争2016年全年对美国实际投资超过100亿美元（换算解决1.5万人就业）。

（4）大力推动省市和美国州县的合作，把地方合作作为中美经贸合作的基本路径。

（5）对美国主导的TPP扩容谈判持开放和包容态度，同时积极吸收其条款中的合理内容，推动我国对外开放，并吸纳到中国、日本、韩国自贸协定谈判中，继续积极推进"一带一路"，努力办成更多的实际项目，争取在实际项目中吸收美国企业参与，并确保各方获利。在我国与非洲、拉丁美洲的投资贸易合作中，积极争取实现有中美非、中美拉三方投资或其他合作的成功项目，从而减少障碍，化弊为利，既有利于我国全方位对外合作的扩大，也利于中美经贸关系的进一步稳定。

（6）在积极发展中美双边经贸关系的同时，同样积极地发展和扩大全方位经贸合作，特别是全力提升与东盟和欧盟的经济贸易合作水平，建立在包容和共赢基础上的中国与东盟和欧盟的经贸关系，无论贸易规模和潜力都将远大于美国与它们的规模和潜力。这方面发展得越好，中美经贸关系就可能越稳定。

第六章

中国崛起和冷静估量

中国 GDP 仍是世界第二[①]

《瑞典日报》9月27日载文称，根据世界银行的购买力平价计算方式，中国将在9月29日取代美国，成为世界最大经济体。实际上，世界银行4月30日已经做出2014年内中国经济总量超过美国的预测。《瑞典日报》只不过把这一时间节点具体化了。

购买力平价法不是什么新发现，国际货币基金组织20年前就开始应用。但它始终带有实验室性质，不能成为衡量一国GDP的官方指标。各国GDP衡量方法，仍是按汇率折算。这次世界银行和《瑞典日报》的说法，并不改变这一结果。

一、现实生活中不存在购买力平价

所谓购买力平价，是用一揽子商品和服务，计算各国用本币购买的金额，即"一篮子成本"，然后与美国用美元在本国购买的金额比较，得出该货币对美元的购买力平价。世界银行得出中国GDP超过美国的依据是1美元相当于3.506元人民币，而且以2011年为依据。但无论在美国还是中国，实际生活中都不存在购买一揽子商品和服务所需的本币金额。笔者2010年8月26日在弗吉尼亚州利兹堡购买大汉堡包，含税6.39美元。两个月后，10月29日在纽约法拉盛购买同一规格大汉堡包，含税8.29美元。美国没有全国统一的汉堡包价。新泽西的汽油比曼哈顿便宜，且二者油价基本上每周都变。2011年全年"在美国买一加仑汽油"的成本，现实生活中并不存在。中国也一样，鸡蛋、大米、猪肉，不同城市，不同季节差价很大，笼统地说2011年全年在整个中国买一斤鸡蛋花多少人民币，事实上并不存在。

二、1美元相当于3.506元人民币吗？

值得商榷的是，世界银行关于1美元相当于3.506元人民币是怎样计算出来

---

① 何伟文. 中国 GDP 仍是世界第二. 环球时报，2014-09-30.

的。暂且按其一揽子商品和服务，看一些时间段，在一些特定地点的花费比较。

衣：据国内一些文章比较，2011 年波士顿利维 T 恤衫大致 29.99 美元，杭州799 元，1 美元相当于 26.6 元；耐克鞋，美国东部主要城市直营店每双 39.99~129.99美元，中国东部主要城市大致在 300~2000 元，1 美元大致相当于 7.5~15.4 元。

食：类似规格大米，2011 年年初波士顿超市折合每千克 1.86 美元，杭州 8.66元，1 美元相当于 4.65 元。大致类似规格的富士苹果，波士顿折每千克 2.20 美元，杭州 11.98 元，1 美元相当于 5.46 元。

住：新泽西尤宁城（距曼哈顿汽车总站 30 分钟车程）1 100 平方英尺使用面积的公寓房，2009 年售 21.6 万美元，折每平方米建筑面积 1 368 美元。北京西北四五环间（距西单 60 分钟车程）一套 63 平方米的二手房，2013 年年初以 186万元售出，每平方米 29 520 元，剔除按国家统计局公布的四年来北京平均房价上涨 20% 因素，为每平方米 24 600 元，1 美元相当于 17.98 元。

行：纽约出租车 2013 年 12 月每 1/9 英里 0.2 美元，相当于每千米 1.125 美元。上海出租车每千米 2.40 元，1 美元相当于 2.13 元。新泽西新不伦瑞克至曼哈顿汽车总站（距离 60 英里）票价，2013 年 12 月中旬 9.55 美元，相当于 1 千米 0.10美元。郑州至开封长途大巴（规则与前者相近）32 千米，2014 年 4 月票价 18 元，每千米 0.56 元，1 美元相当于 5.6 元。

从上面看出，除出租车价外，类似商品和服务比价结果看，3.506 元人民币相当 1 美元的结果并不成立，人民币显然被高估。

三、购买力平价不能覆盖整个 GDP

购买力平价所依据的一揽子商品和服务，只是消费领域的很小一部分，无法覆盖千百万种用于消费的商品和服务，因此不能代表整个消费领域。而 GDP 更大于消费，是整个国民经济领域投资、消费、政府服务和对外贸易产生的增值额总和，二者完全不是一个同等范畴。因此，购买力平价只研究国民经济的很小一部分，而不是整个国民经济总量。

四、静态研究表明只是实验室性质

《瑞典日报》所报道的世界银行计算结果，是按 2011 年的静态数据，再乘以过去三年来的累计实际净增幅度。这里显然自相矛盾：一方面，购买力平价力图衡量具体的"一篮子成本",另一方面又忽略每年的价格变动和通货膨胀率的起伏,按照 2011 年价格计算 2014 年数字。这显然证明,购买力平价法仍是实验室阶段的研究,不能作为正式官方统计。以此作为依据判断中美经济总量显然是没有意义的。

国际认可的 GDP 统计方式仍然是以现行汇率水平为基础。据此,中国 GDP2014 年有可能达到 10 万亿美元,美国则将超过 17 万亿美元,中国为美国的 58.8%。中国人均 GDP 则大致为 7 353 美元,美国为 54 720 美元,中国仅为美国 13.4%。中国在总量上仍是世界第二大经济体,人均 GDP 则只及世界平均水平三分之二左右,我们仍然需要长期埋头苦干。

"中国世纪元年"说法没多大价值[①]

不久前,美国哥伦比亚大学教授、诺奖得主斯蒂格利茨提出"2015 年将是中国世纪元年"的论断,引起国外经济界一些附和。国人则少数兴奋,多数不以为然。斯帝格利茨是根据国际货币基金组织报告,说按照购买力平价计算,2014 年中国 GDP 已经超过美国。他还援引历史数据,说美国 GDP 同样按照购买力平价超过英国是在 1872 年,从那时算起美国当了 142 年老大,现在老大变成中国了。因此 2015 年是中国元年,以后相应的应该是中国二年、中国三年等。

笔者认为,这种说法没有多大价值。我国 GDP 总量超过美国尚需一定时间。购买力平价只是实验室里继续实验的产品,不能作为各国 GDP 的衡量标准。而国际通行的衡量一国经济总量的指标,还是按汇率法计算。按照这种算法,中国 GDP 总量约合 10.36 万亿美元,只相当于第一位美国(初估 17.3 万亿美元)的 60%左右。因此,以购买力平价算出中国 GDP 第一,并无现实意义。

美国当年也是一样。虽然按购买力平价,1872 年 GDP 就超过英国,但 1870 年英国工业生产占世界 32%,美国只占 23%,更不论贸易、金融上的巨大差距。美国工业总量超过英国是在 1894 年,即 23 年后。那时美国经济总量达到了世界第一,但美国元年仍然没有到来。相反美国承认英国的领导地位,这在世界贸易和金融上体现得尤为明显。直至第二次世界大战期间,因为实力较英国实在领先太多,美国才成为世界主导者。第二次世界大战结束前建立的布雷顿森林体系,就是以美国规则而不是英国规则为基础建立的。

---

① 何伟文. "中国世纪元年"说法没多大价值. 环球时报, 2015-01-23.

进一步讲，即便中国按汇率计算的 GDP 总量超过了美国，也不能说是中国元年的开始。中国贸易总量已在 2013 年超过美国，成为世界第一。但不能说世界贸易领域中国元年从 2014 年开始，因为世界贸易体制仍然是美国主导。中国汽车产销量在 2010 年已经超过美国，但不能说 2011 年是中国汽车元年。中国钢产量在 20 年前就成为世界第一，但钢铁业的中国元年在哪里呢？

美国不仅经济总量仍然明显大于中国，而且在世界金融体系内具有更明显的主导地位。美元迄今仍占世界储备货币总量的 63%左右。美国资本市场的规模超过了世界其他地区的总和，世界贸易规则仍然更多地由美国在主导。

2015 年的中国经济继续面临众多下行压力和转型升级的艰巨任务，2015 年经济增长速度比 2014 年还要略低。在此阶段，我们的核心追求不是什么"中国元年"，而是扎扎实实保持新常态下中国经济以中高速稳定而持续地增长，并在增长中实现向高端化的转型。中国经济总量迟早要超过美国。中国也将逐渐在世界金融、贸易、投资和国际合作广泛领域不断起到更大作用，共同引领世界规则制定。到那时，一个和平、强大而繁荣的中国，不但是中国人民的幸福，也是世界和平与繁荣的有力保障。

展望中国加入 WTO 第二个 10 年——善用规则机遇才有主动权①

中国步入了在 WTO 的第二个 10 年。在世界经济大势乏力的环境下，全球贸易自由化进程困难重重，多哈回合谈了 10 年至今看不到隧道的尽头，针对中国的贸易争端频频发生。未来 10 年，世界贸易格局和 WTO 发展趋势如何？我国将面临哪些新问题、新挑战和新机遇？又该如何应对？这些问题值得我们认真思考。

一、中国等新兴经济体占世界经济和贸易比重明显上升，但不足以取得实际贸易主导地位

国际金融危机爆发以来，发达国家经济深陷困境而步履维艰，以"金砖国家"为代表的新兴经济体却继续保持着相当强劲的增长。国际货币基金组织 2010 年年末发表的演讲报告显示，中国 GDP 每增长 1 个百分点，就带动世界其他所有

① 何伟文. 展望中国加入世贸组织第二个 10 年——善用规则机遇才有主动权. 人民日报，2012-03-19.

国家 GDP 增长 0.4 个百分点，这种情况已经持续 5 年。2010 年，中国超过日本，成为世界第二经济大国。2011 年，巴西超过英国，成为世界第六经济大国。金砖国家 GDP 合计占世界总量的份额，2010 年是 17.1%，其中中国一家占 9.2%，2020 年可能达到 30%，其中中国经济总量将非常接近美国。俄罗斯、印度也将进入世界"前十"。2010 年，新兴经济体和发展中国家占世界出口量 41%，进口 38%，到 2020 年，可能超过 50%，即传统的发达国家在现代史上第一次占据世界市场不足一半。中国则将在两三年内超越美国，成为世界头号贸易大国。新兴经济体力量的上升已经向国际货币基金组织和世界银行首脑的位置发起挑战，也将向国际贸易主导权发起挑战。

以 WTO 庞大的法律体系为代表的现代国际贸易规则体系，是发达国家多年来主导制定的。经过经济全球化的不断发展，一个以跨国公司主导的，以全球市场资源最佳配置为基础的国际投资、生产、贸易、物流、金融和现代服务的现代产业体系已经基本形成，特别在计算机与电子、通信设备、家电、飞机及零部件、汽车及零部件，以及相关的运输、银行、保险等行业。国际贸易的主导权，更多地取决于这些跨国公司所掌握和运作的全球产业链，以及该领域产品的前沿技术，而不是传统的主权国家的贸易流量及所反映的贸易统计。

中国虽然是世界粮食第一大生产国，但世界粮食贸易和贸易规则却牢牢掌握在美法 ABCD 四家跨国公司（ADM、邦吉、嘉吉、路易达孚四家公司的英文首字母缩写）手中。中国虽然是世界第二大原油进口国，但世界原油交易的三分之二以及定价的形成是在纽约、伦敦的期货交易所实现的。中国钢产量超过世界第二位至第九位产钢国产量之和，但铁矿石贸易方式和定价权仍然不在中国。历史上也有同样情形。18 世纪中叶，英国成为世界的工厂。尽管棉花、羊毛主要靠印度、澳大利亚供应，但无论是贸易方式、贸易规则还是定价，印度、澳大利亚丝毫没有话语权。因此，仅仅靠规模，无法取得国际贸易的主导地位。

二、发达国家和发展中国家正面碰撞倾向明显，国际多边贸易体制扁平化趋势增强

经过国际金融危机和仍在发展的欧债危机的冲击，美国、英国、法国纷纷制定了再工业化战略，并采取一系列政策，鼓励制造业回归。据《波士顿报告》估计，到 2015 年，美国南部的制造业人工成本将相当于中国沿海的 39%。加上物流、经销等其他因素，盈利率将大体相当。后危机时代孕育着一系列新兴技术的突破和发展。发达国家重点发展的清洁能源、环境、生物技术、柔性加工等，正好与我国产业升级方向相同。我国同发达国家的垂直分工将日益向水平分工演变，即正面相撞的界面大大增加。正在工业化的巴西、印度等新兴经济体，同我国产品同质竞争的可能性也大大增加。这些国家为了保护本土工业，贸易限制和摩擦倾向将总体增强，对我国相对不利。金融危机发生以来的三年中，我国出口一枝独秀的情况已不复存在。今后 10 年，随着我国劳动力、原材料成本的不断上升，我国产品的成本竞争优势很可能进一步削弱。

多哈回合谈判是同中国加入 WTO 同时开始的，至今仍然举步维艰。其基本原因，在于不同经济体利益差异太大。美国和欧盟不肯在削减农产品补贴上做出重大让步，要求发展中国家以大幅降低关税和开放市场为前提。关贸总协定 1948 年成立以来举行的八轮全球多边贸易谈判，一轮比一轮艰难复杂，耗时更长。当前的多哈回合似乎成了"植物人"。与此同时，各种区域性和双边自由贸易协定则如雨后春笋般出现。截至 2011 年 5 月，已向 WTO 通报的区域自由贸易安排共489 个（其中 297 个已生效）。在现有区域内贸易中，欧盟一体化程度最高，达到 65%，北美自贸区次之，为 51%，东盟只有 25%。我国总体处于较弱地位。今后 10 年，这一趋势还将继续增强，对我国压力也将持续增大。

美国将率先制定和推行国际贸易新规则体系。美国推出的跨太平洋战略经济伙伴协定，不仅标志着美国力图掌握太平洋地区贸易主导权，更标志着它已不满意 WTO 现行规则体系，要重新制定美国式标准。在另一侧，它强调跨大西洋关系，提出美国和欧盟已有贸易区设想。显然，美国和欧盟打算搞出一套类似的新规则，然后推向全球。WTO 的地位和作用面临弱化甚至边缘化的压力。

能源、气候变化、环境、云计算和贸易信息化等进入国际贸易领域，并逐渐形成特定市场和市场规则体系。早在 2007 年 11 月世界能源大会上，大会秘书长杰拉德·杜赛就呼吁 WTO 尽快启动新一轮世界能源谈判。时任法国电力公司董事长嘉德奈则表示，将同 WTO 一起研究建立一个"真正国际化的能源市场"。碳排放和储存、碳税和交易、贸易信息化的跨国交易规则、关税与准入等，都将在相关规则的制定和执行中发生巨大而持续的争吵和协调。这里的主导权更多地取决于技术优势。这些，都远远超过我们现有的掌控能力，需要我们在新的十年中去追赶，去驾驭。

三、应积极推进多哈回合谈判，主动发挥协调作用，推动签订多方位的区域和双边自贸协定

面对这样的前景，我国作为世界第二经济大国和即将实现的头号贸易大国，要同其他新兴经济体和广大发展中经济体一起，努力建立国际贸易新秩序，即参与主导国际贸易和多边贸易谈判，参与贸易规则的制定。

在美国消极的情况下，我们应积极推进多哈回合谈判。我们要最大限度地争取发展中国家和发达国家的支持，并主动发挥协调作用，争取实现分割的成果，如贸易便利化。虽然多哈回合如此艰难，但最后必将达成协议。因为现代化大生产的全球性规律，决定了全球性规则存在和发展的必然性。任何局部的、区域的或双边的自由贸易协定，虽然是全球协定的合理补充，但不能代替后者。相反，在区域或双边协定多角度重叠的情况下，贸易非便利化或"意大利面条效应"必然发生。这时，全球性协定的意义又将凸显。我们应当高瞻远瞩，主动站在这一潮流前头，尽可能推动和说服最大多数成员维护和推进 WTO 事业。

推动签订多方位的区域和双边自由贸易协定。我国已签订和正在谈判的区域或双边贸易协定共 14 个，是多方位的，涉及东盟 10 国以及欧洲、亚洲、南部非洲和南美部分国家或区域性组织。目前正启动同韩国、印度及东盟 10+3 自贸协定谈判。在继续推进多方位谈判的同时，应以亚洲为今后一个时期的重点。这些安排不是排他性的，可以和美国主导的 TTP 平行。我国需要进一步建立坚实的地缘贸易关系，作为全球贸易关系的基础。在贸易一体化的同时，还应积极推进东亚区域货币安排和人民币国际化。

力争后来居上，努力发展清洁能源、环境、生物技术、云计算等前沿技术和产业，在加快研发并掌握一大批前沿技术的同时，积极参与这些领域的国际贸易，并主动参与所有有关国际贸易的新规则的制定。

四、全力争取世界贸易主动权，造就一大批掌握全球生产链的跨国企业，继续提高开放水平

要做到以上各点，必须要有自己的掌握全球产业链的一大批跨国公司，在实际贸易中发挥主导作用。2010 年，我国已有 60 家企业进入世界 500 强，绝大多数是国有企业。它们规模宏大，但很少掌握全球产业链。海尔掌握白色家电全球研发、全球布点、生产和销售，成为全球白色家电最大企业，连续 5 年成为全球家电品牌第一，从而能够参与标准制定，规则制定，并能主导白色家电国际贸易。但这样的企业太少。我们在今后 10 年内，需要平均每年保持 1 000 亿美元的海外直接投资，至少应发展 50 家这样的全球企业，特别是在能源、矿产资源、计算机和电子、汽车及零部件、飞机及零部件、生物医药、云计算和物联网等领域。

WTO 的基石是各个市场经济体在开放、公平、透明的全球市场环境中平等竞争，在无条件多边最惠国原则下进行贸易。我们既然坚持 WTO 原则，并力求在第二个十年中增强主动性，经济必须持续开放，并不断提高开放水平。最迫切的是，要极大提高我国新兴产业技术水平和产品档次。为此，除国防等涉及国家安全极少数领域外，能源、增值电信、金融等其他领域中的"玻璃门"应打开，要给国有企业、民营企业、外商投资企业公开、透明和公平的准入与竞争环境，允许它们同等参与新兴产业的自主创新，从而加快转变发展方式，实现产业升级和科学发展。摆在我们面前的一个迫切问题是我国企业创造能力不足。应当看到，自主创新与国际合作并不矛盾。如果我们认为今天中国强大了，已是"坐二望一"，不需要坚持开放，或怕影响到既得利益，从而踌躇不前，就有可能很快落在后面，遑论国际贸易主动权。

要开放，要发展，就必须打破垄断。马克思主义的一个基本原理是生产关系一定要适应生产力，上层建筑一定要适应经济基础。在研发、生产、贸易、金融、服务全球化日益发展的今天，各种生产要素必须在全球范围内寻求最佳配置，实现效率和效益的最大化。这就需要打破各种不必要的人为藩篱，在市场竞争中实现效率和效益的最大化。

中国仍是世界经济增长源[①]

8月以来 A 股再次动荡，人民币对美元的温和贬值，当月制造业 PMI 指数跌到 50 以下和进出口负增长，加上欧美股市普遍暴跌，引起了西方不少学者和媒体对中国经济形势和前景的黯淡评价，并描绘为"中国打喷嚏，世界感冒"。有的报道甚至以耸人听闻的"中国时代的结束"为标题。但如果我们实事求是地全面观察，不难发现上述说法言过其实。

一、股市并不能代表中国经济基本面

人们一般记住的是过去三个月，即从 6 月 12 日上证综指达到的 5 166.35 点后暴跌了多少，很少人前溯一年疯涨了多少。恰好一年前，2014 年 6 月 12 日该指数只有 2 051.71 点。12 个月里疯涨了 151.8%。这种非理性繁荣和泡沫，西方媒体并

---

①《环球时报》，2015 年 9 月 12 日。

无惊呼，也无提醒，但泡沫必然破裂。股市的非理性暴涨和急剧暴跌，都对经济带来伤害。因此政府有责任出手稳定，但无论股市暴涨还是暴跌期间，宏观经济都是下行，且态势基本一致，并无加速。因此不能类推中国经济出了大问题。

二、美国股市暴跌除受中国某种心理影响外，基本原因还是自身的调整

到 8 月初，纽约股市也出现非理性繁荣。标普 500 市盈率达到 27.2，大大超过历史平均的 16.6，仅低于 1929 年、2000 年和 2007 年（那三年股市随后都出现了剧跌）。在这种情况下，美联储加息点临近，足以引起股市暴跌。1987 年的例子足以证明。在美联储主席沃尔克宽松货币政策的推动下，股市节节高涨。格林斯潘一上任，立刻加息 2 个百分点。结果 10 月 19 日一天内道琼斯指数下跌 22.5%，史称"黑色星期一"。但那年美国 GDP 仍然增长了 3.5%，第二年更加快到 4.2%。

三、中国经济硬着陆的概率可以排除

经济增速逐渐放慢，从构成上看，第一个原因是投资的拉动作用越来越小。2010 年当年投资流量占 GDP 比重为 61.8%，拉动 GDP 增长 7.0 个百分点。2014 年比重上升到 80.8%，只拉动 3.6 个百分点。2015 年上半年比重进一步上升，拉动不足 3 个百分点。其原因是投资的边际效应递减。第二个原因是净出口的贡献度基本为零，而过去一般拉动 1~2 个百分点，消费拉动 4~5 个百分点相当稳定。因此，过去三驾马车合起来可以拉动增长 10%，现在只能拉动 7%。而只要就业增长良好，居民可支配收入保持一定增长，社保和医保继续推进，消费拉动 GDP 4 个百分点是有保障的。投资尽管边际效应下降，鉴于规模巨大，仍可至少拉动 2 个百分点，二者合计就超过 6%。按照英国经济学人智库的定义，硬着陆是指增长率掉到 4% 以下。目前看来几乎可以排除。

四、人民币对美元名义汇率的贬值的基本原因是美元过强

欧元、日元和许多新兴经济体货币对美元都大幅度下跌，唯独人民币没有下跌。这是不符合市场实际水平的。一旦人民币汇率以市场为基础，必然回跌。国际清算银行衡量的对一篮子货币实际有效汇率，2013 年以来人民币累计升值

19.6%，而美元只升值 18.8%。因此人民币相对美元升值了 0.7%，对欧元和日元分别升值 23.7%和 61.2%。人民币对美元贬值后，实际有效汇率对欧元、日元仍是大幅升值。至于亚洲一些国家货币，早在人民币对美元贬值前已经纷纷下跌。因此中国没有搞竞争性贬值。

五、中国进口大幅下降的主要原因是国际大宗商品价格的下跌

1~8 月进口同比负增长 14.3%中，有 4.9 个百分点是因为原油进口额净减 625.17 亿美元。但这是因为国际油价的剧跌。因为同期进口量仍增加了 1 974 万吨，或增加 9.8%。油价下跌显然不是中国造成的。另外 2.7 个百分点下降来自铁矿石和大豆进口。但中国前 8 个月铁矿石进口量基本与 2014 年同期持平（减 0.2%），大豆进口量增长 10.9%。因此中国显然不是它们价格大跌的基本因素。国际大宗商品价格的下跌要通过全球治理和全球增长来扭转，不应单从中国找问题。

英国经济学人智库首席经济学家西蒙·巴蒂斯特最近估计，2016 年世界 GDP 将净增 21 596 亿美元。其中中国将净增 9 010 亿美元，为全球增长贡献 41.7%；美国将净增 6 590 亿美元，贡献 30.5%。中国经济虽然面临很多转型困难，但今后几年仍会保持中高速增长，并继续对世界经济复苏做出重大贡献。一切对中国经济唱衰的看法，都是没有根据的。

中国对世界增长贡献仍将大于美国①

国家统计局刚刚发布的前两个月若干经济指标和央行最近连续降准降息，都表明当前中国经济下行压力仍大。2014 年二季度以来美国经济则呈走强之势。国际货币基金组织 1 月公布的《世界经济展望》最新报告预测，2015 年全球经济将增长 3.5%，比 2014 年加快 0.2 个百分点。其中美国 GDP 增长率上调到 3.6%，比 2014 年加快 1.2 个百分点。由于美国拉动，发达经济体 GDP 增长率将达到 2.4%，比 2014 年提高 0.6 个百分点。另外，预测 2015 年中国 GDP 增长率为 6.8%，比 2014 年低 0.6 个百分点；新兴和发展中经济体 GDP 将增长 4.3%，比 2014 年低 0.1 个百分点。

---

① 何伟文. 中国对世界增长贡献仍将大于美国. 环球时报. 2015-03-16.

在这种态势下，近日西方一些反转论说法增多。它包含两层意思。第一层，美国正取代中国，成为世界经济增长的主要动力。第二层，世界经济再次主要由发达经济而不是新兴和发展中经济体拉动。

这种观点是夸大的。美国经济确实在重回较强劲增长轨道，但它基本上是个回到老常态的问题。2015 年增速能否达到 3.6%尚待观察。即便达到，也是多年低增长后恢复增长所需要的。21 世纪头十年美国 GDP 年均增长率只有 1.7%。第二个十年前五年年均增速只有 2.3%，均远远低于 20 世纪 90 年代的 3.0%。何况美国人口年均增长 0.9%，后五年需要年均增长 3.7%，才能使第二个十年年均增速恢复到 3.0%，扣除人口增长，年均 2.1%，即恢复老常态。美国经济增长能否恢复老常态，要看是否真正转入以技术进步、实体经济坚实增长为基础的可持续增长。因为到目前为止，美国经济复苏主要依靠的是非常规货币政策和常规能源（页岩气也属传统能源）。另外，失业率虽然降至 5.6%，但劳动参与率比金融危机前低了 3 个百分点，如按金融危机前参与率，则失业率在 8%以上。因此，美国经济面临的挑战还很多，需要付出艰苦的努力。

中国经济则是进入新常态。年均两位数增长持续了 32 年，扣除人口增长，年均 9.5%左右。这在美国工业革命时期也没有达到，它显然不可持续，即便增长 7%左右，由于人口年均增长 0.4%，扣除人口增长，仍能达到 6.5%左右，比国际货币基金组织预测的美国 2015 年扣除人口增速 2.7%高一倍多，仍然是世界上增长最快的主要经济体。

从对世界经济增长贡献看，2014 年美国约占世界 GDP 总量 22%，2015 年如增长 3.6%，将拉动世界 GDP 增长 0.79 个百分点。同年中国约占世界 GDP12.9%，2015 年如增长 7.0%，将拉动世界 GDP 增长 0.9 个百分点，中国贡献度仍将大于美国。发达经济体作为一个整体，约占世界 GDP 总量 55%。2015 年如增长 2.4%，将拉动世界 GDP 增长 1.3 个百分点。新兴和发展中经济体作为一个整体，约占世界 GPD 总量 45%。2015 年如增长 4.3%，将拉动世界经济增长 1.9 个百分点，仍然大于发达经济体。

美国一些媒体还做出这样的对比：美元气势如虹，人民币却在下跌；美国准备升息，中国却在降息，企图以此证明世界增长动力的反转和格局的改变。但它同样难以成立。衡量一国货币汇率水平的主要标准不是看对美元的汇率，而是国际清算银行公布的对一篮子货币实际有效汇率指数。根据这一指数体系，2014 年 1 月到 2015 年 1 月底（2 月数字尚未公布）这 13 个月中，人民币累计升值 8.2%，美元升值 10.2%，欧元下跌 19.7%，日元下跌 15.1%。因此人民币只是对美元贬值，而对世界其他主要货币升值，总指数上升。这次美元强劲升值，是近 20 年来的第三次。其基本原因不在此分析，但可以肯定只是周期性的。

一段时期后，美元必然回跌。至于利率走向相反，美国是处在从非常规货币政策（零利率）准备回归常规货币政策（低利率）阶段。中国则从金融危机以来从未实行非常规货币政策，一直是谨慎的货币政策，略偏宽松，利率即便降低，也明显高于美国，何谈回归？

中美作为世界最大的两个经济体，应该把精力放在共同推动世界经济复苏，切实履行大国责任上，而不是热衷于谈论那些并不符合事实的"反转"云云。在欧元区债务危机深重时，中国购买了欧元债券，美国一毛不拔。美联储无论推出还是退出量宽，都引起世界资本市场重大动荡和许多国家货币急剧升降。因此，中美两国应当进一步加强宏观政策协调，首先确保本国经济稳定增长，并努力稳定世界货币市场，推动世界投资与贸易增长，尤其要顾及所实施的能源政策和货币政策对世界经济可能的影响，加强国际协调和合作，努力推动世界各类经济体的共同增长，争取逐步实现 G20 提出的在 5 年内将世界经济增长率提高 2 个百分点，额外创造 2 万亿美元产出的目标。

中国不存在中等收入陷阱危险[①]

近来关于中国可能面临中等收入陷阱的讨论和担忧再度出现。"中等收入陷阱"现象来源于世界银行 2006 年发表的《中等收入陷阱——东亚现象》报告。中心意思是，一些国家或地区，当发展到人均 3 000 美元的中等收入水平后，由于劳动力成本上升，技术没有新的进步，既无发达国家技术上的优势，亦无低收入国家成本上的优势，结果长期无法跨入人均 10 000 美元的高水平门槛。中国已是中等收入国家，由于劳动力成本优势日渐丧失，技术上仍处于中低端，因此担心也会落入"中等收入陷阱"。

一、"中等收入陷阱"现象已部分过时

自从世界银行在 2006 年发表这个报告后，从这一年到 2012 年的 7 年内，世界上有 16 个经济体跨过了中等收入阶段，进入高收入经济体行列。2013 年 9 月，世界银行重新发表了《中等收入陷阱》的报告，其实质是论证中等收入经济体需

---

① 何伟文. 中国不存在中等收入陷阱危险. 新京报，2015-06-10.

要花多长时间才能进入高收入经济体，即把从中等收入到高收入作为一个发展阶段而不是陷阱看待。现在世界银行官网上已经查不到 2006 年那个报告。

世界银行 2013 年的最新报告，将各经济体国民收入水平（gross national income，GNI）分为四等：人均 1 005 美元以下为低收入经济体，1 006~3 975 美元为低中等收入经济体，3 976~12 275 美元为高中等收入经济体，12 276 美元以上为高收入经济体。所谓中等收入跨度，是指从人均 3 976 美元到 12 275 美元。因此，人均 3 000 美元已不是中等收入门槛，人均 10 000 美元也不足以成为高收入国家。

按照这一标准，2006~2012 年先后有斯洛伐克、塞舌尔、特立尼达和多巴哥（以上 2006 年）、克罗地亚、赤道几内亚、爱沙尼亚、圣基茨和尼维斯（以上 2007 年）、匈牙利、拉脱维亚、立陶宛（以上 2008 年）、波兰（2009 年）、智利（2011 年）、俄罗斯、安提瓜和巴布达、乌拉圭及委内瑞拉（以上 2012 年）共 16 个国家进入高收入国家。从高中等收入到高收入，这些国家一般花了 10~12 年，最长为安提瓜和巴布达，花了 24 年，最短俄罗斯，花了 7 年，见表 6-1。

表 6-1　17 个国家从高中等收入进入高收入时间

国家	高中等收入及进入时间（门槛 3 976 美元）	进入高收入及时间（门槛 12 276 美元）	所用时间/年
安提瓜和巴布达	5 050 美元（1988 年）	12 850 美元（2012 年）	24
智利		12 290 美元（2011 年）	
克罗地亚		12 350 美元（2007 年）	
赤道几内亚		12 530 美元（2007 年）	
捷克[1]	4 130 美元（1994 年）	12 380 美元（2005 年）	11
爱沙尼亚		13 140 美元（2007 年）	
匈牙利	4 060 美元（1998 年）	13 150 美元（2008 年）	10
拉脱维亚		12 430 美元（2008 年）	
立陶宛		12 600 美元（2008 年）	
波兰	4 240 美元（1997 年）	12 390 美元（2009 年）	12
俄罗斯	4 460 美元（2005 年）	12 740 美元（2012 年）	7
塞舌尔		12 280 美元（2006 年）	
斯洛伐克	4 200 美元（1995 年）	12 880 美元（2006 年）	11
圣基茨和尼维斯	4 130 美元（1992 年）	12 530 美元（2007 年）	15
特立尼达和多巴哥	4 150 美元（1996 年）	13 220 美元（2006 年）	10
乌拉圭	4 350 美元（1993 年）	13 670 美元（2012 年）	19
委内瑞拉		12 460 美元（2012 年）	

1）捷克在 2006 年前一年进入高收入国家，本表亦列入
资料来源：世界银行，http://www.worldbank.org

可见，从高中等收入进入高收入国家，不少国家都完成了这一过程。

二、不能把中等收入阶段和中等收入陷阱混为一谈

从高中等收入门槛 3 976 美元到高收入 12 276 美元，人均国民收入要增长两倍多。把人口增长计算进去，国民收入总量需要增加 2.3~2.4 倍。如果名义年增长率达到 8%，需要 16 年；如果名义增长率达到 7%，则需 18 年。而无论年增 7%或 8%，都是较高的速度。因此，用十多年时间走完中等收入阶段，是非常正常的。

一些研究文献上曾经引用作为中等收入陷阱的国家案例，只有阿根廷一国相当准确。但这只是个别例子，不能作为普遍现象。马来西亚是在 2003 年进入中等收入国家的，当年人均国民收入为 4 130 美元。刚过两三年，在 2006 年谈论马来西亚是否陷入中等收入陷阱，显然不适当。2013 年马来西亚人均国民收入达到 10 430 美元，接近高收入国家水平。估计如不出重大意外，可能在 2016 年进入高收入国家，历时 13 年，属正常水平。菲律宾和泰国迄今均未进入高中等收入国家，因此谈不上中等收入陷阱。土耳其与马来西亚类似，2003 年该国人均国民收入为 3 810 美元，接近高中等收入。2013 年为 10 970 美元，也接近高收入门槛，估计很可能在两三年内达到高收入国家水平，历时也是 12~13 年。

三、中国可能在 11 年最迟 12 年内走完中等收入阶段

同样按照世界银行这一标准，中国进入高中等收入国家是 2010 年，人均国民收入为 4 240 美元，2014 为 7 324 美元[①]。四年内增长 72.7%，年均增长 14.6%。考虑到新常态下经济增长的放慢和人民币对美元总体不会再升值，今后年均名义增速在 7%~8%。考虑到人口年增 0.4%的实际，达到人均 12 276 美元，需要比 2014 年水平提高 72.6%。2014 年我国 GDP 名义增长 8.2%（国民收入与 GDP 增长基本同步）。按照从 2015 年起年增 7.0%（实际增长 6.2%）计，还需要 8 年，即我国进入高收入国家是 2022 年，花费 12 年，属于十分正常水平。

如果一个国家经过 20 年以上，甚或 30 年，仍然处于高中等收入阶段，达不到高收入国家门槛，足可称为陷入中等收入陷阱。但对中国来说，如果要花 20 年时间，即 2030 年进入高收入国家，则今后 16 年经济名义年增长率最高不能超

---

① 笔者计算发现，世界银行公布的我国人均国民收入数字，比它公布的我国 GDP 数字除以我国人口得出的人均 GDP 数字要小 3.5，2014 年按此推算。

过 3.5%，或实际增长率不超过 2.7%，这显然是无稽之谈。

四、应当更加关注农业现代化

既然中等收入陷阱危险在我国并无现实性，我国的关注就应该放到更加实际和迫切的问题上来。其中一个突出的问题是农业现代化。

跨过中等收入阶段，进入高收入经济体，只是人均总量的一种线性增长。它并不区分经济结构是否合理。但在我国，农业现代化滞后于工业现代化，农村发展滞后于城镇发展，却是一个大问题。

同样据世界银行公布，2013 年我国每个农业劳动力创造的产值折合 785 美元（2005 年美元不变价）。相邻的韩国是 27 097 美元，日本是 46 045 美元。它们的农业人均产值和当年全国人均名义 GDP 基本相当。我国则仅为 12.0%。当然我国人均可耕地面积小，仅为 0.08 公顷，但韩国和日本仅 0.03 公顷。荷兰也是人多地少的国家，人均可耕地面积仅 0.06 公顷，低于我国，略高于日本和韩国，但农业人均产值达到 66 236 美元。美国与荷兰差不多，为 63 269 美元（2012 年），而人均可耕地面积则大得多，达到 0.49 公顷。法国人均可耕地面积低于美国，为 0.28 公顷，农业人均产值则超过美国，为 75 052 美元。可见，可耕地面积不是决定因素。

相比之下，我国农业劳动力人均产值只有韩国的 2.9%，日本的 1.7%，美国的 1.24%，荷兰的 1.19%，法国的 1.05%。

农业生产率偏低的直接后果是农民偏穷，农村偏落后。在这个基础上的城镇化必然是二元社会。我国当前全面深化改革的一个重要方面是以人为本的城镇化。为什么要这样呢？因为农业相对落后，农村相对不发达，农民相对贫困。他们进入城市必然是单纯打工谋生。何谈以人为本？因此，单纯摊大饼式的城镇化无法带来全社会的发展。它的障碍根源在哪里呢？在农业生产率的低下。如果我国农业生产率达到韩国水平，就会出现大批富裕的村镇和小城市，就不会出现大城市的盲目扩张。

农业生产率偏低的另一个后果是工业发展不均衡和产业升级受到限制。因为它使占总人口 45% 的农村地区市场偏小，档次偏低。美国、德国、日本、法国等工业发达大国，无疑不是农业先进大国。道理就在这里。在我国，新常态下可持续的中高速增长和中高端方向，只有在农业现代化的基础上才有保障。

因此，希望更多的学者，将更多的精力能够投入我国农业现代化和农村现代化的大课题上来，而不必纠结于中等收入陷阱问题。

2020 年中国不是高收入国家[①]

最近有学者预计，到 2020 年我国人均 GDP 将达到 1.1 万亿美元左右，进入高收入国家。这个判断值得商榷。

一、2020 年人均国民收入将刚刚超过 1 万美元

据国家统计局公布，2015 年我国 GDP 为 676 708 亿元，国民收入为 673 021 亿元，人均 GDP 49 351 元。据此计算，人均国民收入为 49 104 元，折合 7 907 美元。

"十三五"规划表明，2016~2020 年 GDP 将年均增长 6.5%以上，并估计 2020 年 GDP 总量将从 2015 年的 676 708 亿元增加到 92.7 万亿元（静态计算）。按照 2015 年国民收入相当于 GDP 99.5%计算，2020 年国民收入为 922 365 亿元。按 2016 年 3 月 25 日央行公布的人民币对美元汇率中间价 6.522 3 折算，为 141 417 亿美元。

2015 年年末我国人口为 13.746 2 亿，比 2010 年年底的 13.41 亿增加 2.5%。假定"十三五"期间人口增长率相同（暂不计二胎政策可能带来的人口增长加快），2020 年年底总人口为 14.089 9 亿，年中人口为 14.06 亿，人均国民收入为 10 058 美元，刚刚跨过 1 万美元门槛。

二、世界银行的高收入国家标准是 12 276 美元

根据世界银行 2013 年公布的最新标准，人均国民收入低于 1 005 美元为低收入国家，1 006~3 975 美元为低中等收入国家，3 976~12 275 美元为高中等收入国家，12 276 美元以上为高收入国家。显然，我国届时仍处于高中等收入国家行列，离高收入国家还有相当大距离。

世界银行收入分类标准是变动的。2008 年高收入国家标准是 11 906 美元。4 年内提高了 370 美元，即 3.1%，年均提高 0.8%。估计到 2020 年，这一标准会进一步提高。

如果我国要进入高收入国家，人均国民收入应当确保达到 1.3 万美元以上。

---

① 何伟文. 2020 年中国不是高收入国家. 新京报，2016-04-07.

这需要两个条件：第一，假定美元汇率不变，2020 年我国国民收入应达到 119.21 万亿元，或 GDP 119.81 亿美元，比"十三五"规划显示的 92.7 万亿美元高出 29.2%。或者第二，GDP 仍然为 92.7 万亿美元不变，人民币对美元汇率必须升值到 5.07。显然，这两种可能性都很难实现。

唯一可能的结果是，2020 年 GDP 达到 100 万亿元，人民币对美元汇率升至 6.4，人均国民收入可达到 11 057 美元，即人均 1.1 万美元。这种可能性是存在的，但仍达不到高收入标准。

三、2020 年中国仍将是发展中国家

世界银行提供贷款的对象是发展中国家。几天前，即 3 月 22 日，世界银行董事会刚刚批准向中国提供 5 亿美元贷款，用于治理京津冀空气污染。如果我国自称为进入高收入国家，这一前提就没有了。

WTO 和联合国贸发会议所主持的多边贸易谈判，一个基本规则是发达国家和发展中国家的不同待遇。如果我国自称已经是高收入国家，我国将归入发达国家一类。虽然大多数人仍然不富裕。

根据世界银行统计，2014 年世界人均 GDP 为 10 800.8 美元。也就是说，到 2020 年，我国人均 GDP 刚刚达到 2014 年世界人均水平。因此，我国没有根据自称进入高收入国家。

"十三五"规划的顺利实现，将使我国实现两个一百年第一步目标，即实现全面小康。在此基础上，再经过不懈努力，有望在"十四五"期间进入高收入国家行列，并在 2049 年即第二个一百年实现中华民族的伟大复兴。

中国企业全球投资势头迅猛[①]

近年来，我国企业海外投资增长十分迅猛。特别是 2013 年以来，万达以 30 亿美元收购美国 AMC 影城不久，很快就被双汇以 71 亿美元收购史密斯打破。不久中海油又以 141 亿美元成功收购加拿大尼克森公司。最近，中国公司海外并购消息一个接着一个。10 月 6 日安邦保险以 19.5 亿美元收购纽约地标华尔道夫酒

---

① 《中国投资》，2014 年 12 月 3 日。

店。次日，光明集团又宣布收购意大利最著名的橄榄油集团萨洛夫卢卡。《纽约时报》8日称，中国投资者正掀起"投资者的狂欢"，这标志着全球财富"向亚洲的转移"。差不多同时，绿地集团收购了纽约大西洋广场70%股权，并计划更名为太平洋广场。安永一份报告称，2013年中国投资者购买了120家欧洲企业。中国企业在欧洲的大规模收购改变了欧洲人对中国投资的看法，时任意大利总理伦齐安排上海电气收购安萨尔多、国家电网收购意大利某电网的签约仪式放在总理府举行并亲临见证。花旗集团欧洲执行主席路易吉甚至将中国企业大举进军欧洲称为"第二次马歇尔计划"。

一、2014年很可能是中国成为资本净输出国的元年

商务部公布，2013年，我国当年对外投资总额达到1 078.4亿美元，比2012年增长22.8%，而全球跨境直接投资仅增长1.4%。按当年流量计，中国已经成为世界第三大对外投资国，仅次于美国和日本。按历年投资累计存量计，中国位列第十一，比2012年提升两位。

2014年以来，我国企业海外投资增长势头更猛。据商务部统计，前9个月非金融类对外投资合计749.6亿美元，同比增长21.6%，其中9月当月投资97.9亿美元，同比增长90.5%。同期外商对华非金融类直接投资为873.6亿美元，9月当月为90.1亿美元，同比微增1.9%。9月成为我国对外投资超过外资流入的标志性月份，即对外投资额超过流入的外资额，中国成为资本净输出国。2014年全年数字很可能仍然是对外投资超过外资流入，从而2014年是中国成为资本净输出国的元年，比一般预计提前了一年。

为什么这是很有意义的历史节点呢？因为从商品输出国到资本输出国是一个国家成为世界经济强国的一个重要标志。英国、法国在19世纪末开始，完成了商品输出大国的发展阶段后，开始大规模对海外投资，变成资本输出国。日本在20世纪60~70年代经济起飞并成为商品输出大国后不久，开始大规模对海外投资，并迅速成为资本输出大国。

资本输出大国又有什么意义呢？在经济日益全球化的时代，资本、技术、原料、能源、市场、服务等已经大大跨越了边界。无论企业还是国家，都需要在全球各地寻求各种资源，并最佳地配置资源，才能适应全球竞争并获得优势。为了达到这一目的，仅靠贸易是不够的，必须直接投资，在海外建立和扩大自己的资金、技术、原料、能源来源，就近获得市场和全产业链的配套。中国已是世界第二经济大国，不及时向全球大规模投资，就很难实现转型升级和在全球竞争中成

为世界经济强国。

二、中国对外投资还处于早期阶段

虽然我国对外投资已达到千亿级规模并位列世界前茅，但由于起步晚，就历史累计投资存量看，我国与发达国家还有较大差距。

据联合国贸发会议《2014 年世界投资报告》统计，截至 2013 年年底，世界各国和地区累计流出的跨境投资（即不包括国内投资）总存量是 263 126.35 亿美元。累计对外投资最多的是美国，为 63 495.12 亿美元，将近占全球的四分之一。第二是英国，为 18 848.19 亿美元。第三位至第十位依次是德国（17 102.98 亿美元）、法国（16 371.43 亿美元）、中国香港（13 523.53 亿美元）、瑞士（12 593.69 亿美元）、荷兰（10 718.19 亿美元）、日本（9 929.01 亿美元）、加拿大（7 324.17 亿美元）和西班牙（6 432.26 亿美元）。中国排在第十一位，6 135.85 亿美元。虽然联合国数字和我国政府公布的数字略有出入，但总排名相同。我国对外投资累计存量不足美国十分之一，不足英国三分之一，不足德国、法国的 40%，尚低于西班牙。因此，虽然近年来我国对外大项目频频并高潮迭起，但成为世界领先的投资大国还需要 7~10 年时间，即按照年增 15%~20% 的速度，到 2020 年可能达到当年投资 3 000 亿美元，累计存量接近 2 万亿美元，赶上英国，大约相当于美国的 30%。

中国对欧洲的大举投资仍然谈不上"第二次马歇尔计划"。据商务部统计，2013 年中国企业对欧洲投资总额为 59.5 亿美元，而欧洲从全球流入的投资达到 2 508 亿美元，中国只占 2.4%。2014 年来虽然对欧洲投资猛增，但远不能成为主要来源。对此我们应当清醒，不要被一些外媒的渲染冲昏头脑。

三、中国对外投资的特点：同世界总趋势逐渐趋同

总体上说，中国企业海外投资，遵循的是跨国投资的一般规则，但同全球总态势相比，直至 2011 年，还有三个趋势偏离，而近年来则日益趋同。

第一个偏离：投资地域分布。截至 2011 年年底，我国境外投资目的地是中国香港、英属维尔京群岛和开曼群岛，三者合计占我国对外投资总额的 70%，其他 30% 中，亚洲、非洲、加拿大、拉丁美洲，以及发达国家这三块各占 10%。而全球投资流向中，62% 流入发达国家，这同发达国家在全球经济的比重大致相当。

也就是说，我国对外投资主体没有投入世界经济的主体。这一局面近年来有迅速改变。2014 年 1~9 月，中国香港、英属维尔京群岛和开曼群岛合计比重已经降到大约一半，美国、欧洲、日本、澳大利亚合计达到 16% 左右。随着中国企业大举进军美国和欧洲，发达国家的比重还会迅速上升。

第二个偏离：产业结构。中国海外投资中始终以资源（矿产、能源）为重点，商贸服务比重也很高，制造业比重在 2011 年只占 5% 左右。但从全球看，截至 2012 年年底，矿产资源只占跨境投资总额 7.1%，制造业则占 25.4%。同样，近年来有很大改变。2014 年 1~9 月，虽然采矿比重仍占非金融类的 22.4%，但制造业比重已达到 9.6%。当然，比重最大的是商贸服务，占 32.7%。这说明我国对外投资相当大的目的是寻求销售市场和服务。

把这两个偏离结合起来就清楚了。我国企业境外投资最大目的地是中国香港（2014 年 1~9 月占大约 44%），最大行业是商贸服务。而中国香港是世界最大的商贸服务中心，占全球该类跨境投资流入总量 24%。这说明我国海外企业仍然在很大程度上依赖中国香港拓展世界市场，还没有更多地直接到终极市场投资制造、研发、设计、金融和营销。

第三个偏离：投资主体。我国海外投资仍然以国有企业、中央企业为主。世界跨境投资则主要是私人投资。2011 年年底国有企业与非国有企业的比例大致是倒三七开，国有企业占七。近年来民营企业海外投资迅速增长。2014 年 1~9 月新增投资中，国有企业只占 44%，累计比重降到 56%，非国有企业比重今后将有很快的上升。

四、企业投资海外的基本模式是本土化

关于我国企业海外投资，或者通俗地说"走出去"，相关报道和分析文章已经非常多，其中不乏立意高远的大作。至少有三个常用语，即海外风险、不熟悉、美国安全审查障碍。对不对呢？当然对。但仅仅停留在这一层面就过于肤浅。企业走出去，最本质的一点就是本土化，即走到哪里，就成为当地企业。不是主张全球化吗？其实全球化的组成分子就是本土化。即到了美国，就要办成美国公司，到了欧洲，就要办成欧洲公司。在全球数十个国家和地区有分支机构，每个机构都融入本土的跨国公司，就是全球化公司。

海尔是一个出色的例子。笔者曾在驻纽约总领馆担任经济商务参赞。海尔在纽约成立的海尔美国公司总裁杰马尔不仅是美国人，而且是犹太人。他根据市场调查设计的面向大学生的小型冰柜，很快占据美国市场三分之一。2001 年 11 月

18 日，即 "9·11" 事件后两个月，经济很不好的时候，笔者应约访问海尔美国公司。杰马尔迟到了 20 分钟，抱歉之后立刻兴奋地说，"我刚从沃尔玛回来，签了一个亿合同"。沃尔玛老板是犹太人，杰马尔也是犹太人，销售渠道驾轻就熟。海尔根据需要在南卡罗来纳州设厂，解决了 1 200 人就业。南卡罗来纳州政府专门将厂区门口那条大路命名为海尔大道。这是美国首次用中国企业命名道路。海尔实行设计研发（洛杉矶）、生产（南卡罗来纳州）、营销（纽约）三位一体。2003 年首次获得全美产品设计 "金锤奖"，2010 年被美国《消费者报道》评为 "极优"。截至 2013 年，海尔世界权威市场调查机构欧睿国际（Euromonitor）连续 5 年评为全球白色家电第一品牌。海尔现在美国、欧洲、亚洲、非洲有 24 个工业园、5 大研发中心和 66 家贸易公司。2013 年销售收入达到 1803 亿元，利润 108 亿元，利润率 6.0%，远高于 2014 年进入财富全球 500 强的中国内地与中国香港 95 家企业平均的 3.2%。

任何海外投资项目，只有符合当地社会经济需要才能存活。因此必须能够创造就业和税收，符合当地发展方向，又符合当地特长。而这需要与当地政府和各种资源密切结合，充分利用最后一点一滴。无论美国各州还是欧洲许多地方政府，对于中国企业去投资都非常热情。根本没有 "门难进、脸难看、事难办"。笔者 20 世纪 90 年代末在驻美工作期间，一次在俄勒冈州波特兰市长招待会上，见市长凯茨同辽宁一家中资企业林总非常亲热，市长对笔者说，"非常感谢林先生，给我们创造了 11 名就业"。仅仅 11 名就业，对一个 50 万人口的城市就不是小事，当地政府当然支持。我们还要充分使用当地的咨询公司、律师行、会计师行、银行等，从彻底的调研开始，脚踏实地找到鲜活的、符合当地需要、得到当地支持和配合的项目，并继续脚踏实地，一步一步地办好。

企业走出去，最重要的是企业家走出去。我们要学会适应在当地生活和工作，不能把国内那一套管理照搬过去。从中国到海外，实现这 "惊险的一跳"。

五、中国成为世界投资大国将推动中华民族伟大复兴

我们不但要赢在中国，更要赢在世界。海尔经验证明，大规模海外投资和全球布局，是成长为本行业领先企业，即在本行业赢在世界的必须条件。华为、联想、万向都是非常优秀的代表。世界财富 500 强的企业，绝大多数都是以全球为舞台的全球性企业。美国通用电气海外资产高达 3 311.60 亿美元，占其资产总额的 50.4%，其海外销售占 52.0%。丰田汽车销售总额的 66.8% 来自海外市场，德国大众这一比例则为 80.9%。进入联合国贸发会议《2013 年世界最大 100 家非金

融跨国公司》榜单的中国公司只有三家，我们还有很长的路要走。我们的企业投资海外，并不是像有的专家认为的是"吃补药"，而是遵循世界企业发展和市场竞争的一般规律，要积极推动一大批企业成为研发、设计、生产、融资、营销、物流、服务分布在世界各地的全球性跨国公司，世界各主要行业都有中国企业处于领先地位，那时才能说，中国不仅是世界经济大国，也是世界经济强国。

六、政府职能转变要与时俱进

投资海外，固然主体是企业，依据是市场规律，但政府的作用非常重要。中国政府多年来鼓励企业走出去，并且不断改善管理。2014年10月6日，商务部与国家发展和改革委员会（简称国家发改委）公布进一步放宽海外投资的规定。凡10亿美元以下的投资项目，政府只备案，不再审批。这为企业投资海外带来了极大的便利。但政府的职能除了放宽一面，还有加强一面，即加强信息、金融服务，推进与不同国家政府的双边投资协定谈判和签署，为我国企业提供强固的法律保障。要大力推动与国外政府间合作，从全局层面，高瞻远瞩，推动双边经贸合作，为企业创造更多的投资机会，加强发展对外文化、旅游、教育、地方合作。所有这些合作越全面，越广泛，我国企业对那里投资机会就越多，问题也越易预警，越易解决。

世界形势不断变化，新形势、新问题不断出现。我们总是觉得原有的认识不够用，需要与时俱进。同样，政府部门也需要不断研究跟踪世界的变化、海外市场的变化，原有的职能和服务也需要不断与时俱进。政府和企业都需要学习再学习、实践再实践，以此不断相互促进，共同推动中国走向世界投资大国。

跨境投资：全球趋势和中国趋势的比较[①]

近年来我国开放型经济发展的一个突出特点是对外直接投资增长势头迅猛。2014年，我国对外直接投资总额达到1 400亿美元，首次超过外资流入总额（1 196亿美元），从而标志着我国资本净输出国元年的开始。如果把我国投资全球的发展和格局放到全球跨境直接投资的最新态势中观察，可以清楚地看出我国的优

---

① 王辉耀. 中国企业全球化报告（2015）. 北京：社会科学文献出版社，2015.

势、劣势和未来走向。

一、2014 年世界跨境投资情况和近期趋势

据联合国贸发会议 6 月 24 日发布的《2015 年世界投资报告》[1]，2014 年世界跨境直接投资总额达到 1.23 万亿美元，比 2013 年下降 23%，仅略高于全球金融危机的 2009 年（1.19 万亿美元），主要原因是流入发达国家的投资减少了 28%，为 4 990 亿美元。其中美国减少 40%，为 920 亿美元，欧洲减少 11%，为 2 890 亿美元。流入转型国家的投资大幅下降了 52%，为 4 180 亿美元。其中流入俄罗斯减少 70%，为 210 亿美元，流入发展中国家的投资则增长 2%，达到 6 810 亿美元。发展中国家第一次超过发达国家。

在发展中国家，亚洲最为抢眼。跨境直接投资流入增长 9%，达到 4 650 亿美元。其中中国增长 4%，达到 1 240 亿美元；印度增长 22%，达到 340 亿美元；西亚则减少 4%，为 430 亿美元，且系连续第六年减少；拉丁美洲和加勒比减少 14%，为 1 590 亿美元；非洲基本不变，为 540 亿美元。

（一）世界对外直接投资地区格局的变化：亚洲发展中经济体首次成为对外投资额最大的板块，中国成为重要增长动力

2014 年，亚洲发展中经济体合计实现对外直接投资 4 320 亿美元，较 2013 年大增 29.0%，超过北美和欧洲，居各大板块首位，见表 6-2。

表 6-2 世界各大板块对外直接投资额

板块	2012 年/亿美元	2013 年/亿美元	2014 年/亿美元	2013~2014 年增减/%
亚洲发展中经济体	2 990	3 350	4 320	+29.0
北美	3 650	3 790	3 900	+2.9
欧洲	3 760	3 170	3 160	−0.3
其他发达国家	1 310	1 380	1 170	−15.2
转型国家	540	910	630	−30.8
非洲	120	160	130	−18.8
拉丁美洲/加勒比		280	230	−17.9

资料来源：联合国贸发会议. 2015 年世界投资报告. http://www.unctad.org/wir.cn. 2015-06-24

亚洲发展中经济体成为唯一大幅增长的地区。其主要原因是中国内地和中国

---

[1] 联合国贸发会议. 2015 年世界投资报告. http://www.unctad.org/wir.cn, 2015-06-24.

香港对外投资的大增，合计净增 770 亿美元，占亚洲发展中经济体净增额 970 亿美元的 79.4%。结果，中国内地继续保持世界第三大对外投资经济体地位，中国香港跃居第二位，美国则仍以巨大优势保持首位，见表 6-3。

表 6-3　2014 年世界对外直接投资额前十位经济体（单位：亿美元）

排名（2013 年排名）	经济体	2013 年	2014 年
1（1）	美国	3 280	3 370
2（5）	中国香港	810	1 430
3（3）	中国内地	1 010	1 160
4（2）	日本	1 360	1 140
5（10）	德国	300	1 120
6（4）	俄罗斯	870	560
7（7）	加拿大	510	530
8（15）	法国	250	430
9（6）	荷兰	570	410
10（12）	新加坡	290	410

资料来源：联合国贸发会议. 2015 年世界投资报告. http://www.unctad.org/wir.cn, 2015-06-24

发达国家中，美国和加拿大两国相当稳定，欧洲国家好坏不齐。德国和法国大幅回升，荷兰则明显下降。日本降幅明显，在世界排名从第二位退居第四位。转型国家中，俄罗斯因乌克兰危机受到美国和欧洲制裁，经济遭受重大困难，对外投资大幅减少。中国香港猛增 620 亿美元的一个重要原因是中国内地企业对外投资很多经由中国香港（2013 年我国对外直接投资的 57.1% 投入中国香港），然后再由中国香港投资其他地区。据商务部统计，2014 年我国全口径对外直接投资额达到 1 400 亿美元，比贸发会议数字高 260 亿美元，可以推算系经由中国香港。如暂将全部差额按此计入，则 2014 年中国内地对外直接投资为 1 400 亿美元，居世界第二，中国香港 1 190 亿美元，居第三位，比第四位日本略高 50 亿美元。

中国内地和中国香港合计为 2014 年世界跨境直接投资贡献了 770 亿美元净增量，或贡献了 4.4 个增长百分点，否则世界 2014 年的降幅超过 27%。换言之，中国已经成为世界跨境直接投资的重要增长动力。

（二）跨境并购急剧增长，绿地投资微降

1. 跨境并购急剧增长

2014 年世界跨境直接投资的一大特点是跨境并购猛增。宣布的跨境并购总额达到 9 000 亿美元，比 2013 年增长 34%，超过了 2010~2014 年平均水平（7 750 亿美元）。其中当年实现交易 4 000 亿美元，增长 23%。一个突出特点是来自发展中国家的并购额猛增 66%，来自发达国家的并购额增长 16%。2015 年以来这一势头更猛。1~4 月跨国并购额达到 2 600 亿美元，同比翻了两番，主要原因是发展中国家大肆并购发达国家企业。

2014 年超过 10 亿美元的跨国并购大项目达到 223 宗，比 2013 年的 168 宗增加 32.7%，为 2008 年以来最多的一年。这 223 宗并购金额合计 7 620 亿美元，平均 34 亿美元（2013 年为 29 亿美元），其中 173 宗发生在发达国家，涉及 5 980 亿美元，占世界 78.5%。

2. 绿地投资总额微降

2014 年世界跨境绿地投资额为 6 950 亿美元，比 2013 年的 7 050 亿美元微降 1.4%。主要原因是服务业绿地投资减少了 620 亿美元，而为 3 410 亿美元，减幅 15.4%；制造业则增加 370 亿美元，达到 3 120 亿美元，增幅 13.5%；初级产品投资也从 2013 年 300 亿美元增至 420 亿美元，增幅 40%。

来自发达国家的绿地投资过去 10 年来复合增值率仅为年均 1%，来自发展中国家的这一投资的增幅则达到 5%。结果，后者在世界跨境绿地投资总额中的比重从 2005 年的 20% 上升到 2014 年的 30%。但绝对额仍大大低于发达国家，2014 年分别为 2 220 亿美元和 4 480 亿美元。

无论跨境并购还是绿地投资，来自发展中国家的投资表现都超过发达国家，这同前面总量分析显示的趋势是一致的。

（三）制造业投资显著增长

2014 年实现的跨境并购总额中，制造业领域并购金额猛增 77%，主要涉及化工、制药和通信行业。绿地投资也以制造业投资增长净增额最大。

制造业并购大项目主要发生在发达国家之间。其中美国仍是最大并购目的地，占全球跨境并购总额大约三分之一。而收购方主要来自欧洲，如德国拜尔收购美国默克，金额 143 亿美元；瑞士罗氏集团收购美国 Intermune 集团，金额 83 亿美元；意大利菲亚特收购美国克莱斯勒，金额 36.5 亿美元；卢森堡 Altice 公司收购法国 SFR 公司，金额 230 亿美元。

一个新的特点是一些发达国家跨国公司的跨国负投资，即出售海外资产也迅速增加。2014 年这类金额合计 5 110 亿美元，比 2013 年增长 56%，其中 52% 是出售给其他跨国公司，48% 是出售给本国企业，而收购方日益来自发展中国家的跨国公司，如中国香港 MMG 南美管理公司斥资 70 亿美元收购瑞士 Glencore/Xstrata 集团在秘鲁的子公司 Xstrata，阿联酋通信公司收购法国维旺迪的子公司 Itissaktal Maghrib SA，金额为 57 亿美元。

（四）对世界跨境直接投资近期前景的估计

贸发会议《2015年世界投资报告》估计，2015年和2016年世界跨境投资总量将持续增长。2015年预计达到1.37万亿美元，较2014年增长11.4%，2016年达到1.48万亿美元，增长8.0%。

1. 影响世界跨境直接投资近期前景的十七个因素

贸发会议对世界各地区企业高官的抽样调查显示，美国经济状况等十七个因素对未来几年世界跨境直接投资前景有直接影响，分为将导致投资增长还是减少，数字为得分，如表6-4所示。

表6-4　十七个因素对未来跨境投资的影响比较

因素	将导致全球跨境直接投资如何变化	
	增长/分	减少/分
1.美国经济状况	46	17
2.金砖和新兴经济体经济状况	42	24
3.区域经济一体化	37	7
4.量化宽松	23	9
5.初级产品价格	22	16
6.欧盟经济状况	20	30
7.全球金融治理	19	26
8.公司税的变化	19	19
9.紧缩政策	6	42
10.对主权债务违约的担心	6	42
11.服务业离岸外包	40	15
12.制造业离岸外包	39	19
13.对能源安全的关注	36	25
14.对粮食安全的关注	28	21
15.制造业回归	22	32
16.服务业回归	17	28
17.自然灾害	14	37

资料来源：联合国贸发会议. 2015年世界投资报告. http://www.unctad.org/wir.cn, 2015-06-24

表6-4显示，各国企业高官首选对美国经济前景持乐观预期，并认为将对跨境直接投资带来最大的增长（得分46），其次是对金砖和新兴经济体经济前景乐观，增长程度（得分42）仅次于美国经济。服务业离岸外包、制造业离岸外包利好程度也分别达到40和39，因为将带来可观的跨境投资。区域经济一体化得分37，因为将促进一体化成员之间投资的增长。对能源安全的关注（得分36）也将

推动跨境能源投资。

　　未来几年，美国、金砖国家和新兴经济体经济总体将保持一定增长，区域一体化也将不断扩大并深化，离岸外包仍在继续扩张。这些都将推动跨境直接投资逐年增长。

　　最大的负面因素是欧盟、紧缩和主权债务危机（特别是希腊）。欧盟由于僵死的"财政纪律"，直接导致欧元区 2012 年和 2013 年连续两年负增长。对希腊债务危机的苛刻处理方式已导致希腊 6 年衰退。这是调查发现的最大负面因素。其中紧缩政策和对主权债务危机的担忧带来的增长都达到 42，欧盟经济前景带来的减少达到 30，增长只达到 20。

　　发达国家推进的制造业和服务业回归也是减少大于增长，这个因素将导致海外投资的收缩。

　　2. 不同地区跨国公司对投资前景的估计比较

　　《2015 年世界投资报告》对全球跨国公司高官进行的抽样调查表明，总部设在不同地区，对增加投资的前景估计也不同，见表 6-5。

表 6-5　跨国公司对 2015~2017 年增加跨境投资的估计（单位：%）

年份	2015	2016	2017
全部	24	28	32
北美	18	26	25
欧洲	22	31	33
其他发达国家	41	3	23
亚洲发展中国家	24	33	42
非洲/中东	24	36	50
拉丁美洲/加勒比	17	29	31

注：表中数据为占调查总数的百分比

资料来源：联合国贸发会议. 2015 年世界投资报告. http://www.unctad.org/wir.cn，2015-06-24

　　表 6-5 显示，非洲、中东和亚洲发展中国家 2016 年和 2017 年增加投资的比例大大高于全球平均。欧洲因为自身经济不好，增加对投资的比例也将略高于全球平均。北美则不会有强劲增长。

　　3. 跨境投资前景的行业比较

　　根据同样抽样调查，2015 年金融和商贸服务增加投资比例高于平均水平。但从 2016 年起，其他制造业、通信和制药增加投资的前景高于各行业总体平均水平，金融递减，商贸服务则远低于平均水平，如表 6-6 所示。

表 6-6 跨国公司增加投资前景的行业比较（单位：%）

行业	2015 年	2016 年	2017 年
全部	24	28	32
金融	31	25	24
商贸服务	27	20	21
通信	25	41	39
制药	23	36	32
其他制造业	23	33	51

注：表中数据为占调查总数的百分比

最有吸引力的行业，发达国家和发展中国家有很大差别，如表 6-7 所示。

表 6-7 本国最有投资吸引力的行业

发达国家		发展中国家	
行业	分数	行业	分数
商贸服务	60	农林牧渔	52
机械设备	47	食品/饮料/烟草	45
酒店/餐饮	40	建筑	32
其他服务	40	酒店/餐饮	32
运输/仓储/交通	40	采矿/石油	32
		运输/仓储/交通	32

注：表中数字为得分

资料来源：联合国贸发会议.2015 年世界投资报告.http://www.unctad.org/wir.cn，2015-06-24

4. 跨境直接投资目的地排名

《2015 年世界投资报告》对跨国公司的调查表明，中国仍是世界最有吸引力的投资目的地，其次是美国，如表 6-8 所示。

表 6-8 最有吸引力的投资目的地排名

排名	目的地	分数	排名	目的地	分数
1	中国内地	28	8	中国香港	6
2	美国	24	9	墨西哥	6
3	印度	14	10	澳大利亚	4
4	巴西	10	11	加拿大	4
5	新加坡	10	12	法国	4
6	英国	10	13	日本	4
7	德国	8	14	印度尼西亚	3

排名	目的地	分数	排名	目的地	分数
15	马来西亚	3	17	韩国	3
16	俄罗斯	3			

注：表中数字为得分

资料来源：联合国贸发会议. 2015 年世界投资报告. http://www. unctad. org/wir. cn，2015-06-24

（五）中国将成为跨境投资首选目的地

2014 年世界跨境直接投资大幅减少，但发达经济体和新兴/发展中经济体呈现相反走势。前者减少，后者增加并首次成为世界跨境投资增长的主要动力。而新兴/发展中经济体外资流入增长的主要动力又来自中国。

世界跨境并购重拾强劲势头。其中发达国家在制造业领域的大手笔并购引人注目。

展望今后三年，中国将成为世界跨境投资首选。美国经济的稳定增长，全球化分工的深化和制造业、服务业离岸外包的发展将共同为世界跨境直接投资提供动力。预计 2016 年和 2017 年世界跨境直接投资将稳定增长，但仍达不到金融危机前的高峰。

二、中国对外直接投资的迅猛增长和区域、产业格局

（一）对外直接投资增势方兴未艾

据商务部统计，2014 年我国全口径对外直接投资（含海外利润再投资）达到 1 400 亿美元，创历史纪录，仅次于美国（3 370 亿美元）和中国香港（1 430 亿美元），居世界第三位，超过传统对外投资强国德国、日本、英国、法国。2015 年头 5 个月非金融对外直接投资（传统口径）454.1 亿美元，同比大幅增长 47.4%。截至 2015 年 5 月底，我国对外直接投资存量达到 7 267 亿美元。如果这一势头保持下去，2015 年全口径对外直接投资额有望超过 1 800 亿美元，甚至 2 000 亿美元，居世界第二位①。

（二）对外投资的区域分布特点

截至 2015 年 5 月，我国对外直接投资的区域分布有两个突出特点。

---

① 商务部例行新闻发布会，http://www.mofcom.gov.cn，2015 年 6 月 17 日。

第一，对我国香港地区投资猛增。2015 年头 5 个月同比猛增 66.7%。由于香港地区占我国对外投资总额一半以上，这一超常规增长是同期总额猛增 47.4% 的主要因素。

第二，对欧盟和美国投资猛增。

（1）对欧盟。据欧盟统计局 2015 年 7 月 1 日发布的统计，2014 年中国对欧盟投资达到 120.98 亿欧元（约合 156 亿美元），比 2013 年翻了一番，超过同年欧盟对华投资[①]，见表 6-9。

表 6-9　中国与欧盟相互投资比较表（单位：亿欧元）

年份	欧盟投资中国	中国投资欧盟
2011	214.22	45.36
2012	98.39	99.24
2013	171.02	55.47
2014	91.39	120.98

资料来源：据欧盟统计局数据计算

据商务部统计，2015 年 1~5 月，我国对欧盟投资同比猛增 367.8%。目前中国企业在欧盟的超大并购项目如果实现，2015 年全年总额将继续超常增长。

（2）对美国。据商务部统计，2013 年和 2014 年，我国对美国直接投资分别达到 42.3 亿美元和 52.4 亿美元。2015 年首季为 14.7 亿美元，同比增长 37.4%。据美国荣鼎集团统计，2013 年和 2014 年中国对美国直接投资分别达到 130 亿美元和 120 亿美元，到 2014 年年底中国对美国投资累计存量超过 400 亿美元，解决美国 8 万人就业。而 5 年前只有 1.5 万人，2000 年几乎为零。2000 年以来中国企业投资最多的地区是加利福尼亚州，为 59 亿美元，其次是得克萨斯州，为 56 亿美元。创造就业最多的则是南卡罗来纳州，为 1.5 万人。主要因为双汇收购史密斯菲尔德，以及联想在南卡罗来纳州建立的研究三角（research triangle）[②]。

2014 年中国投资美国的主要行业分布如下。

第一，信息、通信，占比重 48%。主要是联想收购 IBMX86，为 31 亿美元，以及联想收购摩托罗手机业务，为 29 亿美元。

第二，房地产、酒店，占比重 26%。突出的是安邦收购希尔顿麾下华尔道夫酒店，为 19.5 亿美元。

第三，食品。包括新希望控股 Ruprecht，以及伊利在堪萨斯州建奶粉生产线。

第四，医药、生物技术。例如，Unitao 投资弗吉尼亚州 Boehring Ingelheim

---

① 转引我国驻奥地利使馆经商处报道，http://www.huanqiu.com，2015 年 7 月 1 日。

② 美国荣鼎集团网站，http://www.rhgroup.net。

工厂，以及生物纳米基因工程。

能源投资仅 3.3 亿美元，大大下降。

近年来中国在美国房地产和娱乐投资大项目引人注目。万达于 2013 年 5 月 21 日宣布完成收购美国第二大电影院线 AMC，价值 31 亿美元。2014 年 7 月 14 日又宣布将在芝加哥兴建 89 层、350 米高的酒店，投资 9 亿美元。2014 年 8 月 8 日，万达中标洛杉矶威尔夏大道 9 900 地块，建设城市综合体，占地面积 3.2 万平方米，建筑面积 11 万平方米（地下 3 层，地上 8 层），投资 12 亿美元。上海绿地集团则收购纽约布鲁克林大西洋广场，拟改建为太平洋广场。

如果清华紫光并购美光芯片的 230 亿美元超大项目成果，将直接导致对美国投资总额出现又一个巨大飞跃。

（三）对"一带一路"沿线国家投资势头减弱

截至目前，我国对"一带一路"沿线国家投资规模仍然很小。据商务部统计，2015 年 1~5 月投资额为 48.6 亿美元，同比增长 3.7%，占对全球直接投资总量 10.7%。主要集中在新加坡、印度尼西亚、老挝和俄罗斯。但存量达到 1 612 亿美元，占总量 20%左右，说明 2015 年来对"一带一路"沿线国家投资势头减弱[1]。

（四）对外投资猛增的主要动力来自跨国并购的勃兴

2014 年我国成为资本净输出国元年的主要原因在于跨国并购的巨大增长。特别是一些超大型并购。例如，能源领域的五矿资源收购秘鲁拉斯邦巴斯铜矿，价值 58.5 亿美元；国家电网收购意大利存贷款能源网公司 35%股权，价值 21.01 亿欧元。通信领域，联想收购摩托罗拉手机业务，价值 29.1 亿美元。制造业领域，东风汽车收购法国标致雪铁龙 14.1%股权，价值 10.9 亿美元[2]。2015 年年初中国化工收购意大利倍耐力轮胎公司，价值 73 亿美元。农业领域，中粮收购新加坡来宝农业，价值 15 亿美元；中粮收购荷兰尼德拉公司，价值 12.9 亿美元。旅游地产领域，复兴集团收购法国地中海俱乐部，价值 43 亿美元；锦江集团收购法国卢浮宫酒店，价值 15 亿美元；安邦保险收购美国华尔道夫酒店，价值 13 亿美元；等等。据商务部统计，2015 年 1~5 月我国对外直接投资总量中，并购占 85.6%，收益再投资占 14.5%。并购比重远大于全球平均[1]。

据普华永道 2015 年 1 月 27 日发布的报告，2014 年中国企业海外并购共计 272 宗，比 2013 年 200 宗增加 36%，金额 569 亿美元，其中在北美并购 96 宗，欧洲 83 宗，亚洲 64 宗，大洋洲 17 宗，非洲 7 宗，南美 5 宗，较多集中在能源、

---

① 商务部例行新闻发布会，http://www.mofcom.gov.cn，2015 年 6 月 17 日。

② 商务部例行新闻发布会，http://www.mofcom.gov.cn，2015 年 1 月 17 日。

电力领域[①]。

（五）行业特点：租赁商贸、采矿和批零贸易三行业比重仍在上升

据商务部、国家统计局和国家外汇管理局联合发布的《2015 年度中国对外直接投资统计公报》统计，截至 2013 年年底，我国对外直接投资存量为 6 604.78 亿美元，其中租赁与商贸服务 1 957.34 亿美元，占总量 29.6%；采矿 1 061.71 亿美元，占 16.1%；批零贸易 876.48 亿美元，占 13.3%，合计 3 895.53 亿美元，占总额 59.0%[②]。

据商务部统计，2014 年，我国对外直接投资领域涉及 15 个行业，其中租赁和商贸服务 372.5 亿美元，采矿 193.3 亿美元，批零贸易 172.7 亿美元，合计 738.5 亿美元，占非金融传统口径对外投资总额 63.7%。这三个领域的比重还在增长。

截至 2013 年年底，制造业投资存量 419.77 亿美元，占总额 6.4%。2014 年以来制造业对外投资并购迅速增长，这一比重正在改变[①]。

三、世界态势与我国态势的比较

（一）我国仍处资本输出初期阶段

虽然我国近年对外投资迅猛增长，一跃而为世界最大对外投资国之一，但因起步晚，就对外投资存量而言，我国仍然较小，如表 6-10 所示。

表 6-10　2014 年年底世界主要国家和地区对外投资存量

国家或地区	存量/亿美元	比重/%
世界总计	258 747.57	100.0
发达国家	205 548.19	79.4
欧盟	104 348.20	40.3
法国	12 790.89	4.9
德国	15 832.79	6.1
英国	15 841.47	6.1
荷兰	9 852.56	3.8
瑞士	11 306.15	4.4
日本	11 931.37	4.6

---

① 中国国际广播电台网站，http：//www.crionline。

② 《2015 年度中国对外直接投资统计公报》，http：//www.mofcom.gov.cn。

国家或地区	存量/亿美元	比重/%
美国	63 186.40	24.4
中国内地	7 295.85	2.8
中国香港	14 598.49	5.6

资料来源：联合国贸发会议. 2015 年世界投资报告. http://www.unctad.org/wir.cn. 2015-06-24

中国内地对外投资总存量仅占世界 2.8%（流量占 11.4%），不足英国、德国的一半，略高于法国的一半。如果保持每年对外投资净增 1 800 亿~2 000 亿美元水平，到 2020 年可以达到 2 万亿美元，大约相当于这三国 2020 年时的水平。而中国内地 GDP 现在就已经等于英国、法国、德国之和。中国内地存量甚至低于瑞士和荷兰，只及美国 11.5%（美国占全球四分之一），要接近美国总量水平，还需要相当长的时间。

（二）区域分布与世界格局的部分趋同和总体分离

1. 过度依赖中国香港

我国对外直接投资的一个重大特点是一半以上投入我国自己的领土香港。由于 2014 年官方对外投资公报尚未发布，只能查到 2013 年数字。2013 年年底我国对外投资总存量 6 604.78 亿美元中，中国香港占 3 770.93 亿美元，比重 57.1%。同年流量 1 078.44 亿美元中，流入中国香港为 628.24 亿美元，比重 58.3%。虽然比 2005 年的 63.8%有所下降，但仍超过一半。从 2015 年头 5 个月对中国香港投资增幅（66.7%）大大高于对全球投资增幅（47.4%），中国香港这一比重还在上升，另外流入开曼群岛和英属维尔京群岛合计比重为 11.6%。三者共计占 69.9%，虽然比 2005 年的 80.0%明显下降，但仍近七成，而中国香港只占世界跨境直接投资总存量 5.6%，开曼群岛和英属维尔京群岛更微不足道。换言之，2013 年我国只有大约 335 亿美元直接投入亚洲、欧洲、美洲和非洲。

2. 对发达国家投资比重仍然偏低

发达国家占全球跨境直接投资总存量 79.4%。近年来虽然新兴和发展中经济体接受外资比重上升，但短期内不会根本改变这一格局。我国对欧美投资近年来超常规增长，2013 年占对外投资流量约 10%，2014 年合计超过 20%。

3. 我国对欧洲投资猛增，世界对欧洲投资在收缩

2014 年欧洲外资流入比 2013 年减少 11%，为 2 890 亿美元，但来自我国的投资翻了一番。如扣除我国，欧洲吸收外资的降幅约在 14%。联合国贸发会议

《2015年世界投资报告》的调查结果对欧洲前景不看好，我国2015年来对欧洲投资增幅则更上升到367.8%，其中风险值得注意。

（三）行业分布：制造业投资的落后

世界近年来跨境投资的一个重要特点是服务业比重的上升。2012年已达63%，而2001年是49%。同年制造业比重下降到26%（2001年为41%）。但仍占四分之一左右。2014年世界制造业并购猛增77%，重点集中在化工、制药和通信（设备制造）。这表明发达国家重振制造业和加快技术进步，推动新的工业革命的趋势，但我国对外投资中制造业比重明显偏低。2013年年底对外投资总存量6 604.78亿美元中，制造业只有419.77亿美元，占6.4%。可喜的是，2014年以来制造业或制造业企业的信息和通信技术领域跨国并购大项目增多，如联想收购IBM服务器和摩托罗拉手机业务，三一重工收购德国普尔迈斯特，中国化工收购意大利倍耐力轮胎，东风收购法国标致雪铁龙股份，以及在美国的制药并购。但更多是在房地产、旅游和娱乐领域。2014年虽然是我国资本输出元年，但71.8%的投资（非金融，传统口径）流入租赁和商贸服务、采矿与批零三个领域。

我国企业近年对外投资的急剧增长，还有一部分原因是房地产投资的勃兴。这部分并没有很高技术含量，相反存在一定风险，而房地产并不是世界跨境投资的亮点。

我国对外投资一半以上投入中国香港，53.0%的投资流入租赁和商贸服务，以及批发零售。而中国香港是世界最大的跨境商贸服务中心，占全球跨境商贸服务投资存量24%[①]。二者结合起来看，很可能显示我国相当部分对外投资是投入中国香港的商贸服务领域。

（四）跨国并购的专业化水平需要研究

虽然我国企业频频出手在欧美进行大规模并购，但有些不属于专业化并购，更多是资本运作，如安邦收购华尔道夫酒店。还有些属于低端收购高端，如吉利收购沃尔沃，这在某种程度上也属于资本运作。和完全是同行业跨国巨头间的横向并购（如拜耳收购默克，罗氏收购Intermune，菲亚特收购克莱斯勒）不同，《日本经济新闻》2015年7月14日文章评论认为，中国一些跨国并购并不成功，特别是在制造业。吉利2010年并购了沃尔沃后，2014年新车销量下降了24%。三一重工2012年收购德国普尔迈斯特后，2014年海外销售同比减少10%。文章认为其原因在于这些中国企业仅仅依靠资本扩张，而不是自己的技术实力。

---

① 联合国贸发会议. 2014年世界投资报告，http://www.unctad.org/wir. cn，2014-06-24.

因此，跨国并购的基础和方向需要研究。应当是自己的企业技术和管理不低于对方，从而能够吸收对方技术并提升自己。如果仅仅满足于"蛇吞象"，最后有可能蛇还是蛇。

四、我国对外投资可持续增长的几点考虑

（1）深入跟踪和研究全球化和世界跨境投资的动态和趋势，从世界寻求可持续、平衡和强劲增长的路径，着重研究世界主要国家和地区深刻的经济结构调整的格局变化，世界新技术、新模式的产生和影响，以及世界各类区域、次区域和双边自贸安排的格局变化这三大方面。今后 5~10 年我国对外投资的总体战略、区域战略和产业战略，不但注重数量增长，更注重质量和可持续性。

（2）从全球价值链的全过程布局我国对外投资，积极契入价值链高端。一个重要步骤是向技术高点、设计和品牌高点投资参股，或结成战略联盟（以利益交换为基础）。特别要强调对发达国家的先进制造业投资参股，或者相互投资，并同步提升自己技术水平，向高端的水平专业并购发展，而不是简单地追求并购规模。

（3）逐步减少对中国香港的依赖。其根本办法是大力推进资本市场的改革，对企业提供资本项下人民币可自由兑换的政策环境，帮助企业获得国际资本市场的各种融资工具等。

（4）认真研究新能源、新材料、新一代互联网和信息技术、生物技术和制药技术、先进航空、汽车制造技术，柔性加工技术、精细化工、环境技术、现代农业技术等发展趋势，积极鼓励企业对外投资这些领域，极大地促进中国制造2025 战略实施。

（5）认真研究在国际产能合作模式下，增加对"一带一路"沿线国家的产业投资，寻求同发达国家的先进技术企业合作，共同投资沿线国家，争取三赢。同时积极运用亚投行、丝路基金、国开行等基础资金，并实施全方位开放，积极寻求世界资本市场的一切可利用资金。

（6）在发达国家投资目的地选择中，更多地基于长远经济前景分析和风险评估，而不是"抄底"机会。总体而言，美国投资前景好于欧元区。

第七章

改革创新没有回头路

转变发展方式，光伏产业前景广阔①

欧盟宣布对中国太阳能电池启动反倾销调查，涉及我国全部光伏电池出口73%，金额204亿美元，使我国已经艰难过冬的光伏产业雪上加霜。如果欧盟最后同美国一样，最终裁定课以高税，我国数十万人就业将受到严重影响。正因为如此，我国一方面坚决应诉，全力保障我国企业正当权益；另一方面积极同欧盟展开协商，争取妥善化解。

一、出口比重过大，风险太高

2011年，我国光伏实际产能超过50吉瓦，超过当年全球新增装机容量29.66吉瓦的三分之二。全国有光伏企业2 000多家，其中组件企业1 000多家，硅片企业100多家。全国600多个城市中，有300多个城市发展光伏产业，其中100多个城市建立光伏生产基地。当年光伏电池产量20吉瓦，其中国内新增装机容量仅2.2吉瓦，80%以上出口，其中73%输往欧盟，占欧盟市场的60%。根据金融危机以来欧美发达国家贸易摩擦的特点，凡是我国对其出口量连续两年以两位数增长，且占其市场比重超过三分之一，往往会发生贸易摩擦。就光伏产业而言，美国如此，欧盟也如此，并无例外。

从全球光伏产业链看，我国处于主导权很弱的地位。核心技术所有权不在手中，多晶硅和关键设备大量依靠进口，没有强大的国内市场作为主要依托。虽然光伏产业作为新兴产业，但从迅速崛起到进入冬天，只有短短几年，而且很多是低水平重复，没有走上高端。这种发展方式是很难持续的。

二、我国光伏产能并未绝对过剩

我国光伏产业产能过剩是普遍共识，但不完全正确，这种过剩只是相对的。从绝对量看，我国光伏产能距市场潜在容量还有一段距离，并不过剩。2011年，

---

① 原载《环球时报》，2012年10月17日。

我国新增光伏装机容量仅 2.2 吉瓦，不及德国（7.5 吉瓦）三分之一，意大利（9.3 吉瓦）四分之一，而我国人口大约是德国的 15 倍，意大利的 22 倍。截至 2011 年年底累计装机容量，我国仅 3.1 吉瓦，仅及世界总量 69.7 吉瓦的 4.4%（我国 GDP 则占世界 11%左右）。假定我国人均新增光伏发电装机容量达到德国一半的水平，则需要新增 51 吉瓦，相当于我国现有全部产能，电池产量则需增加 1.5 倍，无货可供出口。

据欧洲光伏产业协会估计，2012~2016 这 5 年中，按有无政策适度支持分，世界将合计新增光伏装机容量 118 吉瓦或 273 吉瓦，其中中国只有 18 吉瓦或 34 吉瓦，比重 12.5%~15.3%。累计装机总量仍不及德国（到 2015 年预计为 36.7 吉瓦或 47.7 吉瓦）。据国际能源署预测，到 2020 年，光伏发电占世界总发电量 2%。我国到 2020 年的发电总量将超过 10 万亿千瓦时（2011 年为 4.7 万亿千瓦时）。由于光伏发电效率大大低于核电、热电和水电，只有 16%，因此如果也达到 2%，则需装机容量达到 134 吉瓦，相当于 2012~2020 年平均每年新增 14.5 吉瓦。因此，我国国内光伏市场有极大的发展空间。

三、未来的主要市场在国内

可见，之所以出现产能过剩和主要依赖出口，根本原因是国内市场狭小。技术和体制上的障碍，造成发电成本过高，并网率低下，都是不容忽视的原因。

因此，我们在高度重视、全力奋争对欧光伏案的同时，要高度重视、全力开发国内市场。

未来我国光伏产品的主要市场应当是国内。重要问题是努力提高并网技术，并努力补贴过高的电价。各国对光伏发电均有补贴，德国、意大利近年补贴大约在 50 亿欧元。该协会《2016 年全球光伏市场展望》报告认为，在一些国家和地区，由于光照资源丰富，光伏发电成本已与柴油发电成本相当。越来越多的国家和地区将在 10 年内用上平价光伏发电。我国幅员辽阔，各地差别很大，似应考虑多种方式。例如，大规模并网发电主要用于光照资源丰富的地区。更多地方光伏可用于局网，解决社区用电、家庭用电，也不一定都要并网，要使新建的楼宇变成一个个单独的发电厂，这恰好是第三次工业革命的一种体现。光伏也不一定都要发电，也可用于供暖和热加工（如皮张、木材加工、智能楼宇等）。总之，要实事求是，从每个地区的实际需要出发，避免把发展光伏产业作为政绩工程。国家对光伏产业的补贴，主要提供给用户，而不是生产者。这有利于良性和理性发展，避免依靠财政支持而盲目扩张产能。

要使国内光伏产业稳定而可持续发展，需要实现重大技术进步，乃至突破。所谓进步，是指更多地采用集束式太阳能发电技术，而不是光伏板。发电效率，前者是 27%，后者是 16%。前者由于效率高，占地和使用材料较少，因此更有条件降低成本。所谓突破，是指材料革命。如同集成电路技术仅靠硅材料的芯片已经快要走到尽头一样，多晶硅为主要材料的光伏电池技术也遇到一定障碍。一些发达国家正在研发非硅材料的太阳能发电技术，如果成功，很可能带来太阳能利用的重大飞跃。我国应当力争后来居上，积极研发，并努力同世界一切优秀成果积极合作。通过相互投资，或战略合作等形式，鼓励在我国或美欧、以色列建立联合研发、示范基地，乃至生产、销售、融资中心。相信，通过政府、研发、生产和用户的共同努力，我国光伏产业一定会迎来春天，走上一条可持续的、更高端的发展道路。

和解才能双赢[①]

欧盟委员会拟对中国光伏产品征收 47.6%的临时关税方案遭到大多数成员国投票反对，这或许令欧盟委员会始料不及。此前，在德国访问的李克强总理对欧盟这一双反表示了坚决的反对。中国国际贸易谈判代表、时任商务部副部长钟山5 月 27 日同欧盟委员会进行谈判，再次主张通过协商而不是双反解决光伏贸易问题。欧盟委员会迄今仍然顽固地表示要征收临时关税。因为欧盟成员国投票只能约束终裁，不约束初裁。如果欧盟委员会依然征税，法律程序和协商双轨并行仍将继续。

欧盟贸易委员德古赫特责备中国对成员国投票施加压力。其实，大多数成员国之所以投反对票，并非出于中国利益，而是出于自己的利益。根据欧洲平价光伏联盟计算，欧盟光伏产业链中，进口只占 30%，经销、物流运输、安装、维护等占 70%。如果对中国光伏产品课以重税，仅仅为了限制这 30%，保护当地部分工厂（未必能保护，因为其他供应来源将填补中国空白），另外 70%却要付出代价。正因为如此，欧洲平价光伏联盟 4 月 8 日 1 024 名企业家联名致函欧盟委员会，强烈反对。据瑞士独立研究机构 Prognos 最近研究分析，如果对中国光伏征税 20%~60%，欧盟相关下游产业将造成 11.56 万~24 万人失业，损失 47.4 亿~270 亿欧元。在中国方面，2011 年输欧光伏产品达到 210 亿欧元，涉及国内 40 万人

---

① 何伟文. 和解才能双赢. 环球时报，2013-06-20.

就业。如果欧盟执意课以重税，中国理所当然地将采取反制。因为中国涉案的输欧光伏产品，所使用的多晶硅和设备很多来自欧盟。这样欧盟光伏产业上游也会出现大量失业。换言之，太阳能光伏产业从原材料和设备采购、加工制造、初装、运输、销售、终装，直到维护，是一条长长的产业链，涉及中欧双方，利益交织。起诉的德国太阳能世界等企业，仅属加工制造这一环节。为了保护这一个环节而打击其他环节，最终只能打击中欧整个产业链，只有双输。

德国《每日镜报》5月8日载文尖锐批评率先起诉中国光伏的德国太阳能世界公司创始人兼总裁阿斯贝克，说他因为太阳能公司获得政府大量补贴，从股票分红和出售中获得 6 800 万欧元，并用这笔钱买下一座城堡和周边 350 公顷林地。2011 年公司亏损 2.33 亿欧元，但公司依然分红 1 000 万欧元，其中 280 万欧元进入了阿斯贝克腰包。《每日镜报》批评道，阿斯贝克不惜让德国冒着同中国进行贸易战的风险，不过是为了让他的公司过上好日子。

2002 年笔者在美国工作期间，布什政府为了保护美国钢铁公司、AK 钢铁公司等亏损企业，宣布对钢材进口征收 10%附加税，引起大哗。虽然在中国、欧盟、俄罗斯等联合起诉下，WTO 判决美国败诉，乃至小布什政府最后宣布改正，但起极大作用的是美国国内上下游产业环节的强大反击。特拉华港称，为了保护这些钢铁厂家约 7 000 个就业岗位，该港口要损失 10 000 个就业岗位。下游的汽车厂家也面临失业增加威胁，不得不宣布提价 10%，导致消费者怨声载道。欧盟委员会是否也想重复一次呢？

欧盟委员会这样做，更大的目的是拿中国光伏做筹码，向中国要更多的东西，包括通信、金融业更多的市场准入。它虽然能也表示愿意协商解决，但似乎不急于解决，而是博弈一段，捞到更多实惠后，到 12 月终裁时再说。不幸的是，多数成员国的反对使它的谈判地位急剧削弱。

欧盟委员会应该改变这一错误思维和做法。如果以双输告终，中欧贸易必然遭受严重打击，甚至出现局部倒退。而深陷欧债危机的欧盟，2013 年一季度经济再次出现负增长。中国今后 5 年总进口额累计将超过 10 万亿美元。欧盟委员会当然应当衡量一下长远得失。

欧盟委员会还应把眼光放长远些。太阳能发电和供暖在欧盟乃至世界具有极大的发展前景。据国际能源署估计，2010 年，包括太阳能在内的替代能源只占世界能源供应量 0.9%。到 2060 年，仅太阳能就将占世界最终能源需求三分之一。理论上，太阳照射地球 60 分钟所含的能源，就可满足世界一年的全部能源需求。正因为如此，世界各国包括欧盟都在大力推进光伏和集束式太阳能发电与供暖，仅西班牙 2012 年太阳能发电就贡献了 26.07 亿欧元 GDP，比 2011 年的 20.84 亿欧元增长 25.1%。2013 年各国准备投资的太阳能电站装机容量达到百亿吉瓦。美国则正在莫哈韦沙漠建设世界最大的太阳能电站。这样大的发展空间，完全可以容下中欧合作双赢。

中欧最终达成协议的可能性仍然存在。我国要尽一切力量去争取。争取到，一定可以双赢。如果欧盟委员会顽固实行单方面双反，固然中国将遭受损失，但输得更多的必定是欧盟。

理直气壮地发展工业[①]

国务院刚刚通过的《中国制造2025》战略规划不仅非常必要，而且非常及时。我们不应简单地把它理解为制造业升级的工业战略，而应理解为国家战略，即没有强大的先进的工业体系，实现中国梦就是一句空话。

一段时期以来，中国制造业除了被视为低端外，还给人以产能过剩和制造污染的负面印象。因此形成了某种片面看法，以为新常态下转方式、调结构就是大力发展服务业，压缩工业过剩产能；以为为了绿水青山，就不能理直气壮地发展工业。

一、不能片面追求服务业比重上升

对发展工业的认识不足，是非常有害的。不少地方都把提高服务业在 GDP 中的比重作为结构优化和转型升级的指标。有的城市提出，服务业比重每年要提高 1 个百分点。城市建设则是"退二进三"，把工业迁出去，搞第三产业，搞规模宏大的房地产建设，如城市综合体、动漫城等，以此提高第三产业比重，以为这就是结构优化，甚至国家一些部委官方发言人也持类似观点。国家统计局发言人在 1 月 20 日举行的《2014 年国民经济在新常态下平稳运行》新闻发布会上说："结构优化，第三产业比重达到 48.2%，上升 1.3 个百分点，比第二产业高出 3.6 个百分点。"1 月 21 日商务部发言人介绍 2014 年利用外资情况时，也说"结构进一步优化，服务业比重达到 55.4%，高出制造业 22 个百分点。"但实际上，服务业利用外资有很大部分流入房地产，高端制造业利用美欧投资则有下降，这反而需要忧虑。历史上，在资本主义近代工业兴起前，无论在中国的清朝，还是

---

① 2015 年 3 月 17 日在中国与全球化智库名家午餐会上的发言。

中世纪的欧洲，第三产业在国民经济中的比重大多超过第二产业，这种结构当然并不优化。印度第三产业比重明显高于第二产业，但印度发展水平显然不如中国。

全球金融危机发生后，全球新一轮科技革命和产业变革正在兴起。欧美发达国家纷纷重新认识到振兴工业特别是制造业的极端重要性。奥巴马政府在 2010 年提出了重振制造业计划。德国则始终把支持核发展工业作为基本国策，即便在虚拟经济过度扩张、金融衍生品泛滥的外部大环境下也没有动摇。最近又提出德国工业 4.0 版，通过 8~10 年努力，德国工业技术保持世界领先地位。

二、法国的错误是一面镜子

最突出的负面例子是法国。法国曾是世界一流工业大国。协和飞机、核电、高铁都一度处于世界领先地位。但进入 21 世纪以来，法国片面追求服务业发展，放松了工业，认为法国"进入了服务业经济时代"，结果带来的是"失去的 10 年"。过去 10 年来，工业在 GDP 的比重下降了 4.0 个百分点。工业部门流失了 75 万个工作岗位，贸易赤字达到 600 亿欧元。《世界经济论坛》各国竞争力排名，法国滑到第 23 位，远远落后于英国和德国。金融危机后复苏乏力，过去 10 年 GDP 年均增长 0.8%，接近成为新的欧洲病夫。奥朗德总统曾指出，"法国进入服务业经济时代是一个重大的战略错误"，"世界上没有一个大国不具备强劲的工业实力"。2013 年 9 月 12 日，奥朗德提出"新工业法国"的工业重建国家计划，分 10 年实施，共 34 个重大项目，涉及环保与新能源、医疗保健、农业和一系列前沿技术。

法国一再纠正错误，我国不能重复法国过去的错误。我国制造业总量虽然达到世界第一，但总体仍处于 2.0~3.0 阶段，在世界产业链中主体仍处于中低端。一系列关键领域缺乏自主核心技术和世界知名品牌，如计算机芯片、航空发动机、高端数控机床、汽车等，而且弱点集中在基础零部件、基础工艺和基础材料落后。如果在这个发展阶段过早地转入以发展服务业为重点，工业发展很可能被耽误，服务业发展也失去根基，从而整个经济难以保持 7%左右增长率。中华民族的伟大复兴从何谈起呢？

三、传统产业升级和发展新兴产业一样重要

《中国制造 2025》提出了十大新兴产业领域，包括新一代信息技术、高档数

控机床和机器人、航空航天设备、海洋工程设备及高技术船舶、先进轨道交通设备、节能与新能源汽车、电力装置、新材料、生物医药及高性能医疗器械，以及农业机械装置。这是完全正确的。但这并不意味着传统行业就不重要了，就不应当发展，甚至有的作为"夕阳产业"淘汰。传统产业的升级与新兴产业发展同样重要，应当是驱动中国工业振兴的两个轮子。

国家统计局公布，2014 年，新兴产业在规模以上工业增加值总量中只占10.5%。假定其他传统产业不增长，新兴产业即便每 5 年翻一番，今后 10 年翻两番，工业总量在 10 年内只能增长 31.5%，年增 2.8%，无法满足整个国民经济新常态的增长速度要求。因此其他传统产业也必须保持一定增长速度，更不能萎缩。

这是不是与产业升级矛盾呢？完全不是。传统产业一样可以变成高端产业。笔者 20 世纪 80 年代在德国工作时，德国纺织工业已经实现复兴，40%的产品出口。到现在，出口比重已达到 50%，所以德国没有像美国那样叫喊"中国威胁论"。美国纺织工业虽然在萎缩，有大量贸易逆差，但纺织面料却始终保持顺差。美国军队服装和太空服都是国产。太空服的材料和做工是世界其他国家无法比拟的，这里关键在技术。鞋是传统产品，但耐克鞋每年都有大量新产品推出，其材料、弹力和起动效果始终保持世界领先，关键是空气动力学的应用最佳。国人春节在日本狂买马桶盖外，还买陶瓷刀。水果刀或菜刀实在再传统不过，但日本材料技术领先。在中国，同样是传统产品剪刀，王麻子剪刀倒闭了，张小泉剪刀照样发展，原因是前者没有创新，后者有。

比这些传统产业更古老的是农耕产业。粮食种植业衰亡了吗？没有，也永远不会。乳业、渔业衰亡了吗？也没有，而且也不会有。

没有夕阳产业，只有夕阳产品。同一个产业中那些不求进取，没有技术进步的产品迟早要被淘汰，而不断创新的产品不会被淘汰，相反也是新兴产业的一部分。为什么？新材料属于新兴产业，但它的应用主要是在传统产业，如陶瓷刀、服装、家电、建筑材料等。

新兴产业和传统产业是相对的，甚至可以融合。许多新兴产业实际上也是传统产业。航空航天设备被列为十大新兴产业，但飞机制造已有百年历史，也是传统产业，但它需要不断创新，并应用众多领域的世界前沿技术，因此又是新兴产业。汽车制造也有百年历史，因此也是传统产业，但新能源车列入十大新兴产业名单。石油和天然气工业是传统产业，但页岩气是新兴产业，而页岩气同时是传统产业，因为仍属化石燃料。建筑业是传统产业，但如果采用了智能控制和新型材料，就涵盖了节能、新材料两大新兴产业。

正在重振制造业的美国，2014 年增长了 3.7%，其中包含新兴产业较多的计算机及电子、航空器、汽车及零部件，以及机械这四类合计占工业总量 20.45%，这说明 80%左右的行业仍是传统产业。2014 年前述这四类增长率分别是 5.2%、6.1%、2.9%和 4.5%，但增长最快的是纺织，增长 9.6%；其次是塑料和橡胶产品，8.6%；最后是非金属矿产，7.4%，它们均快于上述新兴产业。因此，传统产业和新兴产业双轮驱动，是一般规律。

我们说传统产业同样重要，并不是主张传统产业因循守旧。如前所述，传统产业发展的唯一方向就是用新技术、新模式带动创新和升级。其中最重要的是"互联网+"。新兴产业重要，并不是主张新兴产业孤立发展。相反，只有大量应用到传统产业的产品升级，并不断开发、创造新产品，新兴产业才有广阔的发展前途。

因此，我们对十大新兴产业领域的理解应当是，它们的大发展必然而且必须伴随着传统产业的迅速升级，并在相互应用中出现越来越多的融合，从而驱动整个工业长期强劲增长。

四、"互联网+"远大于互联网

当前前沿新技术中，最重要的无疑是互联网。李克强总理提出的"互联网+"，是指用互联网为代表的新兴技术推动新兴产业，并改造和提升传统产业。但我们不能简单地把所有新技术及其应用简单地归结为互联网技术。"互联网+"的含义，应当不仅包含用互联网推动新兴产业和改造提升传统产业，而且包含超出互联网的其他技术。十大新兴产业中的航空航天设备、先进轨道交通设备、海洋工程装备及高技术船舶、新材料、生物医药及高性能医疗器械，即农业机械装备等，都必须应用互联网、大数据、云计算，但又涉及材料、化学、生物、机械装备等多方面技术。

互联网运行的基础是芯片。但芯片存在和发展的基础在材料。根据摩尔定律，相同面积的硅片容纳的集成电路数，每 18 个月可以翻一番，因此硅材料是基础。但随着计算机运行速度的提高，硅材料的分子结构已经不适应继续翻番，因此需要改变分子结构，进入纳米层级。换言之，集成电路技术的发展取决于材料技术。美国推广的一种节能汽车，一个重要技术是自重减轻 10%，因此省油，其基础则是新材料，航空工业的一个核心技术更是材料，因此新材料技术具有全局性意义。

化学工业是现代社会之母。十大新兴产业中没有提化学工业，但化学工业技术将贯穿十大新兴产业的大部分。没有化学工业，人类不能养活自己（化肥和农药极大地提高了单产）。化学工业使石油变成布，人类因而解决了穿的问题。环保工业是新兴产业，但环保工业的一个基础是化学工业。污染物的分解和回收，靠的是化学反应。煤燃烧的清洁化、车用汽油的脱硫、建筑墙体节能的涂层，无疑不是化学反应的结果。生物医药技术的基础更是化学，而化学反应的定律不是新发现。新兴技术的涌现和发展，常常基于历史上的老定律，二者又是辩证的统一，区别只在于运用。

因此，我们需要看得开阔一点，才能走在工业创新的前面。

五、不能重复过去政府过多包办的失误

为了实现中国工业 10 年升级，过去的经验已经不够了。它创造了世界规模最大的工业，但没有创造世界技术最先进、生产率最高的工业。因此需要闯出新路。新路只能是：第一改革——让市场竞争去驱动产业升级，并决定资源最佳配置；第二开放，吸收人类一切优秀成果，站在巨人肩上。

中国低端产能严重过剩，第一个原因在政府，特别是地方政府。不少地方政府并不懂经济规律，盲目上项目，铺摊子，以求做大经济总量。光伏是面很好的镜子。300 多个城市都把光伏作为支柱产业，地方政府提供名目繁多的补贴和支持，而不管市场可行性如何，更不管这些产品最终走到哪里。由于国内远远容纳不了，90%以上出口海外，自相杀价，在欧美同时遭遇反倾销。第二个原因还是政府。中国 2012 年光伏发电设备产量就已经达到约 30 吉瓦，但国内并网不足 1 吉瓦，而当年意大利是 9 吉瓦。是中国没有市场吗？不是，是发改委和国家电网不让并网，这是没有改革的缘故。后来允许并网了，就基本解决了。钢铁、水泥、有色金属、平板玻璃的过剩，很大程度上也是各地造城运动的结果。相反，如果交给市场，政府少干预甚至不干预，如纺织品、服装、家具，过剩情况就不大。因为企业自己在市场调节中或发展，或转行，或关闭。因此，中国制造 2025，发展十大新兴产业，最终也要由市场去决定如何发展，由市场竞争去决定如何分配资源。十大新兴产业的发展，绝不能走过去政府拍脑袋的老路，最后形成低水平重复和过剩，而是让众多企业在竞争中去发现市场，在竞争中去研发、制造和销售，并在市场变化中再研发、再生产、再销售，一个比一个更先进，如此往复，不断走向更高水平。

这并不是说，政府不能参与和干预。人们常说硅谷的基本经验是没有政府干预。这并不符合事实。美国政府在硅谷的形成和发展中起到了非常重要的作用。互联网实际上最早是里根政府在星球大战中，在国防工业中开发的技术。但美国政府的一个重要经验是，一项军用或内部技术成熟后，及时转为民用并向市场转化。笔者有次访问美国能源部利佛摩尔实验室，看到墙上挂了大量项目介绍，寻

求企业购买。在中国制造 2025 进程中，政府集中资金和人才攻关，都是必要的，但其成果最后应向市场推出，由企业去竞争获取和应用。与此同时，鼓励企业自己创新发展，政府给予资金支持，但企业创新的成果只能靠市场竞争去获得出路，不能要求政府包下来。

六、避免把婴儿和洗澡水一起倒掉

我们强调自主创新，绝不意味着关起门来创新。没有成功的国际合作，没有充分吸收人类一切优秀成果，中国制造 2025 是无法实现的。一种看法认为可以关门自主创新，像导弹、原子弹、氢弹，中国完全是靠自己力量，在绝密情况下造出来的。这固然是事实，但钱学森、钱三强、邓稼先、王淦昌等，无一不是在发达国家学习来的理论，并有在发达国家的实践证实，它仍然包含外部知识和经验。美国制造第一个原子弹的曼哈顿计划，也是完全关起门来，秘密进行。但成功的一个重要原因是德国科学家布朗恩。中国高铁技术和产品迅速领先世界，但它们是在充分吸收德国和日本的高铁技术，加以自己的创造集成的。中国即将造出的干线商用飞机，无论发动机还是航空电子，都集成了不同发达国家的技术。我们自己的资源不够、知识不够、人才不够，要张开双臂，欢迎世界各类优秀资源进入我们建设先进制造业的宏大努力中。中国制造 2025 规划明确提出向国外企业放开科技创新。这里要处理好两个关系：一是自主与合作的关系，只要自己主导，吸收国际合作也是自主创新。二是国家安全与产业进步的关系。我们当然要确保国家安全，但同时又不能向国外技术关上大门，不要轻易提出"去……化"，以避免"把婴儿和洗澡水一起倒掉"。如果我们能够成功地处理好这两个关系，中国制造 2025 宏伟目标的实现，则大有希望。

经济创新不应限于上海自贸区①

上海自贸试验区正式挂牌运营二十多天来，据报道新注册的企业超过了1 000 家。无论跨国公司还是国内企业都表现了很高的预期。这无疑是个良好开头，但与此同时，也有消息称，许多人注册了企业后不知道干什么，仅仅因为注

---

① 何伟文. 经济创新不应限于上海自贸区. 环球时报，2013-10-28.

册容易，期待优惠政策。也有人认为，所有改革创新都要放到上海自贸区，其他地方等待溢出效应，甚或将来复制。这些想法并不妥当。

作为我国开放程度最高，改革力度最深刻，又是前所未有的试验田，上海自贸区无疑是当下中国改革开放的重大战略举措。随着自贸区各项改革措施的逐步实施和新机制的运行，以及试验三年后逐步向全国复制，它的全国性意义和历史作用将日益显现。我们毫无疑问应当集中力量办好上海自贸区，积累经验，探索既适应 21 世纪全球化未来趋势，又适合我国国情，并促进我国在未来全球经济竞争中取得优势的完整路径。这的确需要全国关心、全国支持。但与此同时，上海自贸区试验不是孤立的，离不开全国其他地区改革开放的不断推进，否则也很难成功。各地除了积极支持上海自贸区外，应当不失时机，立足当地，积极探索适合本地区改革创新和转型升级的具体路径。

笔者去义乌出差，适逢全市上下积极响应市委"糖换鸡毛再出发"，解放大讨论的号召，在过去 30 年创造了世界最大小商品市场奇迹的基础上，创新发展，再创新 30 年奇迹。国务院 2011 年 3 月 4 日批准义乌国际贸易综合改革试点。近期目标是到 2015 年基本形成有利于科学发展的新型贸易体制框架，国际贸易管理和促进体制等改革取得重大突破，实现与国际接轨。在改革的推动下，2012 年义乌出口比 2011 年增长 150.3%，2013 年头 8 个月同比增长 408%，在全国出口增长缓慢中一枝独秀。福布斯杂志 2013 年将义乌评为中国最富的县级市。但义乌人自己提出危机感：会不会成为另一个底特律？他们也没有坐等上海自贸区试点的溢出效应，也没有等待新的优惠政策，而是不失时机，创新进取。

义乌是国际贸易改革开放的例子，深圳前海则是金融改革开放的又是一个例子。国务院于 2012 年 7 月 3 日批准前海深港现代服务业合作区开发开放。前海正在努力推进与香港合作的人民币业务创新，新型金融机构全要素平台引进，两地金融产品互认，资本市场互联互通等一系列大胆探索，促改革创新，再造新环境，再创新优势。

义乌和前海的改革创新与上海自贸区改革开放的方向是一致的，虽然水平不如后者。实际上，上海自贸区试验的成功，离不开其他地区的同方向改革开放。而上海自贸区试验的任何经验和成果，反过来又可以大大推动其他地区的改革开放进程。

改革创新不仅需要在义乌、前海等地，也需要在全国积极推进。李克强总理10 月 10 日在东亚峰会上提出了 2+7 倡议，力争到 2015 年完成东盟 10+6 的区域性全面经济伙伴关系谈判。中国、日本、韩国三国自贸协定谈判和中国、澳大利亚自贸协定谈判也在积极推进中。近日，中国政府宣布有意加入服务贸易协定谈判。7 月第 5 次中美战略与经济对话中，中方就准入前国民待遇和负面清单与美方达成一致，从而将实质性启动双边投资协定谈判。这恰好是上海自贸区先行先试的一个核心内容，将来不但是上海，全国都要复制。但我们需要实践，需要经验，要实现这一前景，现在就必须克服一切既得利益集团的障碍，在全国，以及在不同地方，有侧重、有步骤地进行一系列改革创新，进一步对外开放。这些同方向努力，将和上海自贸试验区这一龙头形成呼应和互补之势，形成有机组合。这不仅是为了将来上海自贸区复制到全国准备条件，更是为了不失时机地从根本上转变发展方式，促进转型升级，争取 21 世纪全球化进程中取得中国新的竞争优势，实现中国经济的长期、稳定和可持续增长。

外贸战略定位要坚定，路径应跨越[①]

6 月进出口双双负增长，使悲观情绪陡然升温。考虑到国内经济增长正在放慢，世界经济下行风险依然较大，下半年增速可能还会低一点。达到年初预期的增长 10%估计很困难。

实际上，上半年出口增长 10.6%是有水分的。1~4 月对香港月均出口 362.7 亿美元，5~6 月月均 268 亿美元。匡算 1~4 月假出口套利 378.8 亿美元。剔出这一水分，真实的出口增幅应该是 6.3%左右。

这个数字比起过去多年年增 20%以上的时代是有天壤之别的，但也不应因此整个改变对外贸的看法，认为净出口这一驾马车不行了，只提消费与投资，好像中国重新变成自然经济，这种看法也有失偏颇。

一、外贸低增长是暂时的

外贸低增长的根本原因在于外需疲弱。相对而言，我国的表现还算不错。据WTO 刚刚公布的 2013 年世界贸易报告，2012 年世界商品贸易总额为 18.3 万亿美元，比 2011 年仅增 0.2%，贸易量则增长 2.0%。原因在于大宗商品价格普遍下跌，拉低了世界贸易价格指数。由于 2012 年我国出口贸易增长 7.9%，占世界贸易比重从 2011 年的 10.4%上升到 11.2%。该报告还显示，2013 年上半年除 1 月美国、日本、欧盟出口呈现增长外，其余月份全部负增长。据美国普查局官方统

计，1~5 月美国对全球商品出口仅增长 0.9%，进口下降 1.7%，但从中国进口增长 3.1%。

国际货币基金组织 7 月 9 日公布的《世界经济展望》，将 2013 年和 2014 年这两年世界经济增速均下调 0.25 个百分点。不仅主要因为对欧元区预期各下调 0.2 个百分点，对金砖四国也普遍下调。其中巴西 2013 年和 2014 年这两年预期增长率均低于美国。新兴经济体一枝独秀的判断已经动摇。美国虽然经济保持温和复苏，但难以给世界经济带来强劲动力。欧元区最好的前景是下半年不再负增长或微弱增长。日本的增长大多是用货币膨胀造成的"账面增长"，对全球经济促进有限。在这样的环境下，我们不能抱有不切实际的幻想，争取下半年维持 5%~10% 的增长，可能比较现实。

直到全球金融危机以前的 30 年中，世界贸易年均实际增长 7% 左右，大约是世界 GDP 增速的两倍。其本质原因是世界产业的全球化带来的全球价值链。金融危机以来这比例已有改变，但这并不表明这一规律发生变化。一般地说，现代化大生产的客观规律总使贸易增长快于生产增长，特殊地说，各国在经济低潮中努力寻求创新和新技术，如云计算、4G、物联网、新材料、3D 打印机、替代能源，特别是混合动力汽车等，不仅将带来世界经济的新增长，而且酝酿着世界贸易的新高潮。如果把眼光看远一点，就不会因为暂时的下滑而悲叹。相反应更好地准备竞争，并力争在未来竞争中取胜。

二、外贸仍是三驾马车之一

在外贸不景气的环境下，国务院及时出台各项政策措施力保外贸稳增长，是完全正确的。一段时间以来，一些舆论很少提外贸，只讲消费与投资。促进内需，并以内需为主无疑是正确的，但这并不表明过去 30 年，特别是加入 WTO 以来我国的增长方式是外需主导型、出口主导型，是不平衡发展，乃至现在必须改变。仅仅加入 WTO 以来 12 年的历史就足以证明，中国并没有走出口主导型的路，更没有变成出口主导型经济。

2000 年，中国贸易顺差是 241.1 亿美元，占当年 GDP10 798 亿美元（按当年汇率折算为 89 404 亿元人民币）的 2.23%。2013 年上半年贸易顺差 1 079.54 亿美元，占同期 GDP（按 6.18 汇率折算）40 131 亿美元的 2.70%。比重并无大变化。从 2000 年到 2012 年这 13 年出口累计增长 7.22 倍，进口累计增长 7.09 倍，基本上是均衡增长，出口并没有片面增长。

过去 13 年中，始终以内需为主，净出口只起次要作用。国家统计局公布，

2012 年，中国规模以上工业增加值 199 860 亿人民币，按 23.0% 的增值率（比较权威的说法），工业总产值为 86.9 万亿人民币。同年出口交货值 106 759 亿元，占工业总产值 12.3%。换言之，我国工业生产大约八分之一出口，八分之七仍用于国内投资和消费。

仍据国家统计局计算，2013 年上半年净出口对 GDP 增长仅贡献了 0.1 个百分点，表明只能靠内需。但国家统计局数字同样表明，2000~2012 年，净出口对 GDP 增长的贡献度从来就不高，只有 3 年超过 2 个百分点，7 年在 0.1~1.0，有 3 年是负数，消费与投资贡献度占八成以上。中国 1978~2008 年的 31 年间，外需占总需求平均比重为 14.46%。德国 1991~2008 年的 18 年间平均占 24.9%。公认的不是出口导向型经济的印度在 1992~2008 年的 17 年间这一比重也是高于中国，为 16.33%。

因此，仅以 2013 年上半年形势，我们不需要改变外贸作为拉动经济三驾马车的基本定位，也不需要改变所谓"出口导向型经济模式"，因为它是误读。相反，应当坚定地把外贸维持在拉动中国经济到 2020 年实现基本小康的三驾马车之一的战略地位。

三、外贸发展路径需要大跨越

长期以来依靠廉价劳动力和人口红利因素实现的外贸增长，已经走到尽头，这和国民经济同样模式的增长走到尽头是相应的。升级版应当不仅是中国经济，也是中国外贸的转型方向。

但同样应看到，过去十多年来，我国已经出现了一批拥有世界领先竞争力的产品，在国际市场稳固了自己地位的旗舰企业。2015 年上半年，联想超过惠普和戴尔，成为世界最大的 PC（personal computer，个人计算机）生产商和销售商。华为已经成为世界最大的通信设备制造商之一，在欧洲、亚洲、非洲、拉丁美洲市场占有很大优势。海尔业已成为世界最大的白色家电生产商。远大集团生产的分布式电网系统和设备，已被美国高通公司采用。2011 年印度新德里大停电，飞机上看到一片漆黑中竟有一处灯火通明，那就是远大的分布式电网。四家公司有以下共同点：第一，遵循跨国公司发展规律，跨国投资和全球经营，不是简单的对外出口和进口，把国内外综合成一个完整的价值链；第二，掌握核心的研发和知识产权，拥有自己的先进技术，不致给别人打工；第三，以市场因素为根本动力，按价值规律办事，没有太多的行政干扰和扭曲；第四，在国际市场上获得融资和筹资。

外贸的低迷固然是近忧，但能否造就一大批这样的企业，逐渐形成我国企业主导的主要行业的跨国价值链，才是我们的远虑。新一代领导全力推进的改革开放，把经营交给市场，公平竞争，依法竞争，向世界敞开大门，全力创新和技术升级，恰恰是外贸跨越式发展的唯一正确途径。只要我们清醒地沿着这个路径，坚忍不拔，又善于努力，外贸今天的困难就不过是暂时的，光明的前景就在前面。

世界经济形势和外贸战略地位①

2015 年岁末临近。在"十二五"收官和"十三五"前夜，回顾当前国际经济形势的变化，并前瞻近期趋势，对进一步认识外贸在我国宏观经济中的战略地位，是十分必要的。

一、2015 年世界经济形势的特点

2015 年将在后金融危机时期世界经济发展中留下深刻的印记，并对近期乃至中期世界经济的演变产生深远的影响。在宏观经济上，与普遍预计的相反，世界经济复苏比年初预期差很多，新兴经济体总体情况更差。在贸易上，多边贸易体制举步维艰，碎片化继续演进，美国主导的 TPP 达成协议，将对世界贸易规则重构产生巨大影响。与此同时，各大洲板块自贸安排都在推进。在商品市场和产业上，世界原油价格剧跌持续之久，幅度之大，超出了世界普遍估计。大宗商品价格曾经持续十年的上涨剧烈反转，持续低迷，处于产业链低端的部分新兴经济体困难深重。在货币金融上，美元强势和美联储加息预期支配世界货币和资本市场，新兴经济体也处于弱势。总体而言，发生了有利于发达经济体，不利于新兴和发展中经济体的变化。

2015 年世界经济复苏势头令人失望。国际货币基金组织在其 1 月、4 月、7 月和 10 月发布的《世界经济展望》中，每次都下调对 2015 年世界经济增长预期。国际货币基金组织 2015 年 10 月份发布的《世界经济展望》把当年全球 GDP 增长率又下调到 3.1%，比已经令人失望的 2014 年的 3.4% 还要低。

2014 年 11 月 G20 布里斯班峰会曾制定宏大的全面增长战略，设想 5 年内

---

① 2015 年 11 月 21 日在中国国际贸易学会年会上的演讲。

把世界 GDP 增速提高 2.1 个百分点。不过一年后，世界经济的状况就离这个目标更远了。2015 年 11 月 G20 安塔利亚峰会虽然重申了这个目标，但目前看不到任何达标的理由。相反，巴黎恐怖袭击、欧洲难民危机等使 2016 年经济前景雪上加霜。

无论发达国家还是新兴经济体，都有各自不同的问题。

多边贸易体制举步维艰，碎片化趋势增强。TPP 于 2015 年 10 月 5 日达成基本协议。

世界原油和大宗商品价格的大幅下跌，给新兴和发展中国家带来重大困难。据国际货币基金组织 2015 年的统计和预测，世界原油平均价格，2014 年比 2013 年下跌 7.5%，2015 年跌势大大加速，全年预计比 2014 年跌 46.4%，预计 2016 年仍将续跌 2.4%。2015 年上半年初级产品平均价格则比 2014 年平均水平下跌 15.9%。

美元的强势和加上美联储加息预期，引起世界资本市场资金流向改变，更多流入美国，从而给新兴经济体货币、对外收支平衡和对外偿债都带来新的压力。

二、2015 年国际形势的基本特点和近期基本趋势

第一，反恐急剧升温，西亚北非促成美国、欧洲、俄罗斯大国势力重新组合。巴黎恐怖袭击将改变全球热点，叙利亚问题可能与美国、欧洲、俄罗斯三方立场接近，美国、欧洲、西亚政策失败，俄罗斯暂时增强。

第二，美国加紧推进亚太再平衡。一年来南海局势的发展和 TPP 达成协议，进一步证明美国并未因乌克兰危机而放松亚太再平衡战略，也证明 TPP 是美国亚太再平衡战略的经济工具和基础。美国将在南海继续挑拨离间，南海争端趋于长期化。

第三，乌克兰危机陷入僵局，"生米煮成熟饭"致使美国、欧洲、俄罗斯调整关系。

第四，希腊债务危机和欧洲难民危机交错，难民危机与反恐混杂。欧盟正在遭受"撕裂"。

（1）希腊债务危机并未过去。希腊虽然与国际货币基金组织、欧盟及欧洲央行三驾马车达成债务危机纾困方案，但它只是纾困，不是解决。因为这个解决方案是不可持续的。它没有做出必要的债务重组和减计，反而要求已经经历六年衰退的希腊进一步衰退。因此，当新的贷款不足以偿付还本付息时，还会再次爆发。

（2）难民危机和巴黎恐怖袭击动摇申根协定，助长国家右翼势力，欧盟正在日益既不像欧洲，也不像联盟。

以上四个特点也不是临时因素的结果，同样带有趋势性。因此，在地缘政治和战略大环境方面，我国也面临严峻的国际环境。

三、对外贸战略地位的再认识：应对外部环境需要有强大的、全方位的对外贸易

（1）在世界经济低迷常态化的前景下，我国经济保持中高速增长需要有一个有相对增长潜力的外部环境，这种环境，必须以贸易和投资为基础。

（2）在世界经济和市场一体化日益分割、贸易体制碎片化，美国和欧盟力图保持主宰世界贸易规则的环境下，我国需要有自己的对外市场一体化布局，参与规则主导权。没有强大的对外贸易，这种参与就是一句空话。

（3）我国和广大新兴经济体仍然处于产业链低端，容易受到世界能源和大宗商品价格波动冲击的现状，要求我们联合改变全球产业链和价值链。这需要我国不断强化国际贸易和国际分工，并在这一过程中不断走向高端。

（4）在发达国家特别是美国仍然牢牢把持世界金融体系、金融市场和金融秩序的大环境下，我国必须联合广大新兴经济体，创造新的、公平的金融体系和自己的雄厚金融资源，而国际金融体系的基础是国际贸易和投资。

人民币纳入国际货币基金组织特别提款权篮子，将从根本上改变人民币的国际地位。反之，为了支持人民币国际地位的不断提升，我国必须同世界各国保持规模巨大、不断增长的贸易和投资往来。

（5）严峻的国际政治与战略形势，要求我国必须全方位发展投资贸易关系。在这样的形势下，我国需要构筑有利于周边安全的外部环境，需要既避免对抗又推进合作的实际路径，需要有长期安全的能源供应。

"一带一路"，就是习总书记和党中央在这样的世界经济、政治、安全视野下，为了中国的长远利益，而高瞻远瞩提出的伟大世纪工程，也是我国对外贸易战略地位的精辟说明。

四、对外贸战略地位的再认识："十三五"经济发展和第一个一百年目标的实现，必须有外贸增长为支撑

（一）2016~2020 年，GDP 年增率不能低于 6.5%

"十三五"规划确定 GDP 年增长率的底线是 6.5%，原因是从 2011 年到 2020

年实际 GDP 翻一番是十八大确定的，必须如期实现。如果 2015 年 GDP 增长率达到 7.0%，则"十二五"期间累计增长 46.0%，"十三五"期间必须累计增长 37.0%，即年增 6.5%，才能到 2020 年实现翻一番的目标，见表 7-1。

表 7-1　2011~2020 年 GDP 翻一番所需年增值率（单位：%）

时间	年增值率
2011 年	9.5
2012 年	7.7
2013 年	7.7
2014 年	7.4
2015 年（预期）	7.0
"十二五"累计	46.0
"十三五"须增长	37.0
"十三五"期间所需年增长率	6.5

资料来源：据国家统计局数据计算

（二）三驾马车的表现

从构成支出法 GDP 的三驾马车拉动情况看，投资的作用逐步降低，出口贡献度已基本降至零。因此，消费拉动至关重要，见表 7-2。

表 7-2　三驾马车对 GDP 增长的贡献（单位：%）

年份	GDP 增速	最终消费	资本形成	净出口
2005	11.3	6.4	3.6	1.3
2007	14.2	6.5	6.2	1.5
2009	9.2	5.3	8.0	−4.1
2010	10.6	5.0	7.0	−1.4
2011	9.5	6.0	4.3	−0.8
2012	7.7	4.4	3.2	0.1
2013	7.7	3.7	4.2	−0.2
2014	7.4	3.7	3.6	0.1

资料来源：国家统计局，http://www.stats.gov.cn

1. 消费的增长潜力并非无限

截至 2015 年第三季度，消费对 GDP 增长的贡献已经超过 50%。普遍估计中国以消费为主的增长路径是现实的。因为发达国家消费占比一般在 60%~70%，但这种计算方法存在问题，因为不是相同口径。美国是计算商品和服务的消费金额占 GDP 的比例，而不是增加值比重。按照美国计算口径，我国消费占比已经很高，因此增长潜力尚需进一步探讨。

从表 7-3 看出，我国各大类消费金额与 GDP 的比例已经相当高。商品零售比例远高于美国。因此还有多大潜力，需要冷静分析。虽然近年来网购持续两位数增长，但消费总量并未明显增加。2015 年"双十一"仅天猫网购就达到 912 亿元，但 11 月零售总数尚未公布。从 10 月看，更有拉动力的是国庆黄金周。10 月社会消费品零售总额 28 279 亿元，日均 912 亿元，其中十一黄金周日均 1 545.7 亿元，其余 24 天日均 727.5 亿元，全月社会消费品零售总额同比只增长 11.0%，低于 2014 年全年增幅（12.0%）。

表 7-3　2014 年中美消费和对 GDP 比例的比较

中国			美国		
消费类别	消费金额/亿元	消费金额占 GDP 的比例/%	消费类别	消费金额/亿美元	消费金额占 GDP 的比例/%
GDP	636 139	100.0	GDP	173 481	100.0
社会消费品零售	262 394	41.2	零售+餐饮+住宿	46 993	27.1
住房	62 396		住房	21 426	
医疗卫生	35 379		医疗卫生	19 540	
旅游	29 448		交通+娱乐	12 064	
小计	389 617	61.2	小计	96 059	55.4

资料来源：据国家统计局、卫计委、国家旅游局、美国商务部经济分析局数据计算

居民可支配收入占 GDP 比重过低和社会保障储备的不足，抑制了居民储蓄率的降低。因此，最终消费对 GDP 增长，贡献度可能在 3.5~4.0 个百分点。

2. 投资的拉动作用越来越弱

GDP 增速放慢的一个基本原因是投资的拉动作用趋减。固定资产流量与当年 GDP 之比虽然不断上升，但拉动作用越来越弱。这是投资过度造成边际效应递减的反映，如表 7-4 所示。

表 7-4　固定资产投资对 GDP 拉动作用演变表

年份	GDP/亿元	增长/%	固定资产投资/亿元	增长/%	比重/%	拉动 GDP 增长/%
2002	120 333		43 500		36.1	4.41
2003	135 823		55 567		40.9	6.33
2004	159 878		70 477		44.1	5.45
2005	182 321		88 604		48.6	4.38
2009	340 903		224 599		65.9	8.06
2010	401 513		278 122		69.3	5.50
2012	519 470	7.8	374 676	19.0	72.1	3.63
2013	568 845	7.7	447 074	18.9	78.6	4.20
2014	636 139	7.4	512 761	15.0	80.6	3.60
2015 年 1~9 月	487 774	6.9	394 531[1]	10.3	80.9	3.00

1）不含农户，相当于全口径 97.9%

资料来源：国家统计局，http://www.stats.gov.cn

2004 年，固定资产投资额占当年 GDP 仅 44.1%，拉动 GDP 增长 5.45 个百分点。10 年后的 2014 年，占比已经超过 80%，拉动增长仅 3.60 个百分点。2015年前三个季度占比进一步提高，拉动增长只有 3.0 个百分点。这是因为长期的外延型投资边际效应递减。今后拉动还会进一步减弱。十八届五中全会关于"十三五"规划的指导思想，是五个发展，即创新（新技术、新模式等）、协调（城乡、区域）、绿色（节约资源、保护环境）、开放（深入融入世界经济）和共享（惠及全体人民）。因此经济发展不可能重复过去大规模铺摊子投资的老路。

3. 净出口的拉动不可或缺

为了确保"十三五"期间 GDP 年增长 6.5%，消费与投资合计保证 6.0 个百分点，剩下 0.5 个百分点需要由净出口承担。值得研究的是，货物贸易顺差增加虽然理论上构成 GDP 增加，但实际上力度越来越小。2007 年顺差增长 47.7%，拉动当年 GDP 增长 1.5 个百分点。2014 年顺差也增长了 47.7%，只拉动 GDP 增长 0.1 个百分点，见表 7-5。

表 7-5　货物贸易和对 GDP 的贡献度

年份	出口额/亿美元	同比净增减/%	进口额/亿美元	同比净增减/%	贸易平衡/亿美元	同比净增减/%	贡献度/%
2007	12 180.2	+23.5	9 558.2	+20.8	2 622.0	+47.7	1.5
2009	12 016.7	−16.0	10 056.0	−11.2	1 960.7	−34.2	−4.1

续表

年份	出口额/亿美元	同比净增减/%	进口额/亿美元	同比净增减/%	贸易平衡/亿美元	同比净增减/%	贡献度/%
2010	15 779.3	+31.3	13 948.3	+38.7	1 831.0	−6.4	−1.4
2011	18 986.0	+20.3	17 434.6	+24.9	1 551.4	−14.5	−0.8
2012	20 489.3	+7.9	18 178.3	+4.3	2 311.0	+49.2	0.1
2013	22 100.4	+7.9	19 502.9	+7.3	2 597.5	+12.8	−0.2
2014	23 427.5	+6.1	19 602.9	+0.4	3 824.6	+47.7	0.1
2015 年 1~10 月	18 564.5	−2.5	13 705.2	−15.7	4 859.3	+74.6	—

资料来源：http：//www.stats.gov.cn；http：//www.customs.gov.cn；http：//www.mofcom.gov.cn/综合司

综上所述，消费拉动 3.5~4.0 个百分点，投资拉动 2.0~2.5 个百分点，净出口拉动 0.5 个百分点，是开放型经济的均衡特征。现在通行的提法是从投资、出口拉动转变为消费拉动为主。这种提法似可商榷，宜改为消费、投资、出口均衡增长。其实"内需为主"不是政策转变，因为中国经济从来是内需为主，但同时必须提内外需均衡拉动，内外联动。

五、保持外贸可持续增长的基本途径

（一）需要从根本上大大提高我国制造业的国际竞争力

要保持外贸可持续增长，首先要了解一下主要出口类别的增长态势，分析哪些是增长点，见表 7-6。

表 7-6　2015 年 1~10 月主要出口商品量值表

品类	量（去年同期）	金额（去年同期）/亿美元	金额同比/亿美元	贡献率/%
出口总额		18 564.48（19 038.41）	−473.93	−100.0
纺织品		910.60（928.33）	−17.73	
服装		1 439.17（1 555.60）	−116.43	
鞋/万吨	376（411）	445.50（469.39）	−23.89	
小计			−158.05	−33.3
家具及零件		428.30（415.91）	+12.39	
灯具/照明器材		288.59（255.38）	+33.21	
玩具		131.91（118.99）	+12.92	
小计			+58.52	+12.3

259

品类	量（去年同期）	金额（去年同期）/亿美元	金额同比/亿美元	贡献率/%
贵金属及其首饰		121.62（386.31）	−264.69	−55.9
手持无线电通信设备		1 236.36（1 093.54）	+142.82	
集成电路			+23.28	
自动数据处理设备		1 238.01（1 446.57）	−208.56	−44.0
小计			−42.46	−9.0
汽车及底盘/万辆	62（75）	94.36（100.58）	−6.22	
电动机/发电机		88.20（88.38）	−0.18	
船舶/艘	5 504（6 359）	220.20（188.31）	+31.89	
液晶显示板		254.22（266.36）	−12.14	
小计			+13.35	+2.8%

资料来源：据海关总署统计数据计算

我们不难发现：第一，劳动密集型产品的优势日益不再；第二，信息通信产品的加工贸易已出现分化，总体还能走多远，需要跟踪；第三，很难找到规模宏大的大型机电产品出口增长点。

因此，未来主要增长点只能是大型装备产品，包括铁路设备、发电机组（含核电机组）、飞机、汽车、大型施工机械、智能电网、大数据处理设备、信息-通信一体化设备、新能源设备等。这里包括新兴产业和传统产业改造升级双轮驱动，不要忽略传统产业。需要有商业模式创新和产品技术创新双轮驱动，以产业技术创新为主。"互联网+"和跨境电商虽然无疑具有巨大意义，但它不能代替技术的革命性提升。

（二）进口的可持续增长最终取决于大规模的产业升级和开放

2015 年前 10 个月的进口大类增减情况表明，我国进口结构偏低，原油和大宗商品占比例很高，技术含量高的产品对进口增长总体是负贡献，如表 7-7 所示。

表 7-7　2015 年 1~10 月主要进口商品量值表

品类	量（去年同期）	金额（去年同期）/亿美元	净增减额/亿美元	贡献率/%
进口总额		13 705.17（16 267.33）	−2 562.16	−100.0
大豆/万吨	6 518（5 684）	283.14（330.82）	−47.68	
铁矿砂/万吨	77 451（77 818）	479.82（816.04）	−336.22	−13.1
油气小计			−953.94	−37.2
其中原油/万吨	27 497（25 259）	1 143.09（1 946.62）	−803.53	−31.4

续表

品类	量（去年同期）	金额（去年同期）/亿美元	净增减额/亿美元	贡献率/%
大豆、铁矿砂、油气合计			−1 337.84	−52.2
金属加工机床/台	74 208（90 528）	72.00（92.40）	−20.40	
自动数据处理设备/万台	59 805（61 963）	225.02（249.06）	−24.04	
集成电路/10^6个	252 330（233 122）	1 830.75（1 765.75）	+65.00	
汽车及底盘		223.35（267.58）	−44.23	
LED		326.64（364.38）	−37.74	
小计		2 677.76（2 739.17）	−61.41	−2.4

注：以上几类占进口总额比重为 19.5%

资料来源：据海关统计数据计算

我们也不难发现：第一，我国进口产品结构中，能源、矿产等原材料占有相当大比重，容易受到国际大宗商品价格波动的影响；第二，技术设备进口比重相当低，且增长乏力。一个重要原因是国内保护主义。例如，美国通用电气在无锡投资的研发中心研制成功最先进的彩超设备，用于美国医院，被哈佛列入逆向研发的教案，但未能进入我国地方医院设备采购目录。卫生和计划生育委员会（简称卫计委）有关文件，要求采用本国设备。这显然是贸易和投资保护主义。确保进口稳定增长必然要求我国大规模引进先进技术、关键组件和关键原材料，加快产业升级的中高端化进程。十八届五中全会关于"十三五"规划建议提出的"工业强基工程"，对进口增长具有极大的指导意义。

外贸战略是我国"十三五"期间国家总体发展战略的组成部分。"十三五"规划要求创新发展、工业强基和产业迈向中高端。这就要求打开国门，摒弃保护主义，建设高标准的开放性经济，既充分吸收世界一切优秀技术、资源和优势资金，又把我国的产品充分面向世界市场竞争。因此，在"十三五"乃至更长时间，外贸可持续发展是整个国民经济新常态下中高速、中高端模式的不可或缺的基本要素，而外贸能否实现可持续增长，又取决于整个国民经济的转型升级。无论整个国民经济还是对外贸易，都只有在高水平开放型经济中才能实现新常态发展目标。对外贸易应当走在整个大方略的最前沿。不仅确保自己的可持续发展，也为第二个一百年伟大目标的如期实现做出历史性贡献。

中国人民大学重阳金融研究院图书出版系列

一、智库作品系列

策普-拉鲁什 H，琼斯 W. 2015. 从丝绸之路到欧亚大陆桥. 南京：江苏人民出版社.

陈雨露. 2014. 大金融与综合增长的世界——G20 智库蓝皮书 2014—2015. 北京：中国经济出版社.

陈雨露. 2015. 生态金融的发展与未来. 北京：人民出版社.

罗思义. 2016. 一盘大棋——中国新命运的解析. 南京：江苏凤凰文艺出版社.

绿色金融工作小组. 2015. 构建中国绿色金融体系. 北京：中国金融出版社.

庞中英. 2015. 重塑全球治理——关于全球治理的理论与实践. 北京：中国经济出版社.

王文. 2016. 美国的焦虑：一位智库学者调研美国手记. 北京：人民出版社.

王文. 2016. 伐谋：中国智库影响世界之道. 北京：人民出版社.

王文，贾晋京. 2016. 人民币为什么行. 北京：中信出版集团.

王义桅. 2015. "一带一路"机遇与挑战. 北京：人民出版社.

王义桅. 2016. 世界是通的——"一带一路"的逻辑. 北京：商务印书馆.

王永昌. 2015. 财富新时代——如何激活百姓的钱. 北京：中国经济出版社.

辛本健. 2016. 全球治理的中国方案. 北京：机械工业出版社.

徐以升. 2015. 金融制裁——美国新型全球不对称权力. 北京：中国经济出版社.

中国人民大学重阳金融研究院. 2014. 欧亚时代——丝绸之路经济带研究蓝皮书 2014—2015. 北京：中国经济出版社.

中国人民大学重阳金融研究院. 2014. 谁来治理新世界——关于 G20 的现状与未来. 北京：社会科学文献出版社.

中国人民大学重阳金融研究院. 2014. 重新发现中国优势. 北京：中国经济出版社.

中国人民大学重阳金融研究院. 2015. "一带一路"国际贸易支点城市研究. 北京：中信出版集团.

中国人民大学重阳金融研究院. 2015. G20 与全球治理：G20 智库蓝皮书 2015—2016. 北京：中信出版集团.

中国人民大学重阳金融研究院. 2016. "一带一路"国际贸易新格局："一带一路"智库研究蓝皮书 2015—2016. 北京：中信出版集团.

中国人民大学重阳金融研究院. 2016. "一带一路"国际贸易支点城市研究（英文版）. 北京：新世界出版社.

中国人民大学重阳金融研究院. 2016. 2016：G20 与中国. 北京：中信出版集团.

中国人民大学重阳金融研究院. 2016. 2016：G20 与中国（英文版）. 北京：新世界出版社.

中国人民大学重阳金融研究院. 2016. G20 问与答. 北京：五洲传播出版社.

中国人民大学重阳金融研究院. 2016. 中国—G20（大型画册）. 北京：五洲传播出版社.

二、学术作品系列

马勇. 2016. 金融监管与宏观审慎. 北京：中国金融出版社.

朱澄. 2016. 金融杠杆水平的适度性研究. 北京：中国金融出版社.

庄毓敏，陆华强，黄隽. 2016. 中国艺术品金融 2015 年度研究报告. 北京：中国金融出版社.

三、金融下午茶系列

董希淼. 2016. 有趣的金融. 北京：中信出版集团.

刘志勤. 2014. 多嘴集. 北京：九州出版社.

刘志勤. 2016. 插嘴集. 北京：九州出版社.

中国人民大学重阳金融研究院. 2014. 金融是杯下午茶. 北京：东方出版社.